ANGELIKA WEINGESSEL-LINNER

Flieg, kleiner Drache!

Lehr- und Reisejahre einer
Wing Chun Kung Fu Meisterin

ANGELIKA WEINGESSEL-LINNER

Flieg, kleiner Drache!

Lehr- und Reisejahre einer
Wing Chun Kung Fu Meisterin

Texte: © Angelika Weingessel-Linner
Bilder: © Angelika Weingessel-Linner Buchsatz:
Roland Kelcz

Druck und Vertrieb im Auftrag der Autorin:
Buchschmiede von Dataform Media GmbH,
Wien

www.buchschmiede.at

ISBN: 978-3-99139-282-8

PRINTED IN
AUSTRIA

Für Christoph und Luna

Besonderen Dank an:

Roland Kelcz
Martin Zels
Paulina Bousek
Alice Kong

„Auf der Suche nach mir selbst habe ich alles verloren,
was ich glaubte zu sein, jetzt bin ich nur mehr,
ohne zu glauben, wer ich bin."

Anmerkungen zu diesem Buch

Dieses Buch ist ein autobiographischer Roman, der auf den Reisetagebüchern basiert, die ich während meiner Aufenthalte in China geschrieben habe. Es schildert ein ereignisreiches, mich sehr prägendes Lebensjahrzehnt, wobei ich allerdings einige Namen von handelnden Personen bewusst geändert habe. Da ich in diesem Buch etliche Fachbegriffe verwende, gibt es am Ende ein Glossar zur Erläuterung. Obwohl die Kampfkunst eine entscheidende Rolle im Buch spielt, liegt der Fokus doch auf der persönlichen Entwicklung. Von ihr erzähle ich hier in meinen „Lehrjahren", in der Hoffnung, dass sie Mut macht, dem Ruf des eigenen Herzens zu folgen.

BEGEGNUNG

JEDE NACHT DAS GLEICHE. Ich kann fliegen, zuerst fällt es mir schwer, mich in Bewegung zu setzen, ich muss mich anstrengen, meine Atmung versiegen lassen, erst wenn ich scheinbar nicht mehr atme, hebt sich mein Körper ganz langsam und sachte nach oben. Nach einiger Zeit weiß ich den Atem zu kontrollieren, es ist wie unter Wasser, wenn ich tauche, ein Wettkampf gegen meinen Bruder im See, bei dem es keinen Verlierer und Gewinner gibt. Je länger ich die Luft anhalten kann, umso länger gleite ich dahin im Wasser, vergesse mich selbst und bin eins mit dem kühlen Nass. Aber jetzt treibt es mich nach oben, Richtung Himmel, ich schwebe über den anderen Menschen, bin ganz leicht und zu meiner Überraschung können sie mich nicht sehen, die anderen, auch wenn ich ihnen ganz nahe komme und sie beinahe berühre. Vielleicht existiere ich nicht mehr in der ihnen bekannten Form, bin wie durch Zauberhand unsichtbar geworden. Sie hören mich nicht, nehmen mich nicht wahr, auch wenn ich ungläubig ob meiner Verwandlungsfähigkeit bewusst ihre Nähe suche. Immer leichter setze ich mich in Bewegung, gleich einem Vogel, immer höher kann ich aufsteigen, immer länger verweilen in einer Welt ohne Raum und Zeit, ich vergesse meinen Körper und mich selbst, muss nicht mehr atmen, lasse alles versiegen, was mich ausmacht. Eines Tages fühle ich mich einsam, bin zurück in meinem Körper, wünschte jemand anderer könnte mitfliegen mit mir, ich könnte mit jemandem kommunizieren. Aber ich bin alleine, völlig isoliert, kann mit niemandem Kontakt aufnehmen, das macht mich traurig und ich bekomme Angst vor meiner Zufluchtsstätte, der Stille. Dann endet der Traum für immer. Ich bin angekommen in dieser Welt.

China

HUNDERTE KILOMETER über dem Erdboden fühle ich mich nicht sicher. Beinahe hätte diese Unsicherheit mich davon abgehalten, diese Reise nach China überhaupt anzutreten. Ängstlich bin ich, eingesperrt komme ich mir vor in dem überfüllten Flugzeug. Jederzeit könnte Panik in mir aufkommen, das weiß ich. Ich konzentriere mich auf meine Atmung, versuche einen Atemrhythmus zu finden, der mich beruhigt und mit dem ich meine Angst überwinden kann. Ja, Kontrolle über meinen Körper, das ist es, was ich gerne hätte in diesem Moment, und die bewusste Atmung hilft mir dabei, zur Ruhe zu kommen. Einatmen, ausatmen, immer in der gleichen Frequenz, ganz bewusst und ruhig, das habe ich mit Hilfe diverser Entspannungsübungen über die Jahre gelernt und jetzt gilt es ein wenig davon abzurufen, den Körper sich erinnern zu lassen. Der monotone Rhythmus lässt mich tatsächlich einnicken und ein wenig dösen. Ein paar Stunden später sehe ich von meinem Fensterplatz aus in der Ferne weit unter mir schneebehangene Berggipfel und weiß, dass es nicht mehr weit sein kann. Zwei Stunden später erreichen wir unseren Zielflughafen Hongkong.

Noch vor ein paar Monaten hätte ich nicht gedacht, dass ich nach China reisen würde. Seit Jahren betrieb ich Kampfkunst, warum, wusste ich eigentlich nicht genau. Ich war da irgendwie hineingerutscht. Mein erster Sommerjob, eine Flucht vor eingefahrenen Strukturen. Obwohl ich gerade mal zwanzig war, fühlte ich mich schon gefangen in Routine, und alles lief schief. Meine Beziehung war in die Brüche gegangen, nur das Vorstellungsgespräch zu gerade diesem Job, bei dem ich Leute in einem Clubhotel in Kroatien mit diversen Aktivitäten unterhalten sollte, lief gut. Als das Telefon läutete und mich ein überfreundlicher, wortgewandter Mitarbeiter darüber informierte, dass ich unter all den Bewerber:innen ausgewählt worden war, war ich kurz sprachlos. „Nein, ich kann keine Sportanimation machen, aber mit Kindern arbeiten, das kann ich", sagte ich dann doch selbstbewusst und fügte im Geist ein „Hoffentlich" dazu.

Eine Kurzausbildung folgte, in der ich alles lernte, was man so brauchen könnte in einem Clubhotel: jonglieren, Kinder schminken, Luftballontiere modellieren, Feuer spucken und eine Reihe anderer nützlicher Dinge. Am Ende der Ausbildung wurden nicht alle Teilnehmer:innen genommen, ich war aber zu meiner eigenen Überraschung dabei und musste an die Zeit zurückdenken, als ich an der Kunstschule abgelehnt worden war. 15 Jahre alt war ich und sehr schmerzhaft war das, ein Traum, der zerplatzt ist damals. Schon als Kind bin ich mit den Farben verschmolzen und habe mich aufgehen sehen in der Malerei und im Künstlerdasein. Dieses Mal war die überraschende Zusage kein bisschen bedeutungsschwanger für mich, aber es sollte anscheinend so sein mit diesem Job. Das hatte überdies die angenehme Folge, dass ich endlich einmal raus aus Graz und meinem Studentenalltag kam.

Nun war ich also Animateurin, obwohl ich selbst noch nie in einem Clubhotel gewesen war und auch nie hätte sein wollen, es ist eigentlich gar nicht meine Welt, alles ist viel zu laut und dann noch der aufgezwungene Spaß rund um die Uhr, so stellte ich es mir zumindest zu diesem Zeitpunkt vor. Meine zukünftigen Arbeitgeber sahen mich anscheinend in dieser Umgebung, und auch mir selbst begann die Vorstellung zu gefallen. Schnell lebte ich mich ein. Meer, Sommer, Sonne, gute Laune, neue Menschen rund um mich herum. Der Leiter unseres Teams, ein schmuddeliger, anzüglicher Typ, der doppelt so alt war wie ich, konnte mich nicht verunsichern, im Gegenteil, ich beobachtete interessiert seine ungeschickten Versuche, sich ins Rampenlicht zu stellen und schmunzelte über seine missglückten Annäherungsversuche bei seinen Mitarbeiterinnen. Das Zurschaustellen seiner Männlichkeit gipfelte in einem waghalsigen Klippensprung kopfüber, nach dem er tagelang mit einer leichten Gehirnerschütterung im Hotelzimmer dahinvegetierte.

Er war es allerdings, der in der Früh unter dem Deckmantel „Energetische Gymnastik", bei der er seine nicht minder seltsam anmutende esoterische Ader hervorkehrte, Bewegungen vermittelte, die mir gefielen und vor allem gut taten. Dabei handelte es sich um eine Mischung aus den zu dieser Zeit populären „fünf Tibetern" und Bewegungen aus einer Kung-Fu-Form. Ich besuchte täglich diese Morgengymnastik und wenn kein Gast auftauchte, was nicht selten aufgrund der frühen Uhrzeit passieren konnte, machten wir die Übungen zu zweit, wenn er nicht gerade verschlief. Ich ahnte nicht, dass ich durch ihn etwas kennenlernte, das ich später noch jahrelang täglich üben würde, einen Teil eines Bewegungsablaufes, eine sogenannte Form, die wir im Kung-Fu „Kleine Idee" nennen. Der Name „Kleine Idee" rührt daher, dass in dieser Form die wichtigsten Grundbewegungen enthalten sind und damit den Übenden einen Einblick in die Grundprinzipien dieser Kampfkunst gegeben wird.

Wochenlang spielte ich mit den zu betreuenden Kindern Karten, studierte Kindershows ein, malte Bilder, bemalte Kindergesichter und hörte mir die Sorgen und Nöte der Teenager an. Länger als geplant blieb ich im Clubhotel und fühlte mich gut aufgehoben dort. Dann auf einmal wusste ich, dass ich zurück nach Hause musste. Eine Entscheidung mit Folgen. Ich ging und andere kamen für mich. Ursache und Wirkung, karmische Zusammenhänge, wie ein buddhistischer Freund zu sagen pflegt. Unter den neuen Mitarbeiter:innen Christoph, genauso begeisterungsfähig wie ich, aber sonst ein völlig Fremder, in jeglicher Hinsicht. Anders aufgewachsen, andere Einstellungen als ich und ein anderer Kleidungsstil.

In dieser Umgebung sahen wir allerdings alle gleich aus in unseren knallgelben Arbeitsshirts, und die Begeisterung, mit der wir beide an einer Choreographie für die „Familydisco" arbeiteten, machte uns zu Verbündeten. Er, ein großer, schlanker Mann mit Hang zu nicht minder großen Gefühlen, ich offen für Neues. Ein Sommerflirt begann, der in wenigen Tagen in einem Tränenmeer endete und uns das Versprechen abrang, dass wir uns, egal, was passierte, zu Hause in Österreich wieder treffen würden.

Dann reiste ich ab, ließ ihn zurück, wir telefonierten, schrieben Briefe, er schickte mir Blumen, nach einigen Wochen kam er zurück. Als ich auf dem Weg war, um ihn abzuholen, kam mir ein „Scheiße, Scheiße" über die Lippen. Ich war tief verunsichert. „Das macht doch keinen Sinn mit uns, ich bin in Graz und er in Wien", ging mir durch den Kopf, doch im nächsten Moment winkte er mir schon freudestrahlend aus dem ankommenden Kleinbus zu. Ein merkwürdiges Wiedersehen, verfolgt von den amüsierten Blicken der anderen Mitarbeiter:innen, die nicht glauben konnten, dass wir, das ungleiche Paar, nun wirklich zusammen waren. Auch da stolperte ich erst einmal hinein.

Nun sind wir also in Hongkong angekommen, mehr als zehn Jahre später, Gefährten sind wir geworden, haben uns angenähert über die Jahre, ergänzen uns und tragen uns gegenseitig voran. Neugierig und begeistert tauche ich an Christophs Seite in eine mir völlig unbekannte Stadt ein. Zuvor habe ich mir keine Gedanken darüber gemacht, was auf mich zukommen könnte. Mit einer kindlichen Naivität bewundere ich auf der Fahrt mit der U-Bahn zu unserem Hotel das Meer und die zahlreichen Wolkenkratzer. Noch nie zuvor habe ich an einem Ort so viele Häuser gesehen, die emporragen bis zu den Wolken und mich gleich einer Himmelsleiter dazu einladen, in Gedanken hinaufzuklettern. Alles ist überdimensional groß, mein Blick ist ständig nach oben gerichtet und doch, neben der Faszination macht sich auch Beklemmung in mir breit. Im Inneren der Häuser scheint das Leben beengt zu sein, die heruntergekommenen Fassaden der Vorstadt zeichnen ein düsteres Bild. Auf den Straßen überall Autos, aber weit und breit nichts zu sehen von den Menschen, vom pulsierenden Leben, dem wir in der Innenstadt begegnen werden. Wenn man nicht gerne viele Leute um sich hat, ist man in Hongkong nicht am richtigen Ort, das stelle ich sehr schnell fest. In dem alten Stadtteil, in dem sich unser Hotel befindet, schieben sich die Leute die Einkaufsstraßen mit den überdimensionalen Leuchtreklamen entlang. Es ist geschäftig hier, Verkehrslärm, offene Garküchen, eine interessante Geruchsmischung, die uns empfängt. Dazwischen wir beide, bepackt mit unseren großen Rucksäcken, uns wiederfindend in einem gepflegten Park, einer willkommenen Ruheoase, die all den Trubel rund um uns verschluckt und vergessen lässt. Am Eingang tummeln sich Kinder in Schuluniformen, Eltern mit Sporttaschen und Pensionist:innen, aber je weiter wir ins Innere der Anlage vordringen, umso ruhiger wird es. Hier erholen wir uns von der langen Anreise und genießen das beinahe tropische Klima im November. Nun gilt es, ein paar Stunden zu überbrücken, um dann die australische Reisegruppe zu treffen, mit der wir unsere Fahrt nach China antreten werden.

Gerade mal ein paar Monate ist es her, dass ich zu Hause saß und Informationen über einen bereits verstorbenen chinesischen Kung-Fu-Meister im Internet einholen wollte. Von Zeit zu Zeit fahndete ich nach Details bezüglich unseres Stammbaumes, recherchierte über jenen Meister, der die Kampfkunst, die wir seit Jahren betrieben, von China nach Europa importiert hat. Endgültig vorbei sind die Zeiten, in denen man sich die wenigen Informationen, die es gibt, aus schlecht gemachten Kampfkunstbüchern heraussaugt. Obwohl sie zahlreiche Schwarz-Weiß-Abbildungen und somit ein Daumenkino enthielten, konnte man die zig Techniken niemals zufriedenstellend nachmachen. Nun ist es möglich, den Computer einzuschalten und in der ganzen Welt zu recherchieren. Aber zum wiederholten Mal wollte das Internet mir keine neuen Details zu meinem „Urgroßvater" ausspucken. Genervt wollte ich schon die Suche aufgeben, als ich auf ein kurzes, schlecht gefilmtes Homevideo stieß, das einen alten Meister in einem Dorf in China zeigt, der während eines Essens in einem Restaurant voller Begeisterung seinen Sitznachbarn mitsamt seines Stuhls zu sich dreht, um mit ihm eine Übung, die wir als „Klebende Hände" bezeichnen, zu machen. Bei dieser Übung geht es darum, Armkontakt mit einem Partner zu bekommen und dadurch zu erfühlen, wohin dessen Druck geht.

Das Erkennen von verschiedenen Druckrichtungen spielt in der Kampfkunst, die ich betreibe, eine große Rolle. Nur wenn man sensibel genug ist und die Intention des Gegners in Echtzeit erspüren kann, ist es möglich, dessen Kraft von sich selbst weg ins Leere zu leiten und gleichzeitig einen Gegenangriff zu starten. Ich beobachtete also interessiert das Geschehen und war davon angetan, dass ein uralter Chinese am anderen Ende der Welt auf den ersten Blick das Gleiche machte, wie ich hier täglich zu tun versuchte. Während der alte Mann seinen Partner am Stuhl immer wieder zurechtrückt, lacht er aus ganzem Herzen und gestikuliert in charmanter Art und Weise. Meine Neugierde war geweckt und ich fand tatsächlich ein zweites Video mit den gleichen Protagonisten, das einen kargen Raum, in dem sich an der Wand ein hölzernes Trainingsgerät befindet, zum Schauplatz hat. Umringt von einer Handvoll Leute, betritt der alte Meister den Raum und erzählt etwas auf Chinesisch. Kein Wort verstand ich von dem, was er spricht, aber ich habe genug gesehen, um begeistert zu sein.

Nun war es an der Zeit, die Videos Christoph zu zeigen, der voller Freude ob des Kleinodes aufgeregt erklärte, dass es Aufnahmen aus Guolo seien, einem Dorf, das bekannt dafür sei, dass dort eine besonders weiche Ausprägung unserer Kampfkunst unterrichtet wird. Interessanterweise führt der Stammbaum unseres Kung Fu Stils, der eigentlich der Ausgangspunkt meiner Suche war, zu genau diesem Dorf, und der alte, chinesische Meister, den ich durch Zufall gefunden habe und der dort als „Reiseführer" fungiert, ist zeitlich sogar eine Generation vor dem von mir ursprünglich gesuchten Meister einzuordnen. Die Tatsache, dass dies nun ein lebender, authentischer Meister meiner Stilrichtung sein dürfte, übte eine ungeahnte Faszination auf mich aus und zum wiederholten Mal studierten Christoph und ich das Video in allen Details. Es war nun klar, dass wir herausfinden wollten, wo in Südchina das Dorf Guolo, in dem der alte Mann lebt, liegt. Aus diesem Grund kontaktierten wir die Urheber:innen des Videos und eine Korrespondenz später folgte bereits die Einladung derselbigen, im Herbst gemeinsam mit ihnen in kleiner Gruppe das Dorf und den Meister aufzusuchen. Kurzentschlossen, wie Christoph und ich sind, sagten wir sofort zu, auch wenn mir wegen des langen Fluges etwas mulmig zumute war.

Nun sind wir hier in Hongkong gelandet, in der Hoffnung, etwas mehr über die Kampfkunst, die wir seit zehn Jahren betreiben und die wir mittlerweile auch in Wien unterrichten, herauszufinden. Noch immer ist es mir peinlich, wenn mich jemand fragt, was ich so arbeite. Ich unterrichte, ist meine Standardantwort, die natürlich ein „Was?" geradezu herausfordert. Dann schleudere ich meinem Gegenüber etwas trotzig und unwirsch ein

„Kampfkunst" entgegen, was zur Folge hat, dass es nicht selten zu akustisch bedingten Fehlinterpretationen kommt. „Wie, Hanfkunst?", wurde ich schon gefragt. Anscheinend sehe ich doch eher nach Hanf als nach Kampf aus, aber beides geht in den Köpfen der Leute so gar nicht mit meinem akademischen Titel zusammen, und deshalb habe ich es mir angewöhnt, das kurze und schroffe „Kampfkunst" auf „Asiatische Kampf- und Bewegungskunst" auszuweiten, um alles schöner und seriöser klingen zu lassen und um Missverständnisse von vornherein abzuwenden. Die älteren Semester beginnen sehr oft zu lachen und mit Karate-Bewegungen wild in der Luft herumzufuchteln, wobei sie amüsiert feststellen: „Wie Bruce Lee, stimmt's?" Ich muss dann jedes Mal ob der Situationskomik schmunzeln und zugeben, dass diese Feststellung tatsächlich gar nicht so falsch ist. Die jüngeren Leute fragen sofort nach dem Stil, den ich unterrichte, wobei ein „Südchinesisches Kung-Fu" als Antwort nicht ausreichend ist. Auf die Frage, welches Kung-Fu das denn sei, bleibt mir nichts anderes übrig, als etwas unverständlich und unwillig „Wing-Chun" zu murmeln, was dreierlei Reaktionen hervorrufen kann: „Aha, kenne ich nicht" ist mir am liebsten, weil es die Kommunikation normalerweise nach kurzer Zeit in angenehmer Art und Weise beendet. Häufig kommt auch gerade in meiner Generation ein empörtes „Was, das machst du?" oder ein mehr oder minder bemüht oder ehrlich erfreutes „Ja, hab ich auch mal gemacht vor langer Zeit". Beide Reaktionen werden wohl oder übel von mir aufgegriffen, indem ich beschwichtige: „Nein, ich mache keinen Straßenkampf, nein, ich bin nicht aggressiv, nein, ich gebe keine Frauenselbstverteidigungskurse, nein, ich gehöre zu keiner großen Organisation, nein, wir reden nicht von der gleichen Sache, nein, es ist alles anders als du denkst."

Es ist beinahe unmöglich, sollte jemand diese Kampfkunst vom Hörensagen kennen oder selbst gemacht haben, aus dem Teufelskreis eines sich Rechtfertigen-Müssens herauszukommen. Kein Mensch kann sich vorstellen, dass eine Kampfkunst, die bei uns im Westen gerne als hocheffizientes Selbstverteidigungssystem in höchst plakativer Art und Weise verkauft wird, von mir seit so langer Zeit betrieben wird. Eine asiatisch ganzheitliche, traditionelle Kampfkunst, die – von findigen, auftrainierten Manager-Typen in den 70er Jahren mit großkotzigen Slogans versehen – von ihren Wurzeln befreit und völlig verkürzt zu uns in den Westen importiert wurde. Herausgekommen ist dabei ein System, logisch, schnell erlernbar, von einer gewissen Brutalität beseelt, die eine „Wer-ist-stärker-Philosophie" forciert. Nie war Wing-Chun, obwohl der Legende nach von einer Nonne erfunden, bekannt dafür, von meditierenden Einsiedlern nur zum Wohl anderer praktiziert und eingesetzt worden zu sein. Es war ihrer Herkunft nach die Kampfkunst der Widerstandskämpfer und chinesischen Triaden, diese historisch gesicherte Geschichte darf man nicht vergessen oder ausblenden. Daneben allerdings existierten Gestalten wie jene des legendären Arztes Leung Jan, der im hohen Alter in seiner Heimatstadt Guolo den Jugendlichen eine weiche Ausprägung dieser Kampfkunst nähergebracht haben soll. Diese Kampfkunst ist, so will es ihre Entstehungslegende, ihre Geschichte und auch die Art der Ausführung, die zwischen sehr kraftvoll und weich angesiedelt ist, nicht so leicht in eine Schiene einzuordnen. Das macht auch die Faszination aus, geheimnisvoll, von Legenden umrankt, vieles unter der Oberfläche verborgen, noch immer ein Schatz, der Stück für Stück in mühevoller Arbeit freigelegt werden kann. Diesen Schatz gilt es nun auf unserer Reise zu erforschen.

Die Mitreisenden sind sehr angenehm und unkompliziert. Wir treffen sie erstmals in unserem Hotel in Hongkong. Die Hauptorganisatoren, ein Pärchen mittleren Alters, selbst Wing-Chun-Meister in Australien, begrüßen uns herzlich: er, ein bärtig-bulliger, ruhiger Typ, sie, das genaue Gegenteil, eine drahtige, kleine, energiegeladene Person mit tiefer Stimme, immer im Mittelpunkt stehend. Ein sehr ungleiches Paar und doch durch eine gemeinsame Leidenschaft verbunden. Wilde Jahre liegen hinter ihnen, geprägt von diversen illegalen Kämpfen, wie wir erfahren werden und wie es in das Bild von Wing-Chun nur zu gut hineinpasst.

Einer ihrer Schüler sticht mir sofort ins Auge. Es ist ein kleiner, sehr trainierter und kahl rasierter Hongkong-Chinese mit einem sehr warmherzigen Lächeln, der die Funktion eines Übersetzers innehat. Er scheint ein wachsames Auge auf die Mitreisenden zu werfen, wie sich für mich bei einem Abendspaziergang durch die Straßen von Hongkong zeigt. Ein unaufmerksamer Augenblick von mir und ich wäre beinahe, benebelt von all den neuen Eindrücken, im Getümmel in ein auf mich zukommendes Auto gestolpert. Da packt er mich am Arm und zieht mich blitzschnell aus der Gefahrenzone. Ab diesen Zeitpunkt ist Eric mein Vertrauter. Ich erfahre, dass er in Hongkong aufgewachsen ist und als Teenager von seinen Eltern nach Australien geschickt wurde. Nein, er habe das nicht gewollt, es sei aufgrund der damals politisch schwierigen Umstände einfach so gewesen, erklärt er mir nüchtern. Eigentlich sei er als Teenager gerade auf Urlaub in Australien gewesen, als er von seinen Eltern erfahren habe, dass er nicht mehr nach Hause kommen würde. „Einfach so?", frage ich verdutzt nach. „Ja, einfach so", gibt er mir völlig emotionslos zu verstehen. Die Eltern und der größere Bruder leben nach wie vor in Hongkong und er kommt jährlich hierher, um sie zu besuchen und um seine eigenen Wurzeln wiederzufinden. Auch wir sind auf der Suche nach etwas, also ergänzt sich das gut.

In der Nacht macht sich der erste Jetlag meines Lebens bemerkbar. Ich kann nicht schlafen und wälze mich im Bett hin und her. Ich schiebe es auf das für mich ungewohnt gewürzte Essen, auch wenn ich die Haifischflossensuppe, eine Hongkonger Spezialität, vorsorglich verweigert habe. Unzählige Gedanken gehen mir durch den Kopf, neben meinem Bett der unwirklich, monumentale Ausblick auf die hell erleuchtete skyline von Hongkong-City. Die vielen Lichter begleiten meinen unruhigen Schlaf.

In der Früh ist mein Kopf leer und dumpf und ich schleppe mich zum Frühstück. Christoph verbreitet gute Laune und der von permanenter Weihnachtsmusik beschallte und von Menschen überfüllte Hotellift, den wir ständig benutzen müssen, um uns innerhalb des Hotels überhaupt bewegen zu können, ringt mir dann doch ein kleines Lächeln ab. Am Vormittag geht es gemeinsam mit unseren Reisegefährt:innen durch die Straßen von Hongkong. Wir befinden uns auf dem Weg zum Grab von Yip Man, der Ikone unseres Stils. Als ich mit Wing-Chun begonnen habe, kannte ich keinen Yip Man. Heute gibt es zahlreiche mehr oder weniger authentische Filme über sein Leben und sein Name fällt immer wieder gemeinsam mit dem von Bruce Lee, dessen Lehrer er für eine gewisse Zeit war. Damals in Kroatien, als ich das erste Mal ohne es zu wissen in Kontakt mit dieser Kampfkunst gekommen bin, wusste ich nicht, was Wing Chun ist. Christoph erklärte mir nach seiner Rückkehr aus dem Clubhotel, dass er Wing Chun lernen wollte. Der schmuddelige Teamleiter, der auch durchaus redegewandt sein konnte, hatte ihm erklärt, dass seine verkappte energetische Gymnastik zum Teil aus Wing-Chun-Bewegungen zusammengestückelt sei. Sechs Wochen in der Nebensaison in einem Clubhotel zu arbeiten, das bedeutet, viel Zeit für sich selbst zu haben, das wurde Christoph schnell klar und es blieb genügend Zeit, um über das Stille-Post-Prinzip mehr über dieses Wing-Chun zu erfahren und dem Teamleiter ein paar Bewegungsabläufe abzuringen. Dieser, geschmeichelt ob des Interesses an seinem Wissen, zeigte ihm das Wenige, dass er wiederum von einem Freund gelernt hat.

Wieder zurück in Österreich blieb zunächst keine Energie dafür, der Sache weiter nachzugehen. Weil Christoph allerdings tagelang alleine in Graz in meinem WG-Zimmer herumhing, wenn ich auf der Uni war und er eigentlich nichts zu tun hatte, war es eine Fügung des Schicksals, als ich ihm eine Studentenzeitung mitbrachte, in der es einen Artikel über eine neu eröffnete Kampfkunstschule in Graz gab, wo besagtes Wing-Chun unterrichtet wurde. Die Langeweile trieb Christoph zu einem Probetraining und ab diesem Zeitpunkt sah ich ihn im Wohnzimmer Liegestütze machen und in die Luft schlagen. Mir war das alles ein bisschen suspekt, in meinem Kopf geisterten Bilder von verschwitzten, behaarten, in die Jahre gekommenen Männern in weißen Anzügen herum, die mit dem Ausstoßen eines lauten „Kiai´s" schnell wieder verpuffen. Ich hatte keine Ahnung von Kampfkunst, kannte nur Erzählungen aus zweiter Hand, hatte gehört, dass man dabei schreit.

Christoph kam nun beinahe täglich mit blauen Flecken aus dem Training nach Hause, ein neuer Aspekt, der mir nur begrenzt gefiel, ich malte in der Zwischenzeit Bilder und versuchte, alles so neutral wie möglich zu sehen. Trotzdem trieb mich meine Skepsis gepaart mit Neugierde dazu, eine Grillparty in der Kampfkunstschule zu besuchen. Zu meiner Überraschung traf ich dort umgängliche, lustige Leute und schämte mich fast wegen meiner Vorurteile.

Unter all den Leuten lernte ich den Leiter der Schule kennen, Meister Roy, ein echter Kampfkunst-Meister, wallendes Haar, muskulös, sympathisches Lächeln, kurz gesagt: charismatisch. Er ist einer jener, die es vermögen, mit unglaublicher Leichtigkeit und Eleganz Techniken aus dem Nichts herbeizuzaubern, und damit jeden erdenklichen Gegner zu bezwingen, so das Bild, das ich von ihm bekam. Nach diesem Abend sah ich die Sache entspannter und schrieb mich erleichtert für einen Ballettkurs auf der Uni ein.

Ballett mache ich heute nicht mehr, es blieb bei einem kurzen Ausflug zurück in meine Kindheit. Damals, als ich in die Schule gekommen war, wurde von meiner Volksschullehrerin festgestellt, dass ich unsportlich und verschreckt sei. Beim Völkerball konnte ich mich überhaupt nicht einfinden. Ich verstand nicht, warum ich mit einem Ball andere Leute abschießen und dabei herumlaufen sollte. Der Umgang mit dem Ball war mir vertraut, aber in dieser Situation fühlte ich mich unwohl und gestresst. Ich wollte nicht abgeschossen werden und auch nicht abschießen, das Ganze erschien mir unsinnig, ich irrte unkoordiniert in der Gegend herum und versteckte mich immer wieder hinter den anderen Kindern. Meine Verunsicherung blieb nicht unbemerkt.

Nach Absprache mit meinen Eltern und aufgrund des Vorschlags der ambitionierten Lehrerin, außerhalb der Schule mehr Sport zu betreiben, fand ich mich im Ballettunterricht wieder. Es war mein Rettungsanker, dort fühlte ich mich wohl. In einer kleinen, wenig befahrenen Seitenstraße in einem Ort in der Steiermark, befand sich in einem herrschaftlichen Haus ein Raum mit großem Spiegel, gefüllt von Eleganz und Klaviermusik. Gerne ging ich dorthin und war beflügelt, wenn ich die schönen, anmutigen Bewegungen zur Musik machen konnte. Als wir an den Stadtrand zogen, endete meine Zeit im Ballettunterricht, ohne Wehmut ließ ich den Raum mit den Spiegeln und Stangen zurück. Die Eleganz und die Körperspannung, die ich dort gelernt habe, sind abgespeichert in mir. Tatsächlich war ich ab diesem Zeitpunkt im Sportunterricht durchschnittlich gut und, wenn ich mich ein bisschen anstrengte, sogar in der besseren Hälfte.

Der Zugang zu einer sportlichen Betätigung wollte sich aber nicht nachhaltig einstellen. Als Studentin bin ich aus Nostalgiegründen wieder beim Ballett gelandet, während sich bei Christoph in der Kampfkunst ein Kreis schloss. Vom Judo, das er als Kind betrieben hat, zog es ihn zum Wing-Chun-Kung-Fu, das erscheint mir stimmig. Der Ballettunterricht während des Studiums endete erneut aufgrund eines Wohnortwechsels, auch hier schloss sich ein Kreis. Ich beendete mein Studium und zog zu Christoph nach Wien in eine gemeinsame Wohnung.

Mangels Alternativen begann ich dort eine Dissertation zu schreiben, um Zeit für mich zu gewinnen, nahm Gelegenheitsjobs an und hatte das Verlangen danach, wieder etwas für meinen Körper zu tun. Ich fühlte mich unausgeglichen, war manches Mal ein bisschen gereizt und cholerisch, so wie mein Vater, aber sonst voller Energie und Pläne. Auch Christoph steckte voller Ideen, und so schlitterten wir in unseren nächsten gemeinsamen Sommerjob: Im Gänsehäufel, einem Wiener Strandbad, stellten wir im Sommer ein Animationsprogramm für Hunderte von Leuten von Jung bis Alt auf die Beine. Dabei waren wir zuerst Teil eines Teams und nach einiger Zeit zu zweit und damit unsere eigenen Chefs, mit Sponsoren im Rücken, die das Projekt finanzierten.

Es blieb mir nichts anderes übrig als sportlich zu sein und es begann mir tatsächlich Spaß zu machen, Gymnastikprogramme zu erstellen. Zu Hause begann ich als Ausgleich dazu, mich mit Yoga zu beschäftigen, nachdem ich mit Schrecken festgestellt hatte, dass ich, wenn ich mich entspannt auf den Boden lege, keine tiefe Atmung im Körper wahrnehmen kann: Ich möchte mich spüren, möchte, dass mein Atem meinen ganzen Körper erfüllt, aber der bleibt irgendwo ganz hoch oben in mir stecken und das beklemmt mich und macht mir Angst. Diese Tatsache beschäftigte mich so sehr, dass ich beschloss, eine Yoga-Schule aufzusuchen. Die Asanas, die ich dort lernte, gefielen mir gut, die Monologe des Yoga-Lehrers über vegetarische Ernährung und der blumige Siedekurs über indische Philosophie weniger. Ich fand die immer freundlichen, glatzköpfigen, hell gekleideten und durch die Gänge schwebenden Kursleiter:innen unnatürlich und konnte mich nicht in ihnen wiedererkennen. Ich wollte laut und lebendig sein.

Trotzdem machte ich ein paar Kurse und der Versuch, die Schule zu wechseln, endete damit, dass ich mich in einer nicht minder seltsamen Gruppe wiederfand, in der Gebete an ein gemaltes Konterfei eines mir unbekannten Gurus gerichtet wurden. Warum kann ich nicht einfach nur in aller Ruhe die Übungen machen, fragte ich mich, ohne Teil eines Paralleluniversums sein zu müssen, in dem ich mich nicht wohl fühle. Es stand fest, dass ich keine Lebensschule, keine Regeln, sondern frei sein wollte.

Der nächste Kurs, den ich besuchte, war einer, den Christoph abhielt. Durch den gemeinsamen Umzug nach Wien war es notwendig für Christoph geworden, im Rahmen von Privatstunden beim Meister in Graz weiterzulernen, was er mit ungebrochener Begeisterung tat. Eines Tages rief der Lehrer ihn an, um ihn zu motivieren, eine kleine Übungsgruppe in Wien ins Leben zu rufen und anzuleiten. Es gebe da jemanden, der ebenfalls in Wien wohne und gerne gemeinsam mit Freunden mit Wing-Chun beginnen würde, erklärte Meister Roy. Kurze Zeit später standen wir in kleiner Gruppe in einem Turnsaal im vierten Bezirk, ich mittendrin. So hat alles begonnen für mich, völlig unerwartet öffnete sich eine Tür in eine mir völlig unbekannte Welt, nun trainierte ich Wing-Chun-Kung-Fu, ohne je von einem Meister Yip Man, dessen Name heute die Leute magisch anzieht, gehört zu haben.

Und jetzt sind wir in Hongkong, in der Stadt, in der man Wing-Chun überall antrifft, wenn man die Augen und Ohren nur weit genug offen hält, und pilgern in unserer Reisegruppe zu Yip Mans Grabstätte. Vor Augen sind mir alte Schwarz-Weiß-Fotos, die einen abgemagerten, kranken Mann zeigen, der in weitem, wallenden Gewand Kung Fu Bewegungen, sogenannte Formen, demonstriert. Dann gibt es die Geschichte über Bruce Lee, seinen bekanntesten Schüler, dem er, so die Erzählungen, den Unterricht an einem hölzernen Trainingsgerät, der Holzpuppe, verweigert habe.

Jetzt, viele Jahre später, scheint das alles vergessen. Bruce Lee und Yip Man, Yip Man und Bruce Lee, zwei Namen, die in einem Atemzug genannt und gemeinsam vermarktet werden. Tatsache ist, dass Yip Man viele fähige Schüler hatte und die Kampfkunst erfolgreich reformieren konnte. Durch ihn und seine Innovationen hat sie den Ruf erhalten, logisch aufgebaut und leicht erlernbar zu sein. Als wir nach langem Suchen endlich sein Grab im riesigen Friedhofsareal finden, bin ich dann doch andächtig. Es ist das erste Mal, dass ich das Gefühl habe, direkt in ein Stück Wing-Chun-Geschichte einzutauchen. Bisher war alles weit weg von mir, am anderen Ende der Welt, nun bin ich plötzlich mittendrin. Wir entzünden Räucherstäbchen, die wir mit den üblichen Verbeugungen, mir bekannt aus diversen Kung-Fu-Filmen, in eine Schale vor den schlichten Grabstein stecken.

Nirgendwo sieht man Blumen oder Kerzen. Später erfahre ich, dass Angehörige in China und Hongkong stattdessen andere Gaben bringen: Obst, ein Gläschen Wein oder aber auch Dinge aus Papier wie Geld, Kleider und sogar Miniatur-Massagestühle finden sich auf den Gräbern. Diese Utensilien entdecke ich Tage später in einem kleinen Laden in Hongkong, bei dem ich zuerst denke, dass er Spielzeug für Kinder führt, bis mich Eric über die näheren Umstände aufklärt.

Am Abend befindet sich unsere Reisegruppe auf dem Weg zu Yip Chun, dem Sohn von Yip Man, der bereits über 80 Jahre alt ist, in Hongkong aber noch immer eine eigene Schule betreibt, was in diesem Kulturkreis in diesem hohen Alter allerdings keine Seltenheit darstellt. Ich bin sehr erfreut, dass wir ihn treffen können, da er gerade aufgrund einer Filmrolle in einem der aktuellen Yip-Man-Filme sehr beschäftigt und gefragt ist. Ein anderer Wing-Chun-Meister soll uns zur Schule begleiten, erfahre ich von Eric. Ich ahne nicht, dass Sifu Kong einer meiner zukünftigen Lehrer sein wird. Nie werde ich dieses ungewöhnliche erste Treffen mit ihm vergessen. Die Menschenmassen in der U-Bahn spucken einen Hongkong- Chinesen in Hemd, Trenchcoat und Aktentasche aus. Er wirkt sehr gestresst, kommt direkt von der Arbeit, um uns hier abzuholen. Ich bin überrascht, dass dies der angekündigte bekannte Wing-Chun-Meister sein soll, einen solchen hätte ich mir zumindest optisch etwas anders vorgestellt. Er ist sehr freundlich, gleichzeitig reserviert und geleitet uns durch den Verkehrslärm der Rush Hour zu einem der unscheinbaren, hohen Wohnhäuser. Von außen wirkt alles unbelebt, in einem der oberen Stockwerke sehe ich durch die Fenster an der Decke ein paar Ventilatoren laufen. Wir sammeln uns im kleinen Eingangsbereich des Hauses, der wie der gesamte Komplex video- überwacht ist, und treffen dort den Trainer der Schule von Yip Chun. Dann geht es gemeinsam mit dem Lift ein paar Stockwerke nach oben, und schon stehen wir direkt im Trainingsraum. Ich habe zuvor noch nie eine chinesische Kampfkunstschule besucht und bin ziemlich überrascht, dass die Trainingsfläche einer Schule von einem so bekannten Meister so klein ist. Mein Blick schweift über das Geschehen, eine Handvoll Männer trainieren, begleitet vom knarrenden Geräusch der Ventilatoren, in der Ecke steht ein alter Holzschreibtisch, an dem unbewegt, gleich einer Statue,

Yip Chun sitzt. Wir bahnen uns den Weg durch die Trainierenden, die völlig unbeeindruckt von unserem Erscheinen sind, und als wir vor dem Schreibtisch angekommen sind, erhebt sich der Meister und beginnt zu sprechen. Er wirkt sehr zerbrechlich und zittert, sein Trainer übersetzt ins Englische. Nach einer kurzen formellen Begrüßung liest der Meister uns von einem Zettel eine Art Statement zum neuen Yip-Man-Film vor. Es geht dabei um seine Filmrolle und darum, klarzustellen, wer der Lehrer seines Vaters war und wer eben nicht.

In China ist es üblich, nur einen Lehrer zu haben, zumindest fühlt man sich einem verpflichtet. Dieser ist eine Vaterfigur, jemand, der einen durch das gesamte Leben begleitet. Nun gibt es viele Geschichten, die sich um Yip Man ranken und darunter auch jene, in der spekuliert wird, ob er nun zeit seines Lebens tatsächlich nur einen Lehrer hatte (und nach dessen Tod von seinem Meisterschüler unterrichtet wurde) oder nicht doch auch später als erwachsener Mann einen zweiten. Yip Chun spielt im Film eine Rolle, die einen Meister darstellt, dessen Existenz nicht gesichert ist und über den spekuliert wird, dass er Yip Man in Hongkong zu einem späteren Zeitpunkt geheime Techniken beigebracht habe. Es scheint nun die Pflicht von Yip Chun zu sein, uns darüber zu informieren, dass er zwar diese Filmrolle verkörpere, das aber nicht heiße, dass dieser Meister der Lehrer seines Vaters gewesen sei. Mir ist das eigentlich völlig egal, aber ihm scheint es sehr wichtig zu sein und ich bin mir nicht sicher, wie oft er in letzter Zeit dieses Statement schon vorgelesen hat.

Alles ist ein bisschen unpersönlich und ich bin mehr am Training als an seinem Monolog interessiert. Egal, was hinter oder vor dem Schreibtisch des Meisters passiert, die Schüler sind in ihr Tun vertieft und machen selbstständig Formen oder Partnerübungen. Als Yip Chun seine Rede beendet hat, lässt er sich wieder auf seinen Stuhl nieder und ist nun bereit, mit uns ohne Vorlage zu sprechen. Die Situation wird nun weitaus persönlicher und entspannter und wir dürfen Fragen stellen, die ins Kantonesische übersetzt werden. Endlich können Christoph und ich einen Zeitzeugen über unseren Stammbaum befragen, können mehr über den Meister herausfinden, der angeblich zuerst im Dorf Guolo, das wir noch besuchen werden und danach bei Yip Man in Hongkong gelernt hat und mich zur Internetrecherche inspiriert hat. Als wir nun seinen Namen erwähnen, ignoriert Yip Chun zuerst gekonnt unsere Frage, erst als wir ein weiteres Mal nachfragen, kommt Bewegung in die Sache und es folgt ein überraschend heftiger Gefühlsausbruch. In der Schimpftirade über den bereits verstorbenen Meister findet dessen bekanntester Schüler Erwähnung, dessen Name uns aufhorchen lässt, da es einer der Lehrer von Meister Roy war, den wir vor Jahren persönlich kennengelernt haben. Es ist mir klar, dass dieser Lehrer von Meister Roy einer jener Menschen ist, die sehr stark polarisieren. Er ist eine schillernde Figur in der Wing-Chun-Szene, jemand, der sich immer wieder in regelmäßigen Abständen neu erfindet und zu vermarkten weiß.

Sofort muss ich an mein erstes Aufeinandertreffen mit ihm denken. Nachdem ich unter Anleitung von Christoph zu trainieren begonnen hatte, stand schon das erste Highlight unmittelbar bevor: ein Seminar mit einem in London lebenden Großmeister, der zu Besuch nach Graz in die Schule von Meister Roy gekommen war. Alleine die Geschichten, die man sich über diesen erzählte, machten mich neugierig - ein ehemaliger Bodyguard von Stars und Sternchen, der sich vor laufender Kamera Steinblöcke am nackten Oberkörper zertrümmert. In allem ist er der Erste, das Original, wie er immer wieder zu betonen weiß und daher absolut resistent gegen Kritik.

Ich fand das alles ziemlich skurril und lächerlich, aber trotzdem wollte ich gerne wissen, wie er so ist im echten Leben, was sich hinter der Fassade verbirgt. Zu sehen bekam ich einen außerordentlich gut trainierten Chinesen, einen widersprüchlichen Charakter, mal mit breitem Grinsen auf den Lippen, mal völlig desinteressiert an dem Seminar, das er eigentlich halten sollte, aber durchaus selbstbewusst. Sich perfekt zu inszenieren, das beherrschte er, nichts war ihm zu blöd, das musste man ihm lassen. Er warf sich mit nacktem Oberkörper, einzig in eine rote Seidenschärpe gehüllt, auf den Boden und machte mit seinen mehr als 50 Jahren Liegestütze auf einem Finger, riss Witze über seine Lebenssituation mit seinen Frauen und seinen zig Kindern, für die er Alimente bezahlen muss. In manchen Momenten war er geradezu kameradschaftlich, und zwar dann, wenn er erklärte, dass wir uns jederzeit an ihn wenden könnten, selbst wenn wir Probleme mit unseren girlfriends hätten, was für mich kein verlockendes Angebot darstellte.

Seine schrille, überzeichnete Persönlichkeit amüsierte mich und irgendwie schwang in seiner Person ein Hauch Exotik mit, die mich neugierig machte. Das, was mich wirklich interessierte, waren seine Qi-Gong-Übungen, die er als Jugendlicher von seinem Onkel, einem daoistischen Mönch, gelernt hatte. Die Geschichten des Meisters über deren außergewöhnliche Healing Power bezweifelte ich dann allerdings doch. Aber was soll´s, dachte ich mir, stehe ich doch einem leibhaftigen asiatischen Großmeister gegenüber, und irgendwie machte alleine diese Vorstellung schon Spaß und ließ mich für einen Tag eintauchen in seine Realität.

Die Halle in Graz war voller junger, motivierter Leute, man konnte meinen, dass man im Shaolin Tempel gelandet wäre, wenn wir alle gleichzeitig unter der gestrengen Anleitung des Meisters Schläge, Kicks und diverse harte Qi-Gong-Übungen durchführten. Ich befand mich in einer Parallelwelt, die mich gleichzeitig abstieß und faszinierte, es war eine Welt voller egomanischer Selbstdarsteller, aber auch voller unzerstörbarer Helden, und das lud mich zum Träumen ein.

Auch hier in Hongkong, beim Gefühlsausbruch von Yip Chun, ist mir klar, dass das eigentlich alles irrelevant ist, was sich hier abspielt. Aber es ist genauso Schwachsinn wie andere Dinge im Leben, in denen man aber manches Mal so tief drinnen steckt, dass es unmöglich ist, das zu erkennen.

Gefangen im eigenen Kopfkino, nimmt man alles furchtbar ernst und macht sich selbst und anderen dadurch das Leben schwer. Durch die Kampfkunst ist es mir über die Jahre möglich geworden, außerhalb zu stehen, mich selbst und andere besser beobachten zu können, auch das ist eine Funktion, die sie für mich innehat.

Yip Chun regt sich also fürchterlich auf über ein Buch, das die Holzpuppen-Form zum Inhalt hat und als Beweismittel dafür gilt, dass er, wie so oft, der Erste und Einzige sei. Es geht um Ehre und darum, wer von wem was gelernt oder nicht gelernt hat, und es scheint so, als ob er selbst in Erklärungsnotstand kommen würde. Zwischen den Schimpftiraden fällt immer wieder der Name des mir bekannten Meisters aus London. Dieser andere Meister, sein Lehrer, sei überhaupt ein Betrüger gewesen und hätte gar nicht lange bei Yip Man gelernt, auch wenn behauptet werde, dass sie befreundet gewesen wären, gibt er erzürnt zu verstehen. Christoph klärt mich später über die genauen Umstände der Geschichte auf, jetzt kommt nur jede Menge Ärger bei mir an und ich mache mir ob des lang anhaltenden Donnerwetters beinahe Sorgen um den Gesundheitszustand des alten, nun doch etwas verbittert wirkenden Mannes. Es folgt betretenes Schweigen, bis ein Themenwechsel die Lage entspannt. Die Wogen glätten sich schnell, als wir Yip Chun erzählen, dass wir das Grab seines Vaters besucht haben. Er wiederum empfiehlt uns den Besuch einer weiteren Wing-Chun-Schule in China. Zum Abschluss schießen wir ein Gruppenfoto. Am Weg zurück ins Hotel erscheint mir alles noch sehr unwirklich, gerade eben haben wir mit Yip Chun gesprochen und morgen schon geht es weiter nach China, nach Fathsan, um genau zu sein, der Wiege des Wing-Chun.

In der Früh fühle ich mich ganz gut und im öffentlichen Bus, der uns über die Grenze bringen soll, verfolge ich aufmerksam, wie bei jeder Station weitere Einheimische zusteigen und der Bus sich langsam füllt. Unsere Gruppe wird begleitet von Sifu Kong, den wir gestern bereits in der

U-Bahn kennengelernt haben. Er erklärt uns nun, wie die Prozedur an der Grenze abläuft. Wir müssen mit all unserem Gepäck den Bus verlassen und zur ersten Zollstation marschieren. Vor dem Gebäude ist unglaublich viel los, Busse und Taxis fahren kreuz und quer, und damit wir nicht verloren gehen, bekommen wir einen Aufkleber mit der Busnummer auf die Brust gedrückt. Unsere Warteschlange beim Schalter ist zum Glück sehr kurz, da nur wenige westliche Leute von Hongkong nach China ausreisen, trotzdem sollten wir uns beeilen, gibt uns Eric zu verstehen. Bei einem Sicherheitscheck müssen wir unsere Rucksäcke auf ein viel zu kleines Laufband quetschen, dann geht es zu Fuß weiter zum zweiten Zollgebäude. Wieder werden Pässe und Visa kontrolliert, und dann endlich sind wir offiziell in China angekommen.

Da es überall von Leuten und Bussen nur so wimmelt, ist es gar nicht so leicht, unseren Bus wieder zu finden, doch dann sehe ich Sifu Kong, der uns zuwinkt und die gesamte Gruppe nach und nach in den richtigen Bus zurück schleust.

Der bis zum letzten Platz gefüllte Bus setzt sich in Bewegung, und der allererste Eindruck von China ist grau und trist. Ich sehe schmutzige, heruntergekommene Häuser und Häuserkomplexe, ein unglaublich düsteres Ambiente, das uns bei unserer Fahrt durch die Peripherie begleitet. Nur der Perlendeltafluss, den wir überqueren, wirkt auf mich wie eine Lebensader, der wir auf unserer Fahrt folgen. Hier war es also, wo die bekannte rote Dschunke, ein Schiff mit reisenden, Kampfkunst-affinen Schaustellern, ein Stück lebendiger Wing-Chun-Geschichte, unterwegs war. Der Fluss und der Himmel verschmelzen miteinander zu einem einheitlichen Grau und ich frage mich, wo das Blau geblieben ist.

Nach viereinhalb Stunden Fahrt erreichen wir unser erstes Ziel, Fathsan, eine mäßig attraktive Stadt mitten im Industriegebiet. Von meinem Hotelzimmer aus sehe ich den Smog, der über der Stadt hängt und von den

Einheimischen als Nebel bezeichnet wird. Ich fühle mich schwindelig und etwas kränklich, als wir uns in unseren nun doch deutlich kleineren Privatbus namens Golden Dragon setzen. Der Goldene Drache wird in den nächsten Tagen unser treuer Begleiter sein. Die Fahrt führt uns zu einer Tempelanlage, in der sich auch ein Yip-Man-Museum befindet. Es ist Wochenende, und die Anlage ist völlig überfüllt von Einheimischen.

Das Museum ist wie erwartet mäßig interessant, außer ein paar Fotos, auf denen ich auch Sifu Kong wiederfinde, gibt es dort nichts Nennenswertes. Die Tempelanlage und das Geschehen rund um mich faszinieren mich schon weit mehr. Wir spazieren durch ein weitläufiges Areal, in dem sich verschiedene Andachtsstätten befinden. Überall werden von den Besucher:innen Räucherstäbchen entzündet, unzählige Schnitzereien, Bilder und Statuen, hauptsächlich in Rot und Gold gehalten, begleiten unseren Weg, und in jeder Ecke gibt es kleine Vorführungen. In einem Innenhof, in dem die Leute dicht gedrängt stehen, zeigen Kampfkünstler:innen Wu-Shu-Formen. Die Zuschauer:innen sind begeistert von den Darbietungen und applaudieren frenetisch. Man kann spüren, dass die Kampfkunst einen besonderen Stellenwert hier einnimmt. Während ich Trommelmusik höre, bewegt sich die Menge weiter in einen anderen Innenhof, in dem Musiker:innen Aufstellung genommen haben.

Christoph und ich lassen uns ins ruhige Innere des Tempels treiben. Schon seit einiger Zeit werden wir von einem älteren Herrn verfolgt und beobachtet. Nun macht dieser endlich auf sich aufmerksam und gestikuliert und lacht, zwei Meter, zwei Meter, deutet er uns. „Nein, ein bisschen weniger", gibt Christoph schmunzelnd zu verstehen. Immer wieder bleiben Leute vor uns stehen und beobachten uns, da auch wir hier eine der Attraktionen zu sein scheinen, vor allem Christoph mit seiner Größe weckt das allgemeine Interesse.

Zurück im Goldenen Drachen geht es weiter durch die Straßen von Fathsan, um eine Wing-Chun-Schule zu besuchen. Dieses Mal bin ich besonders gespannt, da sich die Location im Nirgendwo zu befinden scheint. Als wir in einem Vorort stehenbleiben, sehe ich von meinem Fenster aus Kinder, die unseren Bus mit Fahrrädern umrunden. Hier also soll es sein, frage ich mich, und steige etwas irritiert aus. In einem unscheinbaren Hinterhof begrüßt uns ein vergleichsweise groß gewachsener Chinese, der Meister persönlich, wie ich später erfahren werde. Er führt unsere Gruppe in eine Garage, die mit Fotos und Kaligraphien geschmückt ist. In der Mitte der Wand prangt eine Schwarz-Weiß-Aufnahme von Yip Man.

Wir werden an einen Teetisch, der Platz für eine Handvoll Leute bietet, gebeten. Da bemerke ich eine elegante, im traditionellen chinesischen Qipao gekleidete Frau, die ebenfalls am Tisch Platz nimmt. Es stellt sich heraus, dass sie eine Wing-Chun-Meisterin einer befreundeten Schule ist, die einzige Meisterin dieser Stilrichtung übrigens, die ich in all den Jahren in China kennenlernen werde. Die bereits gefüllten Teeschalen bleiben unangetastet, da wir mehr Personen als Teetassen sind und unklar ist wem sie zugedacht wären und das Gespräch mit dem Gastgeber beginnt. Christoph und ich werden von Eric und Sifu Kong, die als Übersetzer fungieren, als Europäer vorgestellt, da Österreich hier ohnehin niemand kennt. Jede Menge Freundlichkeiten werden ausgetauscht. Mein Blick schweift über die Szenerie und ich frage mich, wo hier normalerweise trainiert wird. Das Konzept, dass man in kleiner Gruppe auf engstem Raum in einer Garage trainiert, kenne ich zu diesem Zeitpunkt noch nicht und so vermute ich, dass die Trainingsfläche im Freien vor der Garage sein muss, dort, wo sich mittlerweile eine große Gruppe an Einheimischen versammelt hat, die uns neugierig beobachtet. Die Stimmung ist etwas angespannt und ich bin voller Vorfreude, als der Meister sich erhebt und uns bittet, ihm zu folgen.

Der ganze Tross setzt sich in Bewegung, ich habe keine Ahnung, wo es hingehen soll, aber ich vermute, dass wir zu den Trainingsräumen gehen werden. Trotz mangelnder Englischkenntnisse der Chines:innen versuchen wir, untereinander Kontakt aufzunehmen. Nach ein paar Minuten Gehzeit erreichen wir ein Gebäude, das von außen wie eine Schule aussieht. Wir erreichen tatsächlich eine Turnhalle, die zur Hälfte mit Matten ausgelegt ist. An der Seite stehen Sessel.

Ich muss schmunzeln, denn in einer Schulturnhalle hat auch für uns alles begonnen und wäre auch beinahe gleich wieder zu Ende gegangen. Nach nicht einmal einem Schuljahr hatte sich unsere kleine Wiener Trainings-gruppe von einer Handvoll Leute auf mich und einen weitere Teilnehmer reduziert. Gemeinsam mit Christoph saßen wir in der Gerätekammer der Turnhalle und beratschlagten darüber, wie es weitergehen könne. Die Miete konnten und wollten wir uns nicht mehr leisten, aber vielleicht fänden sich ja über den Sommer ein paar neue motivierte Leute, so unsere Hoffnung. Woher diese kommen sollten, war unklar, es galt also abzuwarten. Unser Sommerjob in den Wiener Bädern ließ uns die Situation erst mal vergessen. Im Gänsehäufel, dem größten Freibad Europas, füllten wir, wie bereits im Jahr zuvor, die Tage mit einem bunten und abwechslungsreichen Programm für die Badegäste. Neben den zahlreichen Aktivitäten, die wir anleiteten, gab es unendlich viel Zeit totzuschlagen und so waren wir Anlaufstelle für unterschiedliche Menschen, in deren Realität ich notgedrungen eintauchte. Ich hörte mir sowohl tragische als auch schöne Lebensgeschichten an und erfuhr Dinge, über die ich mir niemals Gedanken gemacht hätte. Nie hatte ich wissen wollen, wie es sich anfühlt, wenn man sich am FKK-Strand die Hoden im Sitzgeflecht eines Sessels einklemmt, aber auch das schilderte mir ein Besucher mit dem klingenden Namen „Tiger" in allen Facetten.

In diesem Jahr organisierten wir zusätzlich zum täglichen Programm Veranstaltungen, zu denen wir österreichische Spitzensportler:innen ein-luden, ein sogenanntes „Meet and Greet", bei dem es dann auch für die Besucher:innen möglich war, an Workshops teilzunehmen. Es war nahe-liegend, Schwimmer:innen, Volleyballer:innen und dergleichen kommen zu lassen, aber uns schwebte auch ein Tag der Kampfkünste vor, für den wir, neben einem chinesischen Tai-Chi-Meister, Christophs Lehrer Meister Roy aus Graz gewinnen konnten. So standen wir in gleißender Hitze, umringt von staunenden Besucher:innen, und Christophs Lehrer zeigte spektakuläre Kicks und Bruchtests vor, um im Anschluss mit Interessierten ein paar Bewegungen und Anwendungen durchzugehen. Gegen Ende der Veranstaltung wurden wir von einem gleichaltrigen, sympathisch wirkenden Pärchen darauf angesprochen, ob es nicht möglich sei, diese Kampfkunst in Wien zu erlernen. Dies eröffnete neue Perspektiven und tatsächlich, im Herbst des gleichen Jahres standen einige Leute, darunter diese beiden, im Turnsaal der Schule im vierten Bezirk und wollen Wing-Chun-Kung-Fu lernen. Es sollte also weitergehen.

Hier in China füllt sich die Turnhalle sehr schnell mit Leuten. Kaum haben wir den Raum betreten, werden uns jeweils ein Sitzplatz und heißes Wasser angeboten. Auf der einen Seite des Raumes haben die Gastgeber:innen Aufstellung genommen, auf der anderen Seite befinden sich, sitzend, unsere Reisegruppe und die Meister. Nach ein paar einleitenden Worten wird ein junger, groß gewachsener Chinese dazu aufgefordert, in die Mitte zu treten, um uns die erste Form, genannt „Sil-Lim-Tao" („Kleine Idee"), vorzuführen. Mit einem Mal ist es völlig ruhig und alle Blicke sind auf die Mitte gerichtet. Ich kann Ähnlichkeiten zu dem erkennen, was wir in Europa lernen, aber mir fallen auch sehr viele Unterschiede auf. Die zu Grunde liegende Ursprungsidee scheint die Gleiche zu sein, aber in der Ausführung interpretiert jeder Lehrer die Bewegungen, die er weitergibt nach seinem Verständnis und seinen Vorlieben. So verwundert es nicht, dass die Bewegungen einmal langsamer oder schneller, höher oder tiefer, weicher oder kraftvoller ausgeführt werden und die Charakteristik der Form beeinflussen. Über die Jahre entstehen somit in verschiedenen Schulen unterschiedliche Ausprägungen der ursprünglich gleichen Form.

In weiterer Folge wird ein Mädchen in die Mitte gebeten, auch sie zeigt die Form, danach ist unsere Gruppe an der Reihe. Eric tritt notgedrungen ins Zentrum des Geschehens, begrüßt die Meister und die Einheimischen und beginnt mit dem Bewegungsablauf. Er wirkt angespannt, was mich nervös macht, und ich denke schon darüber nach, ob ich mich in meiner Ecke nicht besser ganz klein machen sollte, um nicht auch aufgefordert zu werden. Ich bin niemand, der gerne im Mittelpunkt steht, auch wenn ich es aufgrund meiner Jobs gewohnt bin, mit vielen Leuten zu tun zu haben. Ich kann meine Gedanken gar nicht zu Ende führen, weil ich schon aus dem Augenwinkel sehe, wie Christoph sich bereit macht. Er steht auf und ein Raunen geht durch die Menge, was sicher seiner Größe geschuldet ist, und tatsächlich folgt nun ein wahres Blitzlichtgewitter. Christoph wirkt sehr konzentriert und zeigt nun ebenfalls Sil-Lim-Tao vor.

Ich bin emotional bewegt, und der Applaus, der am Ende seiner Darbietung aufbrandet, unterstreicht meinen Gefühlsausbruch. Die Vorführungen gehen weiter, irgendwann kann auch ich mich dazu aufraffen, gemeinsam mit Christoph ein paar freie Partneranwendungen zu zeigen. Dem Adrenalinschub folgt ein Gefühl der Zufriedenheit.

Ich bin nun gespannt darauf, eine andere Schule im Zentrum von Fathsan zu besuchen. Bei einem Zwischenstopp in einem chinesischen Restaurant beäuge ich neugierig die elegant gekleidete Wing-Chun-Meisterin, die mit uns zuvor in der Garage gesessen ist. Ihre Tochter ist auffallend gastfreundlich und bewirtet uns auch hier unaufgefordert mit Tee. Sie lacht sehr viel und sucht den Kontakt zu uns. Auf ihre Anregung hin fragt uns Sifu Kong, ob wir noch Lust hätten, nach dem nächsten Schulbesuch gemeinsam etwas trinken zu gehen. Die meisten winken sofort ab, da alle aus unserer Gruppe völlig erledigt sind, und so bleibt der Vorschlag im Raum stehen.

Im ersten Stock eines schäbigen Wohnhauses öffnet sich für uns die Tür zu einem großen, repräsentativen Trainingsraum. Der 86-jährige Meister sitzt im Rollstuhl und begrüßt uns förmlich. Neben Flaggen zieren, wie könnte es anders sein, lebensgroße Bilder von Yip Man die Wände, das Training ist im vollen Gange. Fasziniert beobachte ich das sehr geordnete Geschehen. Es läuft alles ein bisschen so ab, wie wir es gewohnt sind.

Es erinnert mich aus vielen Gründen an die Zeit, als Christoph in unserer ersten, eigenen Schule in Wien Wing-Chun-Kurse abgehalten hat. Nachdem wir gerade mal mit ein paar Leuten das Training in der Turnhalle wieder aufgenommen hatten, gelang es Christoph tatsächlich, diese Leute längerfristig zu halten und nicht nur das: Durch Mundpropaganda und mit Hilfe einiger unglaublich schlecht gemachter Schwarz-Weiß-Plakate ist es ihm sogar gelungen, die Teilnehmer:innenanzahl langsam, aber stetig zu vergrößern. Die Jahre vergingen und die Gruppe wuchs. Nun gab es eine selbst gebastelte Homepage, ein paar zu Hause ausgedruckte Farbflyer mit unseren Konterfeis und wir trainierten zweimal die Woche mit insgesamt dreißig bis vierzig Personen.

Eines Tages fand Christoph in einer Tageszeitung eine Immobilienanzeige. Es handelte sich um ein Souterrainlokal im 5. Bezirk, bestehend aus zwei Räumen, mit Dusche und WC. Das wäre doch der ideale Ort für eine Kampfkunstschule, so seine Feststellung. Der Vermieter, ein eleganter, pensionierter Prokurist, der viele Jahre in der Textilbranche tätig war, beäugte uns beim ersten Treffen mehr als skeptisch. Ich war froh, dass ich meinen schönsten Mantel gewählt hatte und Christoph ist rhetorisch so fit, dass er den Vermieter davon überzeugen konnte, dass wir es ernst meinen mit unseren Kampfkunst-Ambitionen, dass wir gekommen sind, um zu bleiben, und, was am Wichtigsten war, dass wir auch das nötige Geld für die Miete zeitgerecht aufbringen können.

Ein paar Tage später hielten wir die Schlüssel für das Souterrainlokal in der Hand und versuchten, die Räume neu auszumalen, was in einem Desaster endete: Das Ergebnis der Renovierung war niederschmetternd und die freundlichen Mitarbeiter:innen eines Farbenfachgeschäftes, das sich im gleichen Häuserkomplex befindet, erklärten uns, wie wir es mit qualitativ hochwertigeren Farben besser hätten machen können.

Nicht einmal einen Monat später stand eine neue Garderobenwand, gab es einen von uns verlegten Teppichboden und zwei einladende, orange-gelb ausgemalte Räume. Es fehlte nur mehr ein Name für das Studio, etwas Kurzes und Klangvolles sollte es sein. Vielleicht ein Tiersymbol, etwas mit Bezug zu China, und schon tauchte er auf in Christophs Kopf, der Kleine Drache. Klein und versteckt, das war das Charakteristische unserer Räumlichkeiten, Bruce Lee und „Tiger and Dragon" in einem, und zudem klingt „siao long", der Kleine Drache, auch gut.

Wir waren ziemlich stolz auf unser neues Refugium, und das Training konnte sofort losgehen. Zu unserer Überraschung und entgegen all unserer Kalkulationen wechselten von den Leuten, die regelmäßig in die Turnhalle gekommen waren, nicht einmal die Hälfte mit zum neuen Standort, obwohl wir deutlich bessere Trainingszeiten anbieten konnten. Es folgten die ohnehin kargen Sommermonate, die schlechteste Zeit des Jahres, um in Wien etwas Neues etablieren zu können. Im Herbst mobilisierten wir ein weiteres Mal all unsere Kräfte und unser Einsatz lohnte sich, nach schwierigen Monaten hatten wir bereits Ende desselben Jahres um die 70 Schüler:innen, und nach einer kurzen Qi-Gong-Ausbildung in Wien begann ich ebenfalls, in unserem Kleinen Drachen regelmäßig Bewegungs-formen zu unterrichten.

Obwohl ich also zu Hause immer wieder beim Unterrichten vor Leuten stehe und Bewegungen vorzeige, bin ich nun hier in China nervös. Man drückt mir einen Fächer in die Hand und die Meisterin, bekleidet mit auf-fälligen Tiger-Leggins, fordert mich auf, damit eine Qi-Gong-Form abzu-laufen. Es macht richtig Spaß, im Gegenzug zeigt die Meisterin mir einen Bewegungsablauf ebenfalls mit Fächer, und dies alles passiert parallel zum normalen Training.

Die Schüler:innen sind mittlerweile bei verschiedenen Partnerübungen angelangt, und nachdem diese beendet sind, beginnen die Vorführungen. Dieses Mal starten die Gäste, also wir.

Christoph stellt sich in die Mitte des Raumes, hinter ihm auf der Wand prangt ein überdimensional großes Bild von Yip Man, das ihn erhaben in einem Holzstuhl sitzend zeigt. Vor dieser eindrucksvollen Kulisse demonstriert er den Anwesenden Chiam-Kiu, die zweite Form, die man im Wing-Chun-Kung-Fu erlernt. Bei dieser Form wird im Vergleich zur ersten Form, der „Kleinen Idee", die Statik durch Schritte und Drehbewegungen des ganzen Körpers durchbrochen.

Das Highlight der Vorführungen ist, dass Sifu Kong auf Aufforderung einiger fortgeschrittener Schüler:innen die Holzpuppen-Form demonstriert. Wir sind natürlich sehr gespannt, wie das bei ihm aussieht, haben wir diese Form doch noch nie live von einem chinesischen Meister gesehen. Der Meister begibt sich, gefolgt von allen Blicken, zur Holzpuppe und läuft, ohne zu zögern, die gesamte Form ab. Ich bin ziemlich überrascht, da er auf einmal nicht mehr der besonnene, distanzierte und seriös wirkende Geschäftsmann ist, sondern plötzlich ein gänzlich anderer Mensch vor mir steht, der sich unglaublich dynamisch und explosiv um das Trainingsgerät herumbewegt. Das Klick-Klack der hölzernen Arme begleitet ihn; es ist, als würde die Zeit stehenbleiben und sich im Klang des vibrierenden Holzes verlieren.

Als die Performance beendet ist, sind alle für einen kurzen Moment ruhig, dann brandet Applaus auf. Ich bin ziemlich beeindruckt, am meisten davon, dass Sifu Kong sich in diesem Moment so öffnen konnte und mit dem Trainingsgerät nahezu verschmolzen ist. Als er sich wieder zu unserer Gruppe begibt, ist er auf einmal sehr gesprächig und fragt uns erneut, ob nicht doch jemand Lust hätte, auf ein Getränk in ein Lokal mitzukommen. Da kann man nicht Nein sagen. Ich bin ziemlich kaputt und habe Kopfweh, bin aber auch aufgekratzt wegen der Gelegenheit, abseits der Schulbesuche in entspannter Atmosphäre mit Sifu Kong und der Tochter der Meisterin in Kontakt zu kommen. Wir willigen also ein und Eric und zwei weitere Mitreisende sind auch mit dabei.

Gemeinsam geht es in ein Lokal, das auf den ersten Blick sehr ruhig wirkt. Eine Empfangsdame führt uns in den zweiten Stock in einen kleinen Extraraum, in dem es eine gemütliche große Ledercouch und einen überdimensional großen Bildschirm gibt. Nun dämmert mir, wo wir gelandet sind, es ist eine Karaoke-Bar, in der anscheinend jede Gruppe einen eigenen kleinen Raum zugewiesen bekommt. Kaum haben wir uns gesetzt, kommt ein Kübel mit chinesischem Bier, dann werden kleine Snacks wie Hühnerzehen und Obst serviert. Ich finde das alles ziemlich interessant, auch wenn mir der Sinn nicht gerade nach Karaoke steht. Die Tochter der Meisterin beginnt auf Kantonesisch zu singen, sie entpuppt sich als richtige Party-Queen und heizt die Stimmung mit Gesang und Tanz ordentlich an.

Zu diesem Zeitpunkt habe ich noch keine Ahnung, dass wir in Zukunft noch öfter in einer Karaoke-Bar landen werden, da in China Fortgehen oft bedeutet, in einer Karaoke-Bar herumzuhängen, auch wenn man nicht singen möchte. Es ist üblich, dass sogenannte „beer girls" die Gäste zum Trinken und Feiern animieren. Hier reicht die Anwesenheit von Jenny Jenny, so der westliche Name der kleingewachsenen Chinesin, die tagsüber als Frisörin arbeitet und nebenbei bei ihrer Mutter Wing-Chun trainiert. In China hat mittlerweile beinahe jeder Jugendliche einen chinesischen und einen westlichen Namen, warum Jennys Name verdoppelt wird, bleibt allerdings unklar.

Nachdem weiteres Bier geordert wurde, beginnen nun auch die anderen ihre Gesangskünste unter Beweis zu stellen. Christoph singt Kantonesisch, obwohl er es gar nicht kann, Sifu Kong macht ein paar Kung-Fu-Bewegungen dazu und ich beobachte alles äußerst amüsiert. Es ist ein Abend ganz nach meinem Geschmack, alle lassen sich so richtig gehen und das Eis zwischen den Anwesenden ist gebrochen. Ich habe das erste Mal das Gefühl, so richtig in China angekommen zu sein, und falle in der Früh todmüde, aber glücklich ins Bett. Endlich kann ich gut schlafen.

Am nächsten Tag beim Frühstück bleibt die Stimmung ausgelassen. Ich liebe es, nach einem exzessiven Abend die mir zuvor wenig vertrauten Leute wiederzutreffen und abzuwarten, ob sie nun wieder distanziert sind. Zu meiner Freude ist Sifu Kong weiterhin sehr zugänglich. Wir sitzen im Bus neben ihm und Eric und löchern ihn mit unterschiedlichen Wing-Chun-Fragen.

Das erste Ziel des heutigen Tages ist ein Bruce-Lee-Museum, ein riesiger Komplex mit einer überlebensgroßen Bruce-Lee-Statue als Zentrum. An diesem Tag findet hier ein großes Festival statt, bei dem genau 1000 Personen an unterschiedlichen Vorführungen mitwirken. Wir nehmen im Innenhof Platz auf den kleinen, roten Plastikhockern, die es in China wirklich an jedem Ort gibt, und beobachten eine Fächer-Vorführung, die zu meiner Überraschung ausschließlich von Männern ausgeführt wird. Es ist für mich kaum möglich, meinen Blick von der Bruce-Lee-Statue abzuwenden, die wie ein Mahnmal über dem Geschehen thront.

Kaum sind die Vorführungen zu Ende, strömen alle Leute aus dem Vorhof auf den Parkplatz hinaus. Gemeinsam mit Sifu Kong gehen wir ebenfalls auf den Parkplatz, wo nun haufenweise Tische und besagte Plastikhocker, dieses Mal allerdings in Blau, stehen. Kaum haben wir Platz genommen, nähern sich Reporter und filmen uns beim Teetrinken. Ob wir einen Toast aussprechen könnten, fragt ein Reporter. Ja, warum nicht, kennt uns da eh keiner, denke ich, und schon proste ich in die Kamera des lächelnden Chinesen und lächle ebenfalls breit.

Es gibt Unmengen an Essen, immer wieder bringen die Kellner:innen neue Gerichte, die direkt auf dem Parkplatz in großen tonnenförmigen Dämpfvorrichtungen zubereitet werden. Wasserdampf steigt auf, die Köche schwitzen. Die Kellner:innen haben unglaublich viel zu tun, müssen sie doch in kürzester Zeit mehr als 1000 Personen verköstigen.

Nachdem ich das Geschirr und die Essstäbchen mit Tee abgespült habe, was man hier vor jedem Essen aus hygienischen Gründen macht, koste ich nach der Reihe alle Speisen. Es sieht alles gut aus, aber mein Geschmackssinn hat sich noch immer nicht an die Zubereitungsart und das teilweise knochige, fette Fleisch gewöhnt. Ich bin schon gespannt, was dieses Festmahl am Ende kosten wird, da das Essen in China am Land für uns Ausländer:innen normalerweise sehr billig ist. Als wir vom Tisch aufstehen, bemerke ich, dass alle anderen Tische bereits leer sind, unglaublich, denke ich, wieder, so wie nach den Vorführungen auf dem Museumsgelände, hat es keine fünf Minuten gedauert, bis die Veranstaltung diszipliniert beendet worden ist.

Zurück bleiben die Reste auf den Tischen, leere Teeschalen und Hunderte von Essstäbchen. Ein geschäftiger Chinese eilt herbei und gestikuliert. Sifu Kong teilt uns mit, dass wir alle eingeladen sind. Ich bin überrascht und frage mich, warum. Später stellt sich heraus, dass es als große Ehre empfunden wurde, dass Sifu Kong, dieser bedeutende Wing-Chun-Meister, mit uns an der Veranstaltung teilgenommen hat. Die Begründung finde ich ziemlich lässig: Obwohl wir Stunden von Hongkong entfernt sind, kennt man Sifu Kong anscheinend hier.

Mit dem Bus geht es weiter zum Grab von Chan Wah Sun, eine weitere wichtige Gestalt in der Wing-Chun-Geschichte, da er als offizieller Lehrer von Yip Man gilt. Wir fahren querfeldein, vorbei an Teichen und Feldern und durch enge Straßen, alles grau in grau, aber erstmals empfinde ich die Gegend als schön. Auf einer Anhöhe, zu erreichen über 108 Stufen, thront das Grab des Meisters. Die magische Zahl 108, in der chinesischen Vorstellung glücksverheißend, geleitet uns nach oben.

Es herrscht eine besinnliche Stimmung. Ich blicke auf die Stadt hinunter, ein schöner Anblick, und ich fühle mich ganz klein vor dem großen Grab und der sich ausbreitenden Landschaft zu meinen Füßen.

Im Bus erzählt uns der australische Meister, dass wir nun weiter zu einer Wing-Chun-Schule fahren würden, die den Chan-Wah-Sun-Stil praktiziert. Wie immer steigen wir im Nirgendwo aus dem Bus aus. Durch einen steinernen Torbogen betreten wir einen Hof, der teilweise überdacht ist und den Blick auf einen Teich freigibt. Der Meister sitzt seitlich an einem großen Tisch und wartet. Zu erkennen ist er an dem auffälligen chinesischen Seidengewand, so wie es meiner romantischen Vorstellung von einem chinesischen Meister entspricht. Als wir näher treten, mustert er uns skeptisch. Sofort schwirren einige Schüler:innen herbei und bringen Tee und heißes Wasser. Wir setzen uns ebenfalls, nachdem wir vom Meister dazu aufgefordert wurden, an den großen Tisch, der Teil der überdachten Trainingsfläche ist. Mein Blick schweift über das Areal. Einige Sandsäcke hängen an einer Vorrichtung, in einer Ecke stehen Holzpuppen, und es gibt weitere Trainingsgeräte, die ich nicht identifizieren kann. Eine Handvoll Schüler:innen trainiert in einer sichtgeschützten Ecke des Hofes. Das Ambiente ist traumhaft schön.

Nach einer kurzen formellen Begrüßung dürfen wir uns den Trainingsplatz genauer ansehen. Bei meinem Rundgang sehe ich unterschiedliche Waffen, aus Holz geschnitzte Drachenköpfe und einige große Trommeln. An den Wänden hängen jede Menge Fotos. Es sieht alles so toll und exotisch aus und es wirkt auf mich ursprünglich. Oder ist es nur so, dass es am ehesten dem Klischee einer Kampfkunstschule entspricht, wie ich sie mir wünsche. Es ist auffallend, dass es sehr viele ältere Männer gibt, die seit Jahrzehnten hier trainieren dürften.

Genau sie sind es, die nun an der Holzpuppe zu fachsimpeln beginnen und mit Eric Partner-Abhärtungsübungen vorzeigen. Das führt dazu, dass er am nächsten Tag blaue, schmerzende Unterarme zur Schau tragen wird, aber jetzt nimmt er wohl oder übel als Dummy an den Partnerübungen teil.

Die jüngeren Schüler:innen stellen in der Zwischenzeit eine Reihe Sessel für uns auf. Ich bin jetzt schon richtig routiniert und sichere mir einen guten Platz. Eine sehr schüchtern wirkende chinesische Schülerin, die einzige Frau, die ich hier in der Schule erblickt habe, tritt, auf Aufforderung des

Meisters hin, in die Mitte. Jetzt wird es spannend denke ich mir, und fast wäre mir entgangen, dass die übrigen Schüler in der Zwischenzeit eine große und zwei kleine Trommeln aus der Trainingsecke herausgeschoben haben. Die Schülerin begrüßt die Anwesenden, und ein Trommelrhythmus begleitet jede ihrer Bewegungen. Der Meister selbst spielt die Haupttrommel, im Mund hängt eine brennende Zigarette, seine Miene ist erstarrt und die Schülerin gleitet in dynamischen, ausladenden Bewegungen, wie ich sie eher aus dem klassischen Wu-Shu als vom Wing-Chun kenne, über den Platz. Die Musik und das Ambiente ergreifen mich. Ich bekomme eine Gänsehaut, aber kaum beginne ich den Moment so richtig zu genießen grüßt das Mädchen ab und damit ist die Form auch schon wieder beendet.

Nun werden Christoph und ich aufgefordert aufzustehen, Eric kündigt uns als die Europäer an und wir treten beide in die Mitte. Auch wir werden eine Form präsentieren. Wir setzen zum Gruß an, ich bin hoch konzentriert und schon vernehme ich erneut den Trommelwirbel. Zuerst bin ich irritiert, auch wenn ich versuche, es mir nicht anmerken zu lassen. Der Rhythmus der Trommelmusik begleitet uns und dringt in jede Faser des Körpers ein, es ist ein unglaubliches Gefühl. Schon in Wien haben wir kleinere Vorführungen mit Trommelbegleitung gemacht, aber hier, in dieser Umgebung, trägt mich die Musik an einen anderen Ort und ich bin wie in Trance.

Die Zeit der Vorführungen in Wien ist die Zeit unserer zweiten Schule, dem Großen Drachen (da long). Nach einem Jahr im Kleinen Drachen reichte der Platz dort nicht mehr aus wir mussten neuen Leuten, die gerne bei uns zu trainieren begonnen hätten, absagen. Eine neue, zweite, größere Schule musste also her. Es ergab sich gut, dass ich nach einem Stauraum für meine zweite Leidenschaft, meiner Sammlung für italienische Designer-Möbel, suche. So konnte sich Christoph wieder einmal, ohne eine Ausrede finden zu müssen, in Immobilienbeilagen diverser Zeitungen vertiefen. Die Situation in unserer Wohnung ist ebenfalls beengt: Im Kleinen Drachen platzen die Trainings aus allen Nähten, und in der Wohnung stehen überall Schränke, Sessel, Vasen, Lampen und diverse Objekte herum. Ich will diese Gegenstände eigentlich gar nicht besitzen, aber aufspüren will ich sie, angreifen, mich daran erfreuen, sie erforschen und kennenlernen, um sie dann nach einiger Zeit wieder frei zu geben und zu verkaufen. Es bedarf also eines neutralen Ortes, wo ich potenzielle Kund:innen, die etwas von meiner Sammlung erwerben wollen, empfangen kann. Natürlich ist mein Budget begrenzt, aber ich denke an ein trockenes, gut erreichbares Lager in Zentrumsnähe.

Tatsächlich findet Christoph nach kurzer Zeit eine vielversprechende Anzeige und - wie das Schicksal so will - vom gleichen Makler eine weitere Anzeige, die eine ehemalige Tanzschule und damit eine mögliche neue Trainingsstätte für uns anpreist. Wir beschließen, beide Objekte anzusehen. Die ehemalige Tanzschule erweist sich aufgrund von Feuchtigkeit und

Schimmel als ungeeignet für ein neues Zentrum, das desolate Geschäftslokal in der Westbahnstraße mit seinem großen repräsentativen Raum, der nach oben hin eingefasst wird von einem charmanten Gewölbe, ist ein Volltreffer. Es bleiben Zweifel, ob es möglich ist, es mit meinen begrenzten finanziellen Mitteln nach meinen Vorstellungen zu renovieren, aber ich habe mich in dem Moment, in dem ich das erste Mal in den großen, ruhigen Raum getreten bin, in ihn verliebt, und alle Zweifel weichen der Begeisterung für das Objekt. Es ist zugegebenermaßen eine Bruchbude, ohne Böden, Fenster, Heizung und Elektrik, aber ich sehe einen Verkaufsraum vor mir, sehe mich, Christoph und meine Schränke, Sessel, Lampen und Vasen diesen Raum bevölkern. Manches Mal ist es ja ganz gut, wenn man ein bisschen naiv in eine Sache hineingeht, und so stürzen wir uns in ein Projekt, das uns noch unglaublich viel Nerven und Geld kosten wird, aber genauso viel Freude und Entfaltungsmöglichkeiten bringt.

Die ersten Schwierigkeiten treten auf, als ich einen Kostenvoranschlag von einem Elektriker in der Hand halte, der mein gesamtes vorhandenes Budget für die Renovierung bereits alleine überschreitet. Während das Projekt mit vielen Momenten der Verzweiflung anläuft, stoßen wir auf eine weitere Anzeige, die in unmittelbarer Nähe zu diesem Geschäftslokal ein großes Souterrainlokal in einem Hinterhof eines Wohnhauses als Loft anpreist. Am Telefon will man Christoph abwimmeln, ja, die Anzeige sei sehr unglücklich formuliert, es handle sich nicht wirklich um ein Loft, sondern eher um eine Art Turnhalle, erklärt der geschäftige Vater der Vermieterin. Das treffe sich gut, antwortet Christoph und vereinbart einen Besichtigungstermin, obwohl die Miete an unserer oberen Schmerzgrenze oder sogar leicht darüber liegt. Das Zusammentreffen mit dem charismatischen älteren Primarius, der obendrein Leiter einer Gesundheitsschule ist, die sich im selben Haus befindet, verläuft mehr als harmonisch. Der Primarius sprüht vor Ideen, spricht von Synergieeffekten, davon, dass wir noch weitere Räume mitbenutzen dürften, und verspricht uns, bei seiner Tochter, die das Objekt eigentlich vermietet, ein gutes Wort einzulegen, um den Preis zumindest symbolisch noch etwas zu reduzieren.

Zu Hause kreisen unsere Gedanken um das Objekt. Wir sehen vor unserem geistigen Auge uns und unsere Schüler:innen in dem großen, hohen Raum mit dem in einem hellen Türkis gehaltenen Holzboden, der direkt auf die Wiener Erde gelegt wurde, trainieren, planen mögliche Garderobenwände und stellen Kalkulationen an. Wieder einmal stehen wir vor einer schwierigen Entscheidung, und es sind unsere Visionen und unsere Begeisterungsfähigkeit, die uns vorantreiben und trotz schwerster Bedenken ob der großen finanziellen Last in das Abenteuer Großer Drache starten lassen. So mieten wir das eigentlich zu teure Objekt und beginnen dort die ersten Trainings abzuhalten.

Nun gibt es also zwei Schulen, wobei es unmöglich für Christoph ist, zur gleichen Zeit parallel an zwei Orten zu unterrichten. Ich erkläre mich dazu bereit, zusätzlich zu meinem Qi-Gong-Kurs zumindest ein Wing-Chun-Training pro Woche zu leiten. So beginne ich mittwochs mit gerade mal sechs Leuten einen neuen Kurs im Großen Drachen. Zu meiner Überraschung und gegen jegliche Erwartung beginnt mir gerade dieses Training am meisten Spaß zu machen. Alle Bedenken verfliegen wie von selbst, ich beginne mich richtig wohl zu fühlen in der für mich neuen Rolle.

In diese Phase fällt unsere Reise nach China, die Begegnung mit dem Unbekannten, dem, was ich vielleicht immer gesucht habe. Hier in dieser Wing-Chun-Schule, fühle ich mich trotz der Anspannung zu Beginn meiner Darbietung so richtig frei, bin durchdrungen vom Rhythmus der Trommeln und vergesse, was hinter mir liegt und vor mir zu liegen scheint. Nur der Augenblick zählt und ich falle für diesen Moment in ein Zeitloch, in dem es keine Richtung mehr gibt. Dann grüßen wir ab, blicken dem Meister in die Augen, er nickt uns zu, und schon ist alles wieder vorbei und ich schwebe zurück zu meinem Sitzplatz. Danach folgen viele weitere Vorführungen, unterschiedliche Waffen kommen zum Einsatz (Stock, Säbel, Messer, sogar eine Bank wird als Waffe verwendet) und ich bin fasziniert, dass auch das alles Wing-Chun zu sein scheint. Der im positiven Sinne monotone Trommelrhythmus begleitet das Geschehen.

Am Ende dieses Schulbesuches verabschiedet sich Sifu Kong von uns, weil er nach Hongkong zurück muss. Das Wochenende ist vorbei und seine Arbeit wartet auf ihn. Beim Verabschieden lädt er Christoph und mich dazu ein, am Ende unserer Reise seine Schule in Hongkong zu besuchen, was uns sehr freut. Wir lassen den Abend ruhig ausklingen, zu zweit in unserem Hotel in Shunde. Es war ein ereignisreicher Tag und das Highlight der Reise liegt noch vor uns, der Besuch bei Fung Chun, den ich ursprünglich durch meine Recherche aufgespürt habe und der uns hierher geführt hat, der letzte lebende Meister der Yip-Man-Generation, der eine Wing-Chun-Linie repräsentiert, von der unser Stil abstammen soll. Endlich geht es direkt zu unseren Wurzeln.

Ich habe gut geschlafen und doch ist mir ein bisschen mulmig zumute. Ist es die Aufregung darüber, endlich den alten Meister aus dem Video kennenzulernen oder ist es das chinesische Essen, das nun mittlerweile bereits allen zusetzt? Am späten Vormittag erreichen wir unser Ziel, Guolo, die Wiege des „seitlich kämpfenden" Wing-Chun; einer Ausprägung, die als besonders gefühlvoll gilt.

Auf einmal ist unklar, ob es heute tatsächlich möglich sein wird, mit dem alten Meister zu sprechen. Der australische Meister erklärt mir, dass es von der Tagesverfassung des 91-Jährigen abhängt, ob er Besuch empfangen möchte oder nicht. Ein Anruf bei seinem Meisterschüler Sifu Lin gibt Aufschluss über dessen Befinden und ja, er möchte uns sehen und wird uns in seinem Haus empfangen, allerdings soll es das letzte Mal sein, dass er ausländische Besucher:innen in sein Haus einlädt. Wir betreten das Dorf, das mehr als tausend Jahre alt ist, durch einen steinernen Torbogen. Der Hauptweg, der sich vorbei an alten Steinhäusern schlängelt, ist menschenleer. Nach ein paar Minuten Fußweg stehen wir vor dem Eingang des Hauses, in dem der Großmeister wohnt, und ich kann ihn bereits durch einen weiteren steinernen Torbogen sehen. Er spaziert im Hof auf und ab, entdeckt uns und lacht. Er sieht Christoph, amüsiert sich über dessen Größe und herzt dann das ihm bereits bekannte australische Meisterpärchen. Er wirkt unglaublich charismatisch und sehr, sehr alt, aber gleichzeitig agil. Sifu Lin und zwei andere Männer schwirren um ihn herum, seine Frau ist im Hintergrund zu sehen und bietet uns gleich darauf Tee an. Die berühmten roten Plastikschemel kommen zum Einsatz und wir setzen uns im Innenhof in einem Kreis zusammen. Hinter mir eröffnet sich ein schöner Ausblick auf einen Teich, direkt neben mir beginnt Eric zu übersetzen, was der Großmeister so zu erzählen weiß. Er spricht und spricht, gestikuliert und untermalt das Gesagte mit Geräuschen, damit wir ihn besser verstehen.

Eric kommt kaum nach mit dem Übersetzen, so begeistert gibt der alte Mann Legenden über Ng Mui und Wing Chun, den Gründerinnen des Stils, zum Besten. Ng Mui erweist sich in seinen Erzählungen als Schlangenfrau. Sie konnte sich soweit nach hinten beugen, dass es ihr möglich gewesen sei ihren Kopf zwischen ihren Beinen nach vorne durchzustecken und in dieser Position Tee zu trinken, ohne einen Tropfen zu verschütten.

Wing Chun wiederum weist ihren Mann, selbst Kung-Fu-Meister, in die Schranken, als dieser versucht, Steine zu zerschlagen, was in ihren Augen, so wie er es zu tun versucht, mit viel zu viel falschem Krafteinsatz verbunden ist. Als er nicht auf sie hören möchte und sich über sie lustig macht, springt sie kurzerhand aus dem Stand auf das Dach, reißt einen Dachziegel heraus, legt diesen vor sich hin, fordert den Unbelehrbaren auf, seine Hände auf ihre Schulterblätter zu legen und zerschlägt den Ziegel mit Hilfe ihrer inneren Kraft, die als aufsteigendes Qi spürbar ist. Natürlich zerbirst der Ziegel sofort in tausend Teile und die zarte Frau wird Zeit ihres Lebens zur Lehrmeisterin ihres ursprünglich uneinsichtigen Mannes.

Als Zuhörerin hat man, trotz der märchenhaften Schilderungen des Lebens der beiden Meisterinnen, den Eindruck, der alte Meister hätte sie persönlich gekannt, aber das ist natürlich unmöglich. Der Redefluss des Großmeisters ist kaum zu stoppen und so erfahren wir innerhalb kürzester Zeit Dinge über den Wing-Chun-Stammbaum, über die Wichtigkeit der inneren Kraft bei dieser Kampfkunst und über des Meisters tägliche Sonnenmeditation, während der er bei Sonnenaufgang hier im Hof sitzt, den Blick auf den Teich gerichtet, um dann so lange in die Sonne zu starren, bis es richtig wehtut und dann noch ein bisschen länger, wie er mit einem Schmunzeln zu verstehen gibt. Sehr vieles von dem, was er erzählt, hat mehr symbolischen Charakter als Wahrheitsgehalt. Die Sonnenmeditation macht er allerdings wirklich, das kann ich an seinen feuerroten Augen erkennen.

Eine wahre Episode aus seinem Leben, die er uns in allen Facetten schildert, ist ein Schlangenbiss, durch den er als junger Mann einen Finger verloren hat. Er bittet uns in sein Haus, in einen winzigen Raum, in dem wir kaum Platz finden, und zeigt uns ein Foto, auf dem er in stolzer Haltung mit der erlegten Schlange zu sehen ist. Nachdem wir wieder im Hof sitzen, dürfen wir Fragen stellen, auch wenn das alles andere als leicht ist, da er schlecht hört und Sifu Lin ihm die Frage jedes Mal ins Ohr schreien muss, was eine unglaubliche Prozedur darstellt.

Immer wieder lacht der Großmeister, nur einmal ist er sehr ernst und seine Augen werden wässrig, als er sich an seinen Lehrer mit den lebendigen Affenaugen erinnert, der knapp vor einer Zeit verstorben ist, in der Mensch und Tier von japanischen Soldaten niedergemetzelt wurden und Fung Chun selbst nur in einem Versteck überleben konnte. Mein Blick schweift über den Teich, hier sitze ich also, es fühlt sich so unwirklich an, in diesem Hof zu sein, neben mir Christoph und auf der anderen Seite Eric, der aus dem Übersetzen nicht herauskommt, und gleich daneben ein Stück lebende Wing-Chun-Geschichte in Form des charismatischen Großmeisters. Ich bin gerade unglaublich dankbar dafür, dass ich hier sein kann.

Auf einmal herrscht Aufbruchsstimmung, da es nun an der Zeit ist, essen zu gehen. Wir verlassen den Innenhof und spazieren den Hauptweg entlang, passieren das Geburtshaus des Großmeisters, das in unmittelbarer Nähe steht, und erreichen den Torbogen, der gleichzeitig den Beginn und das Ende des Dorfes markiert. Der Meister steigt zu Sifu Lin ins Auto, wir marschieren zu Fuß weiter.

Nach wenigen Minuten erreichen wir das Lokal, in dem wir essen werden. Die erste Attraktion ist ein kleiner Hund, der zum Glück nicht auf der Speisekarte steht, die zweite ein Krokodil, das in der Mitte des Hofes in einem Käfig eingeschlossen ist und auch nicht zum Verzehr gedacht ist, und die dritte Attraktion ist, dass unser Mittagessen vor unseren Augen frisch aus dem Teich geholt wird. Die Tische im Freien sind mit großen Feuerstellen ausgestattet. Nachdem wir uns gesetzt haben, wird Tee serviert, der Großmeister jedoch bestellt sich lachend einen Whiskey.

Die Feuerstellen in der Mitte des Tisches füllt eine Kellnerin mit Kohle, bevor sie einen großen Topf mit Wasser bringt, in dem frische Bällchen gegart werden, die bereits nach wenigen Minuten zum Essen bereit sind. Wie immer in China bin ich beim Essen etwas zögerlich. Das liegt daran, dass es oft unklar bleibt, was man eigentlich serviert bekommt. Nicht umsonst gibt es selbst unter Chinesen Vorbehalte gegenüber der südchinesischen Küche, auch wenn sie als besonders raffiniert gilt. Es gibt das Sprichwort, dass in Südchina alles Gegessen wird was kriecht, fliegt oder schwimmt, mit der Ausnahme von Flugzeugen und Schiffen. Wie ein Flugzeug oder ein Schiff sehen die Bällchen nun nicht gerade aus und es liegt die Vermutung nahe, dass sie zum Großteil aus Fisch bestehen. Warum kann ich nicht einfach genießen? Tatsächlich, mit der Sojasauce, die dazu serviert wird, schmecken die vermeintlichen Fischbällchen richtig gut. Der Großmeister, der aufgrund des köstlichen Festessens gut gelaunt zu sein scheint, bestellt für alle Bier und prostet uns zu. Die australischen Meister erhalten vom Großmeister als besondere Spezialität die halb rohen Fischköpfe. Ich bin mehr als erleichtert, dass es keinen weiteren Fischkopf für mich gibt. Der alte Meister selbst nimmt sich Flossen und andere Teile, die man bei uns nicht unbedingt essen würde, und steckt sie genüsslich in seinen Mund. Es dürfte ihm vorzüglich schmecken, denn er lacht zufrieden, nagt an der Flosse, die aus seinem Mund ragt, und spuckt immer wieder Reste auf den Boden.

Nach dem reichlichen Mahl beschließt er, dass es für ihn nun an der Zeit ist, sich zurückzuziehen. Er verabschiedet sich von jedem von uns, winkt uns aus dem Auto zu und ist auch schon verschwunden. Zurück bleibt der Wunsch, ihn irgendwann wiederzusehen und etwas von seiner ungezwungenen und wenig großmeisterlichen Art einfach einzupacken, um es mit nach Europa zu nehmen. Als wir den Fußweg zurück zum Bus marschieren, bin ich ergriffen. So viele Eindrücke haben sich in meinem Kopf festgesetzt.

Nach einer relativ kurzen Busfahrt erreichen wir die Schule des Sohnes des Großmeisters, die nun hauptsächlich von Sifu Lin betreut wird, da der Sohn in Hongkong als traditionell chinesischer Arzt arbeitet. Wir erfahren, dass er als „Knochensetzer", der seine Patient:innen ausschließlich in der Nacht behandelt, tätig ist. Der Grund für die ungewöhnlichen Ordinationszeiten ist, dass die Leute in Hong Kong nur nachts Zeit hätten einen derartigen Arzt zu konsultieren. Wie man sich die Tätigkeit eines „Knochensetzer" im Detail vorstellen darf, bleibt für uns unklar.

Die Schule befindet sich in einem Wohnhaus in der Stadt, ist aber wie immer von außen überhaupt nicht als solche erkennbar. Allerdings zeigt uns Sifu Lin stolz ein neues Schild, das hoch oben an der Fassade montiert ist und auf die Schule hinweisen soll. Das Stiegenhaus wirkt ungepflegt und wenig einladend. Umso einladender ist allerdings die kleine, aber feine Schule, die wir vorfinden. Es gibt einen Hauptraum, ausgestattet mit einem großen Spiegel und einen kleinen, komplett mit Matten ausgelegten Nebenraum mit einer Holzpuppe. An den Wänden des großen Raumes hängen einige Fotos. Während wir sie betrachten, verschwinden das australische Meisterpärchen und zwei Schüler von Sifu Lin in den Nebenraum. Uns wird klar, dass Sifu Lin so eine Art Privattraining mit den Australiern abhalten will. Er geht mit ihnen unterschiedliche Techniken durch und nach und nach verlagert sich das Geschehen zunehmend in den Nebenraum. Ich kann eigentlich gar nichts sehen, da der Raum viel zu klein für unsere gesamte Reisegruppe ist. Also beschließe ich, im Hauptraum zu bleiben. Christoph beobachtet das Geschehen sehr aufmerksam, und es ist lustig für mich, weil ich an seiner Mimik erkennen kann, dass er es sehr spannend findet und sich kaum zurückhalten kann, nicht gleich bei der Trainingseinheit mitzumachen. Ohne dass ich die Bewegungsabläufe der Meister gesehen habe, weiß ich, dass es deutliche Parallelen zu unserem Stil geben dürfte, das lese ich aus Christophs Gesicht. Am Ende der Privattrainingseinheit quetsche auch ich mich in den kleinen Raum und sehe ein paar Übungsdrills, die mir durchaus bekannt vorkommen. Sifu Lin demonstriert am australischen Meister seine Auslegung des Wing-Chun-Kung-Fu, und ich kann an der Reaktion des Australiers erkennen, dass sie für ihn sehr ungewohnt ist, anders als das, was er und seine Lebensgefährtin gewohnt sind. Immer wieder lenkt Sifu Lin die Angriffe des australischen Meisters ins Leere, wobei er sehr weich und fließend agiert. Es ist faszinierend zu beobachten, mit welcher Leichtigkeit er das macht.

Dann winkt der australische Meister uns zu und gibt Sifu Lin zu verstehen, dass wir ja einen viel ähnlicheren Wing-Chun-Stil praktizieren würden als er. Wir sollten doch etwas vorzeigen, ist sein Vorschlag. Das Geschehen verlagert sich in den Hauptraum und wir starten mit einem Übungsdrill, den wir zuvor bei Sifu Lin beobachten konnten. Der Meister gibt uns zu verstehen, dass er durchaus Ähnlichkeiten zu dem, was er zuvor gezeigt hat, erkennen kann, mehr allerdings erfahren wir von ihm nicht. Er wirkt unzugänglich, nicht arrogant, aber sehr zurückhaltend und wortkarg. Also frage ich noch einmal nach und da wird er etwas unhöflicher. Ja, es sehe zwar ähnlich aus, was wir da machen, aber es wirke so, als hätte unser Lehrer das von einem Video gelernt, ist seine schroffe Antwort. Das hat gesessen und wir bleiben etwas ratlos und verstört zurück. Sofort wendet er sich wieder den Australiern zu, um noch etwas Smalltalk zu führen, und ich habe den Eindruck, dass er sich geradezu verpflichtet dazu fühlt und dass er uns dadurch so nebenbei wieder loswerden kann.

Ich hatte gehofft, durch ein Gespräch mit dem Meister noch mehr über das Guolo-Wing-Chun erfahren zu können. Was nicht ist, kann ja noch werden, denke ich und trotte mit den anderen zum Bus.

Bisher war es immer so, dass die Gespräche abseits des offiziellen Programms die interessantesten und aufschlussreichsten waren. Aber auch beim gemeinsamen Abendessen, bei dem Christoph und ich wie immer am

Meistertisch Platz nehmen dürfen, ist es schwierig, Sifu Lin in ein Gespräch zu verwickeln. Er unterhält sich lieber mit unserem Busfahrer, der außer ihm der einzige ist, der kein Englisch spricht.

Meine Hoffnung darauf, mit ihm doch noch ein paar Worte wechseln zu können, schwindet, steht doch nun Shoppen auf dem Programm. Gemeinsam schlendern wir die Einkaufsstraße entlang, was in China viel Lärm, massenhaft Leute und sehr viel billigen Ramsch bedeutet. Erstens bin ich sowieso nicht so wahnsinnig am Einkaufen interessiert, zweitens ist es deprimierend, dass es keine Schuhe ab Größe 38 gibt und man als normal große Europäerin quasi eine Kleiderübergröße braucht. Für Christoph ist es ohnehin unmöglich, in seiner Größe etwas zu finden. Selbst die motiviertesten Verkäufer:innen schütteln bei seinem Anblick den Kopf und winken ab. Wir warten also geduldig beim Eingang der jeweiligen Geschäfte auf die anderen unserer Reisegruppe. Sifu Lin schwirrt ebenfalls etwas verloren herum. Ich werde das Gefühl nicht los, dass Sifu Lin an uns genauso wenig interessiert ist wie wir an den Geschäften, und ich beobachte, wie er die anderen Mitreisenden wie ein Security-Mitarbeiter im Auge behält, um ihnen im Fall der Fälle behilflich sein zu können. Mittlerweile bin ich überzeugt davon, dass er vom Großmeister den Auftrag erhalten hat, auf uns „aufzupassen". Da es allerdings unmöglich ist, die anderen beim Einkaufen im Menschengetümmel ständig zu beschatten, geht er auf unseren Vorschlag ein, auf der Shopping-Meile etwas zu trinken. Unsere Hartnäckigkeit hat sich gelohnt, nun endlich ergibt sich in kleiner Runde ein Gespräch. Sifu Lin wird zunehmend gesprächiger, antwortet endlich auf Fragen und erklärt uns bereitwillig einige Dinge über den Wing-Chun-Stil, den er praktiziert. Jetzt bin ich direkt überrascht von seiner Offenheit uns gegenüber.

Durch die Glasscheibe des Lokals sehen wir, wie die anderen nach und nach an uns vorbei zum Hotel zurück marschieren. Auch wir beschließen, den Rückweg anzutreten. In einem kurzen unaufmerksamen Moment ist

Sifu Lin verschwunden. Kurze Zeit später entdecke ich Sifu Lin schon wieder, wie er auf einem kleinen Moped seine Runden um uns dreht. Das erste Mal fällt mir auf, wie jugendlich er wirkt. Eric erzählt uns, dass Sifu Lin erst 40 Jahre alt sei und eine eigene Familie habe. Ja, er wirkt gar nicht so, wie man sich einen Meister vorstellt, denke ich.

Als wir die Lobby betreten, sehen wir, dass er Zeitung lesend auf der ausladenden roten Ledercouch Platz genommen hat. Wir setzen uns zu ihm und nehmen unsere Gespräche wieder auf. Über eine Stunde sitzen wir zusammen, diskutieren und zeigen uns gegenseitig Techniken. Eric kommt aus dem Übersetzen nicht heraus, es ist hochinteressant und endet mit der Feststellung, dass unsere Stile zumindest von der Idee her große Parallelen haben dürften. Endlich ist die Stimmung gelöst, Sifu Lin wirkt nicht mehr distanziert, im Gegenteil, für seine Verhältnisse verabschiedet er sich von uns geradezu herzlich. Morgen, bevor wir abreisen, werde er noch einmal im Hotel vorbeikommen, gibt er uns zu verstehen und verlässt die Lobby.

Am nächsten Tag werde ich früh von penetranter chinesischer Musik geweckt. Ich verstehe zwar nicht ganz, warum man zu solch unmenschlicher Uhrzeit die Hotelzimmer mit Musik beschallt, aber ich wundere mich nicht lange darüber, sondern nehme es zähneknirschend zur Kenntnis. Erst später wird mir klar, dass die Musik nicht aus dem Hotel kommt, sondern von draußen. Seit Stunden herrscht vor dem Hotel reges Treiben, die Einheimischen tanzen, musizieren, praktizieren Tai-Chi und Qi-Gong oder spazieren durch den Park und über das Gelände vor dem Hotel.

Christoph und ich stehen etwas abseits und betrachten mit Sifu Lin, der bereits gekommen ist, das Geschehen. Da bemerke ich, dass ich beobachtet werde, und kaum habe ich Blickkontakt mit einem jungen Mann aufgenommen, werde ich auch gleich von ihm angesprochen. Er ist total aufgeregt und will sich mit mir unterhalten. Leider ist sein Englisch so schlecht, dass Eric vom Englischen ins Englische übersetzen muss.

Am liebsten würde er bei mir Englisch-Unterricht nehmen, gibt er mir zu verstehen, woraufhin ich lache und bei mir denke, besser nicht, ist doch mein Englisch auch nicht gerade das Beste. Ich erkläre ihm, dass Eric als Australier der bessere Englischlehrer sei. Ob ich Peking gesehen hätte, ist die nächste Frage, „Nein, noch nicht", antworte ich und frage zurück, wie es mit ihm sei. Natürlich nicht, antwortet er verblüfft, und mir wird klar, dass es hier nicht üblich ist, die eigene Provinz je zu verlassen.

Der Abschied von Sifu Lin entspricht jeder Kampfkunst-Romatik. Obwohl wir nicht miteinander sprechen können, vereinbaren wir in Kontakt zu bleiben. Wir dürften jederzeit wiederkommen, sagt er, was, wie wir zu einem späteren Zeitpunkt erfahren werden, nicht so selbstverständlich ist. Beim Abschied drückt er sehr herzlich unsere Hand, Christophs etwas herzlicher als meine, aber mir kommt vor, dass es hier so üblich ist, distanziert gegenüber dem anderen Geschlecht zu sein.

Als wir in den Bus steigen, bin ich melancholisch. Erstmals wird mir bewusst, dass sich unsere Reise langsam dem Ende zuneigt. Wir verlassen die Stadt und passieren mit dem Bus ein letztes Mal die überlebensgroße Holzpuppe, die als Wahrzeichen der Stadt an deren Peripherie steht.

Für Christoph und mich steht ein letzter Schulbesuch auf dem Programm: In Hongkong wollen wir die Schule von Sifu Kong besuchen. Zuvor allerdings reisen unsere australischen Mitreisenden ab, nur Eric und ein weiterer Mitreisender, der ursprünglich ebenfalls aus Hongkong stammt, werden noch länger in ihrer ursprünglichen Heimatstadt bleiben.

Nun ist an der Zeit, die Reise ausklingen zu lassen. Es ist schön, zu zweit die letzten Tage in Hongkong, der Stadt, die niemals zur Ruhe kommt, zu verbringen. Spazierengehen ist allerdings nicht so einfach, zumindest nicht im neuen, modernen Stadtteil, gibt es doch keine Gehsteige, sondern nur die Möglichkeit, oberirdisch oder unterirdisch von Wolkenkratzer zu Wolkenkratzer zu wandern, was sehr kompliziert ist, wenn man ein spezielles Ziel vor Augen hat und eine Straßenkarte in Händen hält. Ein gigantomanischer Komplex folgt dem anderen, da ist mir der Spaziergang im alten Teil Hongkongs, der vorbei an Märkten, offenen Imbissen, Wahrsagern und durch pulsierende Straßen führt, schon lieber. Eric holt uns ein letztes Mal in der Hotellobby ab und es geht gemeinsam zur Schule von Sifu Kong. Eigentlich unterrichte dieser heute gar nicht, aber er wolle da sein, wenn wir auf Besuch kommen, erzählt Eric.

Wie immer ist die Schule, nach westlichem Verständnis, winzig und irgendwo in einem Wohnhaus versteckt gelegen. Es handelt sich um einen kleinen Hauptraum und einen noch kleineren Nebenraum, in dem wie so oft eine Holzpuppe steht. Es sei nicht irgendeine Holzpuppe, erklärt uns Sifu Kong, sondern jene, die er von seinem Lehrer, der einer der langjährigsten Schüler Yip Mans ist, als Geschenk erhalten hat. Ehrfurchtsvoll berühre ich sie.

Im Hauptraum trainieren vier Männer, ein Training im kleinen Kreis, so wie es hier in den meisten Schulen üblich ist. Immer wieder wiederholen die Schüler selbstständig vor dem Spiegel ein und dieselbe Bewegung. Sifu Kong beginnt nun auch etwas vorzuzeigen. Er bewegt sich geschmeidig und demonstriert verschiedene Würfe an Eric. Schließlich bin auch ich Sifu Kongs Dummy, was ziemlich aufregend ist, weil ich ein paar Angriffe setzen darf und seine Bewegungen und Techniken hautnah spüre.

Die Schüler sind mehr als verwundert, als Sifu Kong schließlich allen ein Bier anbietet. Es dürfte nicht üblich sein, dass ihr Lehrer im Training Bier offeriert, aber aufgrund unseres Besuches hat er es für angebracht gehalten, einen seiner Schüler zum nächstgelegenen Imbiss zu schicken, um Bier für alle zu besorgen. Es ist ein schöner Ausklang unserer Reise.

Am nächsten Tag, reisen auch wir ab. Wieder sitze ich im Flugzeug, wieder fühle ich mich unwohl beim Gedanken, hier stundenlang ausharren zu müssen. Auf Grund der vielen Eindrücke der letzten Tage schwirren mir unzählige Gedanken durch den Kopf und es erscheint mir alles so unwirklich, was ich erlebt habe. Ich bin zutiefst zufrieden, durfte ich doch so viele interessante Menschen kennenlernen. Endlich weiß ich, wo die Wurzeln unserer Kampfkunst liegen, endlich habe ich am anderen Ende der Welt Leute gesehen, die das Gleiche wie wir machen, und endlich konnte ich den Geist spüren, der den traditionellen Kampfkünsten zugrunde liegt, aber im Westen oft verloren gegangen ist. Ich bin so motiviert wie nie, weiter zu lernen, und hoffe in diesem Moment, noch weiter und tiefer in diese Kampfkunst einzutauchen. Dass dies bedeutet, dass wir noch einmal ganz von vorne beginnen werden, kann ich noch nicht ahnen und das ist zu diesem Zeitpunkt vielleicht auch besser so.

UMBRUCH

Wien – Graz

NACH DIESER REISE steht für mich fest, dass ich mein Training intensivieren werde. Neben all unseren Jobs und Projekten verbringen Christoph und ich nun unsere gesamte Freizeit damit, im Großen Drachen zu trainieren. Die Kampfkunst übt auf mich nun eine noch nie dagewesene Faszination aus. Etwas liegt für mich den Bewegungen, die ich täglich ausführe, zugrunde; sie sind plötzlich beseelt und mein Körper will sich mit diesen Bewegungsmustern beschäftigen, sie erforschen und in ihnen aufgehen. Weit weg ist für mich das Bedürfnis, sich in der Kampfkunst zu messen oder behaupten zu wollen. Endlich habe ich das Gefühl, dass ich eine Scheinwelt mit Prüfungen, Uniformen und Schärpen, die Teil der westlichen Kampfkunstwelt sind und die es in China so gar nicht gibt, hinter mir lassen kann. Obwohl wir inspiriert von dem in China Gesehenen sind, üben wir weiterhin so, wie wir es kennen. Noch fehlt uns das tiefere Wissen zu einem anderen Zugang. Wir sind ein rein körperliches Training gewohnt, bei dem es primär um ein möglichst rasches Funktionieren der Technik geht und bei dem Ausdauer und Schnelligkeit von zentraler Bedeutung sind.

Unser Tatendrang treibt uns nach Graz zu Meister Roy, der sich viel Zeit für uns nimmt, doch wir treten immer wieder auf der Stelle und reden aneinander vorbei. Wir haben zig Fragen, und es gibt so wenige zufriedenstellende Antworten. Nur das unglaubliche Können unseres Lehrers und Freundes kann uns immer wieder von neuem beeindrucken, aber es ist sein Können und nicht unseres, das wird uns immer mehr bewusst.

In dieser Zeit der Selbstkritik und des Zweifels ereilt uns eine aufregende Nachricht: Sifu Kong plant nach Europa zu kommen und würde sich freuen, auch unsere Schule zu besuchen, um bei Interesse ein Seminar abzuhalten. Wir sind begeistert davon, den Meister aus Hongkong wiedersehen zu können und unsere zahlreichen Schüler:innen an den spannenden neuen Erfahrungen teilhaben zu lassen. In den nächsten Wochen herrscht eine freudige Aufbruchsstimmung an unserer Schule, und wir planen zu Ehren des Meisters eine Vorführung, so wie wir sie in den chinesischen Schulen gesehen haben, um unsere Stilrichtung zu präsentieren.

Dann endlich reist der Meister mit Gefolgschaft aus Russland und Schweden an. So lernen wir erstmals zwei seiner fortgeschrittenen Schüler kennen, einen reichen russischen Oligarchen und einen gemütlichen Schweden, der nicht zu Unrecht den Spitznamen Kung-Fu-Panda trägt. Der Russe, in seiner Heimat ein erfolgreicher Verbreiter der Yip-Man-Stilrichtung, fällt sofort durch seine missionarische Ader auf. Wir seien im Westen, nicht in China, und hier gebe es ein gemeinsames Feindbild, die ungeliebte „Große Wing-Chun-Organisation", die die Kampfkunst in den 70er Jahren als reines Selbstverteidigungssystem und „Atombombe unter den Kampfkünsten" geprägt und groß gemacht, aber keinen Sinn für technische Details habe, predigt er. Nicht sehr sympathisch, das stimmt schon, aber was gehen mich die anderen an, ich bin für niemanden verantwortlich und muss auch niemanden bekehren, geht mir durch den Kopf, und daher bin ich resistent gegen seine Worte. Ich bin froh, als sein Gequatsche wieder beendet ist und Sifu Kong in unserer Schule auftaucht.

Zu meiner Freude möchte der Meister uns gerne ein paar Privatstunden geben, damit wir seine Zugangsweise besser kennenlernen können. Es ist das erste Mal, dass wir nun nicht nur zuschauen dürfen, sondern mit ihm alleine trainieren werden. Natürlich bin ich aufgeregt, aber ich weiß auch, was ich kann.

Wir machen verschiedene Partnerübungen, und es läuft eigentlich alles ganz gut. Trotzdem werde ich das Gefühl nicht los, dass ihn etwas stört. Er bricht unsere Übung ab und will mir demonstrieren, dass das, was ich mache, auf reiner Muskelkraft basiert und ich nicht gelernt habe, meinen gesamten Körper und somit eine saubere Technik einzusetzen. Dies hat zur Folge, dass ich durch einen von ihm gezielt gesetzten Übungsangriff tatsächlich mein Gleichgewicht verliere und mitsamt meiner Verteidigungstechnik unkoordiniert auf die Seite torkle, ohne meine Abwehrtechnik erfolgreich einsetzen zu können. Ich bin völlig erschüttert von dem Misserfolg und die Tatsache, dass sein Angriff in keiner Weise hinterhältig oder gar überraschend gewesen ist, macht die Sache noch brisanter. Ich bin es gewohnt, sofort hinzuschlagen, schneller, stärker, kraftvoller als mein Gegenüber zu sein und den Moment für mich zu nutzen. Aber ich bin es nicht gewohnt, kontrolliert und technisch sauber zu arbeiten oder gar meine Körperstruktur einzusetzen. Was bedeuten würde, dass sich mein Körper so einrichtet, dass alle Gelenke durchlässig bleiben und bei allen Bewegungen der gesamte Körper eingesetzt wird. Die Kraft überträgt sich dann vom Stand auf die Armtechniken und diese werden nicht mehr nur durch den Einsatz der Armmuskeln ausgeführt. In diesem Moment ist es so frustrierend und schmerzhaft zu erkennen, dass ich von traditioneller Kampfkunst, so wie es Meister Kong versteht, keine Ahnung habe. Alles, was ich kann, ist, mich mit Gewalt durchzusetzen, wenn es notwendig ist.

Es geht mir wie dem Frosch in Zhuangzis Brunnengleichnis, der sich in seinem Reich als König fühlt bis zu dem Zeitpunkt, als er eine Schildkröte vom Ostmeer kennenlernt. Diese lädt der Frosch in seiner Begeisterung ein, um ihr die Schönheit seines Reiches zu zeigen. Statt den Brunnen des Frosches zu bewundern, macht die Schildkröte ihm klar, dass sein Brunnen nicht so groß und toll ist, wie er denkt, da ihr das Wasser nicht einmal über die Beine reicht. Was ist schon ein Brunnen im Vergleich zum Meer?

Heute ist es Sifu Kong, der mir klar macht, dass die Kampfkunst, die ich lerne, noch ganz andere, für mich bislang unsichtbare Grundlagen hat. Der Frosch im Brunnen erschrickt, als er von der Weite und Gewalt des Meeres hört, und verliert vor Überraschung beinahe das Bewusstsein. Ich verfalle nach dieser Privatstunde in eine Schockstarre, die zur Folge hat, dass ich bei der Vorführung am darauffolgenden Abend gar nicht bei der Sache bin und Fehler über Fehler mache. Niemand außer Christoph bemerkt meine Verunsicherung und ich verschanze mich am Ende der zumindest für unsere Schüler:innen gelungenen Veranstaltung in unsere kleine Abstellkammer im Großen Drachen, um endlich traurig sein zu können.

Ein paar Privatstunden später fasse ich neuen Mut, da ich nun zumindest erkenne, woran es eigentlich mangelt. Es gibt vieles, was an meiner Trainingsmethode verändert werden müsste, und ich weiß noch nicht, ob ich die Ausdauer und Geduld dazu aufbringen kann. Als der Meister abreist, bleiben tiefe Verunsicherung, aber auch der Wille, meine Schwachstellen in Angriff zu nehmen, zurück.

Emotionale Diskussionen mit Meister Roy in Graz folgen. Er hat uns die letzten Jahre gefördert und so gut er konnte unterrichtet. Er selbst ist ein Kampfkunstgenie, das jedoch die Dringlichkeit einer Veränderung in dieser Tiefe, wie wir es uns vorstellen, nicht nachvollziehen kann und so bekommt unsere Beziehung trotz der Sympathie füreinander tiefe Risse, was Christoph, der ihm sehr nahe steht, besonders schwer trifft. Im Moment wissen wir nicht, wie es weitergehen kann. Was uns aufbaut, ist die bevorstehende Chinareise, die sich nun konkretisiert. Wir haben über Eric Kontakt zu Sifu Lin in Guolo aufgenommen. Er möchte uns gerne wiedersehen und auch Sifu Kong erklärt sich dazu bereit, uns in Hongkong noch einmal Privatstunden zu geben. Ich freue mich darauf, in China neue Trainingsmethoden kennenzulernen.

China

Einen Monat später geht es wieder los, und ich suche aufgeregt meinen blauen Rucksack, den Begleiter meiner letzten Chinareise vor nicht einmal einem Jahr. Es ist ein gutes Gefühl, ihn in der Abstellkammer aufzuspüren, vom obersten Regal herunterzuziehen und in den Taschen Dinge zu finden, die noch vom letzten Jahr darin versteckt sind und mir die ganze Zeit über nicht abgegangen sind, nun aber meine Erinnerung an das Vorjahr wecken. Ich kann kaum glauben, wie schnell die Zeit vergangen ist, und während ich meine Utensilien im Rucksack verstaue, erscheint es mir unwirklich, Sifu Kong, der erst vor einem Monat hier in Wien war, schon wieder zu sehen und noch unwirklicher ist für mich die Vorstellung, Eric und Sifu Lin zu treffen.

Beim Zwischenstopp in Amsterdam gilt es, jede Menge Zeit totzuschlagen. Prinzipiell hänge ich gern irgendwo herum und lasse die Seele baumeln, allerdings ist der Flughafen nicht der von mir bevorzugte Ort dafür. Wie so oft sitzen Christoph und ich in einem Lokal und warten und warten und reden und reden, jeder auf seine Art und Weise entspannt und angespannt gleichzeitig.

Es erinnert mich an die Zeit, als wir ständig nach Zürich geflogen sind, um bei einer chinesischen Familie Qi-Gong zu lernen. Nachdem wir in Wien eine kurze Qi-Gong-Ausbildung beendet hatten, war es an der Zeit, tiefer in die Materie einzutauchen. Über eine Kranich-Qi-Gong-Form, deren Urheber ich ausfindig machen wollte, stieß ich auf einen renommierten chinesischen Arzt und Kampfkünstler, der in der Schweiz unterrichtet. Ihm wurde die Kampfkunst, die in der Familie von Generation zu Generation weitergegeben wurde, in die Wiege gelegt. Schon als Kind hatte er unzählige Wu-Shu-Bewerbe gewonnen und war über die Provinzgrenzen hinaus bekannt geworden. Seit einigen Jahren lebte er nun in Deutschland und hatte genau die von mir gesuchte Form in seinem Repertoire.

Im Abspann eines Videos sah ich, dass der Meister Qi-Gong-Kurse und -Ausbildungen anbot. Es dauerte nicht lange, und Christoph und ich standen in einem ehemaligen Kino an der schweizerisch-deutschen Grenze, das zu einer Kampfkunstschule umfunktioniert worden und aus diesem Grund vollständig mit Matten ausgelegt war. Hier also sollte ein Qi-Gong-Wochenende stattfinden, das von der Frau des Arztes, ebenfalls eine Wu-Shu-Meisterin, abgehalten wurde, so zumindest die Ankündigung, die ich im Vorfeld erhalten hatte.

Der Ansturm zum Qi-Gong-Wochenende war groß und doch schien irgendetwas nicht zu stimmen, die Stimmung war gedrückt, und alle waren wortkarg und ruhig. Die Meisterin, die alle gemäß chinesischer Tradition Sisam nannten, brachte uns innerhalb von zwei Tagen mit höchster Anmut und größter Geduld eine Bewegungsform aus dem Spiel der fünf Tiere bei. Immer wieder demonstrierte sie den Teilnehmer:innen die Bewegungsabläufe, und es schien eine nicht enden wollende Energie in ihr zu stecken, wenn sie sich mit beeindruckender Leichtigkeit in perfekt ausgeführte, tiefe Stände manövrierte.

Am Ende des ersten Kurstages erzählte sie Christoph und mir, dass ihr Mann erst vor kurzem nach schwerer Krankheit gestorben sei. Sie wirkte gefasst, beinahe emotionslos und ich war erschüttert von ihrer chinesischen Professionalität, mit der sie diesem Schicksalsschlag begegnete. Nun wurde uns einiges klar und zurück blieb wieder einmal ein Gefühl der Verunsicherung. Wie konnte es sein, dass er, der berühmte Arzt, ein Meister der Kampfkunst, der auch Tai-Chi und Qi-Gong unterrichtet hatte, mit Mitte 50 aus dem Leben geschieden war? Hatte es überhaupt einen Sinn, hier ohne ihn weiter zu lernen? Was suchten wir eigentlich im Qi-Gong? Man stellt sich wie so oft die Frage nach dem Sinn dessen, was man täglich tut, die Frage der Fragen, die allem zugrunde liegt und die uns immer wieder in regelmäßigen Abständen heimsucht.

Trotz einer kurzen Sinnkrise meinerseits übte das Gesehene und vor allem das Können der Meisterin eine gewisse Anziehung auf mich und auch auf Christoph aus, da waren wir uns einig. Die fließenden Bewegungen sind so anders als das Wing-Chun, das wir normalerweise trainieren und unterrichten. Eigentlich suchten wir genau das, was wir hier gesehen und an diesem Wochenende gelernt hatten. Suchten jemanden, der uns dazu anleiten konnte, unseren Körper besser zu koordinieren und ganzheitlich einzusetzen, suchten Übungen, die einen Bewegungsfluss begünstigen und die zur Entspannung des Körpers und des Geistes beitragen. All das konnten wir zu diesem Zeitpunkt in der Kampfkunst, die wir ausübten, nicht in voller Tiefe erkennen, und so lohnte es sich, einen Umweg zu gehen: Drei Jahre reisten wir für insgesamt fünfundzwanzig Wochenenden an diesen malerischen Ort am Bodensee und lernten von der Meisterin und vor allem von ihrem Sohn unzählige Bewegungsabläufe und Formen. Am Ende einer langen Ausbildung hatten wir tatsächlich gelernt, unseren Körper noch besser einzusetzen, uns dabei tiefer zu entspannen und unsere Atmung mit der Bewegung verschmelzen zu lassen.

Im Herbst desselben Jahres saßen wir bereits im Flugzeug nach Hongkong und nun, ein Jahr später, sind wir hier auf dem Flughafen von Amsterdam. Noch vor zwei Jahren, bei der Rückreise von Zürich, hat mich eine Melancholie erfasst, hat mich der Abschied von einer lehrreichen, intensiven Zeit bedrückt, doch jetzt hier im Flughafencafé liegt ein Neubeginn in der Luft. Vielleicht wird ja China unser neuer Begleiter, denke ich, aber diesen Gedanken will ich wegen seiner Bedeutungsschwere noch nicht zu Ende führen.

Der Flug nach Hongkong verläuft sehr ruhig, ein paar Stunden habe ich geschlafen, zwar nicht gut, aber immerhin. Als ich Eric von der Hoteltreppe entgegenkommen sehe, bin ich überrascht. Er erscheint mir irgendwie verändert. Nein, es ist nur sein Styling, statt Jeans und körperbetontem

Ripp-Shirt trägt er heute Hemd und Anzugshose, was ein ungewohnter Anblick für mich ist. Die Begrüßung fällt herzlich und distanziert zugleich aus. Es ist verrückt, dass wir uns nach einem Jahr hier wieder treffen, ohne uns wirklich zu kennen.

Beim Essen besprechen wir das weitere Vorgehen. Eric scheint organisiert zu sein, wir sind es nicht. Es dauert nicht lange, und er ist mir wieder vertraut. Sofort spüre ich, dass es niemanden gibt, mit dem ich diese Reise lieber antreten würde als mit ihm. Eric, Christoph und ich, das ist die perfekte Mischung, wie sich noch zeigen wird.

Am nächsten Tag sind wir bereits sehr früh in der Hotelhalle. Ich fühle mich ganz gut und kann fast nicht glauben, dass ich normal geschlafen habe. Den Jetlag ausgetrickst, das Frühstück im Magen und das Taxi in Warteposition, alles läuft bestens. Viel zu früh sind wir bei der Bushaltestelle, die wir ohne Eric niemals gefunden hätten. Dieses Mal ist der Bus fast leer, wir füllen unsere Ein- und Ausreisekarten aus und ruhen uns ein bisschen aus. An der nächsten Station steigen noch ein paar Einheimische ein, aber es ist alles entspannt, und nicht einmal an der Grenze kommt Stress auf, auch wenn wir unser ganzes Hab und Gut ausladen, von A nach B schleppen und hinter der Grenze wieder in den Bus einladen müssen.

Nach knapp vier Stunden Fahrt hält der Bus direkt vor der Brücke, die zu unserem Hotel führt. Eric greift zum Handy, um Sifu Lin zu informieren, dass wir da sind. Wir gehen bepackt mit unseren Rucksäcken über die lange Brücke zum Hotel, als ich aus dem Augenwinkel ein Fahrrad kommen sehe und mich umdrehe. Sifu Lin winkt, ich kann es noch gar nicht glauben, dass er einfach so unspektakulär auftaucht, die Anspannung fällt von mir ab, und es ist, als wäre ich nie weg gewesen.

Da wir nicht müde sind (Wie könnte ich jetzt auch müde sein?), gehen wir nach einem gemeinsamen Mittagessen in die Schule des Großmeisters, um unser Training zu besprechen. Zu diesem Zeitpunkt habe ich noch keine Ahnung, wie wichtig Sifu Lin das Besprechen ist; es wird kein Tag vergehen, an dem wir nicht irgendetwas besprechen werden.

Wir betreten die Trainingsräume und setzen uns auf die überdimensional große, cremefarbene Ledercouch, besser gesagt: Eric und ich setzen uns auf die Holzschemel, die daneben stehen, während es sich Christoph auf der Couch bequem macht. Das wird in den kommenden Tagen unser alltäglicher „Sitzkreis" sein. Der Meister entzündet am hölzernen Wing-Chun-Schrein Räucherstäbchen, der Duft verbreitet sich schnell und steigt mir angenehm in die Nase. Die Stimmung ist fast feierlich, und wir sind gespannt, was weiter passieren wird. Nachdem Sifu Lin Wasserflaschen ausgeteilt hat, heißt er uns herzlich willkommen und erklärt uns, dass wir jederzeit wieder kommen dürften, da wir nun so eine Art lebenslange Mitgliedschaft hätten. Diese Tatsache überrascht mich zu diesem frühen

Zeitpunkt, da er uns ja noch nicht einmal wirklich kennt. Er spricht davon, dass der Stil über die Landesgrenzen hinaus verbreitet werden könne, was mir in diesem Moment sehr voreilig erscheint. Erst nach ein paar Tagen werde ich ihn verstehen können.

Nun möchte Sifu Lin zu unserer Überraschung sofort die erste Trainingseinheit starten. Zu Beginn müssen wir ihm etwas von unserem Können vorzeigen und bewegungslos stehen, er nickt und dürfte halbwegs zufrieden sein, auch wenn er uns deutet, dass unser Körperschwerpunkt zu hoch sei. Natürlich habe ich genau heute superenge Jeans angezogen, in denen es gar nicht so leicht ist, richtig zu stehen. Nein, gibt er mir zu verstehen, das Gewicht laste zu sehr auf den Knien. Wenn ich das gewusst hätte, wäre ich im Trainingsgewand gekommen, aber ich habe keine Zeit, mich über diesen Störfaktor weiter zu ärgern. Tausende Ausreden könnten mir einfallen, warum ich gerade heute nicht gut stehe, aber ich kann zu diesem Zeitpunkt nicht wissen, dass es in den Augen des Meisters nicht nur heute so ist. Sifu Lin ist richtig streng zu uns. Er zeigt uns eine Übung, die mich sehr an eine Lohan-Qi-Gong-Übung erinnert, die wir vor ein, zwei Jahren in Stuttgart gelernt haben, zu einer Zeit, in der die Ausbildung am Bodensee bereits abgeschlossen war.

Nach der körperlich fordernden Qi-Gong-Ausbildung wollten wir mehr über den energetischen Aspekt des Qi-Gongs herausfinden. Wir hatten unzählige Formen gelernt, konnten zig Bewegungsabläufe korrekt durchführen, so dass wir die Prüfung mit Stock, wie Sisam oft zu sagen pflegte, bestanden hätten. Die Androhung der Stockschläge für Fehler war von ihr nur als Spass gemeint, auch wenn sie selbst aus ihrer Jugend derartige Unterrichtsmethoden noch kannte. Trotzdem waren der korrekte Bewegungsablauf, die damit einhergehende Körperbeherrschung und eine äußere Schönheit der Bewegung die zentrale Aufgabenstellung, die es zu meistern galt. Aber was ist mit dem Qi, der Lebensenergie, habe ich mich oft gefragt. Was ist mit den inneren, verborgenen Prozessen, die ich durch das tägliche Üben bereits im Kleinen kennenlernen durfte. Darauf gab es keine zufriedenstellenden Antworten, nicht einmal den Versuch einer Antwort, das war zu akzeptieren.

Was mir früher, gerade als bodenständiger Mensch an dieser körperbetonten Unterrichtsweise gefallen hatte, hinterließ nun eine Lücke, die gefüllt werden wollte. Natürlich stellte ich fest, dass hinter den Bewegungsformen mehr als ein simples „Ich dehne Muskeln, Sehen und Bänder" steckte, hatte andere Empfindungen wahrgenommen, denen ich folgen wollte, aber wohin sollte ich folgen und wie genau, waren die Fragen, die mir nicht aus dem Kopf gehen wollten.

Zusätzlich war ich vor das Problem gestellt, dass ich von jeher mit Esoterik wenig anfangen konnte und somit eigentlich nicht zugänglich war für sogenannte Energiearbeit. Eigentlich wollte ich mein Leben einfach so gut wie möglich meistern und hinter das mir Bekannte blicken, dorthin, wo noch etwas anderes verborgen zu sein schien. Wen also sollte ich um Rat fragen?

Der erste Lösungsansatz fand sich wie immer in der Kampfkunst, und zwar in der Person eines chinesischen Tai-Chi-Meisters, der in Stuttgart ansässig war. Er behauptete, mit Qi arbeiten zu können und sprach davon, dass ein Energiegefühl durch hartes, konsequentes Training erreicht werden könne. Damit sprach er meine Sprache und die Zugangsweise erschien mir sinnvoll, auch wenn er mit seinen Aussagen über Qi dick auftrug und ich diesbezüglich skeptisch war. Aber hartes Training, das war ich gewohnt, und Qi entdecken und spüren, das wollte ich.

Im gleichen Jahr, in dem wir erstmals nach China flogen, schenkte ich Christoph eine Reise nach Stuttgart, wo sich die Tai-Chi-Schule an prominenter Adresse mitten im Zentrum befand. Nachdem uns der Meister zu einem Gespräch in sein Büro gebeten hatte, begann das Wochenendseminar. Wir waren sechs Teilnehmer:innen, die sich in einem Kreis im

Trainingsraum aufstellten. Jeder von uns hatte zu seinen Füßen ein Handtuch liegen. Wozu es dienen sollte, war mir vorerst unklar. Erst als ich für eine qualvolle Zeitspanne von einer Dreiviertelstunde unbewegt in einem tiefen Stand stehen musste und so extrem zu schwitzen begann, dass mir der Schweiß in die Augen und über den Rücken entlang bis zu den Beinen nach unten rann, wurde mir der Sinn des Handtuches klar.

Das schien generell das Konzept der Übungen hier zu sein: Man nimmt eine Position ein, die man dann möglichst lange hält, dazwischen dreht der Meister seine Runden durch den Raum und fordert die Teilnehmer:innen mit den Worten „Sehr gut!" oder „Hervorragend!" dazu auf, noch etwas tiefer in die Position zu sinken, um dann mit seinen Händen die Energie seines jeweiligen Gegenübers zu testen. Als ich mit zittrigen Beinen die Übung beendete, empfand ich tatsächlich ein sehr starkes Gefühl, das ich nicht zuordnen konnte und das mich neugierig machte. Der Lehrer selbst konnte weder Christoph noch mich nachhaltig überzeugen, er war frustriert, etwas polemisch und schimpfte andauernd über jegliches Kung-Fu, womit er sich bei uns natürlich nicht beliebt machte. Der Abschied von ihm war, wie der Meister selbst, freundlich, aber doch auch distanziert, wir wussten nicht, wann und ob wir wiederkommen wollen.

Zu Hause in Wien machten Christoph und ich täglich die Standübung, die wir im Seminar gelernt hatten. Mehrere Monate lang schwitzten und quälten wir uns und mir fiel auf, dass ich im Wing-Chun auf einmal besser und stabiler stehen konnte. Jahrelang war ich unzufrieden mit meiner Stabilität gewesen und nun, durch eine Qi-Gong-Übung, erreichte ich endlich Fortschritte. Der Wunsch, die Übung weiter durchzuführen, wuchs täglich, und nach einiger Zeit war es mir möglich, alle Schmerzen auszublenden und mich zu entspannen.

Aufgrund dieser positiven Erfahrung trieb es uns im Herbst desselben Jahres ein zweites Mal nach Stuttgart. Dort war dem Meister sehr schnell klar, dass wir geübt hatten, und er zeigte uns eine weitere Standposition. Diese zwei Stehübungen begleiteten mich die nächsten zwei Jahre täglich und ermöglichten mir eine neue Sichtweise auf die Grundlagen der Kampfkunst.

Hier in Guolo müssen wir zunächst auch stehen, aber es macht mir gar nichts aus, da ich diese Belastung gewohnt bin und es meine Eintrittskarte ins Guolo-Wing-Chun ist, denn es ist das Einzige, dass wir in den Augen von Meister Lin halbwegs beherrschen, wie er uns mit einem anerkennenden Nicken zu verstehen gibt. Nachdem der Meister die Übung abgebrochen hat, erklärt er uns, dass er uns in den kommenden Tagen ein Übungsset beibringen wolle, das den Namen „Zwölf Bewegungen" trage und für das dieser Stil hier bekannt sei. Wir würden diese Bewegungen ohne und mit Partner lernen, wobei man normalerweise knapp drei Jahre dafür benötige. Es ist also ein ziemliches Vorhaben für eine Woche.

Es folgen jede Menge Erklärungen zu denen er mit Christoph und Eric Partnerübungen macht und dabei Einiges ausbessert. Ich darf nur daneben stehen, und es beginnt mir zu dämmern, dass es für ihn möglicherweise eine neue und ungewöhnliche Situation ist, eine Frau zu unterrichten, anders kann ich mir seine Distanziertheit nicht erklären. Ignoriert zu werden ist natürlich schwierig, aber ich versuche meine Trauer und Enttäuschung zu verbergen und schlucke meinen Ärger fürs Erste hinunter.

Nach einiger Zeit zeigt er uns eine Übung, bei der man eine Wasserflasche auf den Arm bindet. Man soll dadurch ein Gefühl für den sinkenden Ellbogen entwickeln, der dann wichtig ist, wenn man mit so wenig Muskelkraft wie möglich arbeiten möchte. Es geht darum, die Kraft aus dem gesamten Körper auf die Arme zu übertragen, und dafür ist es wichtig, alle Gelenke, besonders aber die Schultern und Ellenbögen, zu entspannen. Überraschenderweise werde auch ich aufgefordert, diese Übung zu machen. Na bitte, denke ich erleichtert, vielleicht gibt es doch Hoffnung für mich. Als Abschluss der Trainingseinheit setzen wir uns in unseren Sitzkreis zusammen und dürfen Fragen stellen. Sifu Lin beantwortet jede Frage geduldig, dann ist die erste Trainingseinheit auch schon beendet.

Als wir nach einem Mittagessen gestärkt durch die belebten Straßen spazieren, drehen sich die Leute nach uns um. Am Anfang finde ich es etwas ungut, ständig beobachtet zu werden, aber mit der Zeit gewöhnt man sich auch daran, und es ist sehr nett, wenn einige Mutige in ihrem gebrochenen Englisch versuchen, uns anzusprechen: „Hello" und „Nice to meet you" wird uns, gefolgt von Gelächter, in den nächsten Tagen des Öfteren entgegenschallen.

Kaum sind wir wieder im Hotel angekommen, taucht Sifu Lin auf und klopft fordernd an Erics Tür. Wir haben das Zimmer nebenan, und da beide Zimmer sogenannte Deluxe-Zimmer sind, gibt es je einen Teeplatz, der nun in Erics Zimmer zu einem Trainingspodest umgestaltet wird.

Nur hier könne man anständig die statische Stehposition in Form einer Wendung in Bewegung bringen, gibt uns Sifu Lin zu verstehen. Er stellt sich als Erster auf die Erhöhung, dreht seinen Stand ein paar Mal gekonnt hin und her und zeigt uns dann die in der Schule angekündigte Bewegungsform. Ich finde es gerade so richtig skurril, mit einem Meister in einem Hotelzimmer zu sein, auf dem Bett zu sitzen und ihm zuzusehen, wie er auf einem Teeplatz Wing-Chun macht. Das sind die Momente, in denen ich mein Leben einfach richtig gut finde. Glücksgefühle steigen in mir auf, ich bin euphorisch und denke, dass es den anderen beiden in diesem Moment genauso geht.

Die Ursprungsidee war, am Abend nur über Theorie zu sprechen, aber nun fordert der Meister uns auf, die erste Bewegung nachzumachen. Nach der Reihe schickt er uns auf das Podest, um eine Partnerübung mit ihm durchzuführen. Dieses Mal komme auch ich dran. Er ist sehr streng, schüttelt den Kopf und stößt Unmutslaute aus, weil ich meine Schutzhand viel zu angespannt und aggressiv, wie er es zu nennen pflegt, verwende. Als es in seinen Augen nicht besser wird, äfft er mich nach und unterbricht genervt das Geschehen. Er kann nicht verstehen, warum gerade ich als Frau so ein gestresstes Auftreten habe. Ich kann es schon verstehen, da ich es gewohnt bin, in der Trainingssituation immer bereit zu sein, um Angriffe abwehren zu können. Gerade im Training mit anderen Leuten habe ich durch mangelnde Bereitschaft und durch unkontrollierte Partner:innen immer wieder einen Schlag auf die Nase bekommen, wenn ich nicht aufgepasst habe. Hier ist nun alles anders, daran muss ich mich erst gewöhnen. Es gibt keine schnellen, hektischen Bewegungen, es gibt kein Sich-Wehren-Müssen. Stattdessen geht es darum, sich zu entspannen und zu vergessen, dass es sich bei den Bewegungen, die man ausführt, um Verteidigungstechniken handelt. Es ist vielmehr eine gefühlvolle Interaktion mit dem Partner, ein schrittweises Erfühlen von dem, was der andere macht. So etwas kenne ich noch nicht, und ich muss mich immer wieder selbst korrigieren, wenn ich zu hektisch und angespannt werde.

Am Ende der Trainingseinheit stehen wir alle drei dicht gedrängt auf der Erhöhung und üben die erste Bewegung ohne Partner in der Luft. Sifu Lins „Jat – ji – saam" („Eins – zwei – drei") gibt uns einen Bewegungsrhythmus vor, trotzdem ist es nicht so einfach, im Takt zu bleiben. Nach zwei Stunden sind wir in der Lage, zwei Bewegungsabläufe selbstständig durchzuführen.

Es war ein richtig spannendes Training und obwohl wir alle drei ziemlich müde sind, üben wir, nachdem der Meister uns verlassen hat, die Armtechniken am Bett sitzend weiter.

Obwohl ich richtig gut geschlafen habe, fühle ich mich am nächsten Tag gar nicht fit und schleppe mich zum Frühstück. Eric sitzt schon am Tisch und trinkt einen Tee. Ja, Tee wäre jetzt nicht schlecht, geht mir durch den Kopf, und tatsächlich bekommen wir unaufgefordert sofort Tee mit Milch serviert. Auf das Sandwich müssen wir allerdings sehr lange warten, ganz kann ich nicht verstehen warum. Eric erklärt mir, dass die Einkäufe für das Hotel heute noch nicht erledigt worden seien und wir daher auf einen Angestellten warten würden, der losgeschickt worden sei, um unterschiedliche Dinge, darunter Toastbrot, zu kaufen. Endlich sehe ich einen Mann mit Einkaufstüten hinein huschen, und kurze Zeit später werden uns tatsächlich Sandwiches serviert. Anscheinend brauchen sie in diesem Hotel nicht so oft Toastbrot, das kann ich verstehen.

In den Straßen pulsiert das Leben, und es ist gar nicht so leicht, sich als Fußgängerin durchzusetzen, da es von Mopeds nur so wimmelt.

In der Schule wartet Sifu Lin bereits auf uns. Er hat am Ahnenschrein Räucherstäbchen entzündet. Gemeinsam beginnen wir, die ersten Bewegungen in der Luft durchzugehen. Mein Blick ist auf Sifu Lin gerichtet, es sieht alles so locker aus bei ihm, alles scheint im Fluss zu sein. Wir wiederholen die Bewegungen mehrere Male, es hat etwas Meditatives an sich und das Tempo ist gerade so, dass ich ohne größere Schwierigkeiten gut mitmachen kann, wenn ich mich ausreichend konzentriere.

Eine der Bewegungen, der sogenannte Drei-Sterne-Schlag mit drei unterschiedlichen Schlaghöhen bereitet mir Kopfzerbrechen, weil ich mich auf mehrere Dinge gleichzeitig konzentrieren muss. Als der Meister meine Hand berührt und feststellt, dass sie eiskalt ist, folgt ein Vortrag darüber, dass beim Guolo-Wing-Chun die Energie fließen müsse und man immer locker bleiben solle. Es stimmt schon, irgendwie bin ich heute verspannt.

Es dauert nicht lange, bis Sifu Lin uns auffordert, eine Pause zu machen. Nachdem ich mich auf meinen Hocker gesetzt habe, fühle ich mich richtig schlecht. Kalter Schweiß steigt mir am ganzen Körper auf. Die anderen fragen mich, ob alles okay sei. „Nein", sage ich zerknirscht und stelle fest, dass mir jetzt noch dazu schwindelig ist. Daher lege ich mich auf das große

Sofa und hoffe, dass sich mein Kreislauf stabilisiert. Kurz geht mir durch den Kopf, dass ich ja gar nicht wüsste, wie ich alleine in das Hotel zurückkomme und dass ich auf keinen Fall eine Einheit versäumen möchte. Da fordert mich Sifu Lin auf, etwas Qi-Gong zu machen. Warum eigentlich nicht, denke ich und stehe auf. Es ist etwas seltsam, vor den Augen der drei anderen Entspannungsübungen zu machen, aber ich lasse mich nicht beirren und versuche, mich auf meinen Körper zu konzentrieren. Da ich die Übungen täglich mache, komme ich sehr schnell über die Atmung zur Ruhe und es funktioniert ganz gut, obwohl die Blicke der anderen meinen Bewegungen folgen. Tatsächlich fühle ich mich zunehmend besser. Ein bisschen stolz bin ich schon, als ich erfahre, dass Sifu Lin meine Bewegungen gelobt hat und meinte, dass ich diese wohl schon lange Zeit geübt hätte. Immerhin kann ich darin punkten.

Schon in der ersten Trainingspause hat Sifu Lin uns zu verstehen gegeben, dass er uns alles erklären und zeigen wolle und keine Geheimnisse vor uns habe, da er erkannt habe, dass wir das System ernsthaft erlernen möchten. Was das konkret bedeutet, erfahre ich nun, als er uns einen Bewegungsablauf erklärt, dessen genaue Ausführung angeblich ein Geheimnis ist und nicht an jeden weitergegeben werden soll. Ich muss an diverse Kung-Fu-Filme denken, in denen sich Meister Geheimnisse, die von abtrünnigen und natürlich zum Bösen übergelaufenen Schüler missbraucht werden, mit Gewalt wieder zurückholen müssen, was zumeist mit einem Toten endet. Ich kann diese Gedanken jedoch nicht weiterspinnen, da ich mich nun konzentrieren muss, um alles richtig zu verstehen.

Die Verabschiedung nach dem ersten Trainingstag ist herzlich und Sifu Lin winkt uns noch freundlich nach.

Zufrieden schlendern wir durch die Straßen, machen Halt bei dem Restaurant, in dem wir nun schon Stammgäste sind, und stärken uns bei einem gemeinsamen Abendessen. Danach wollen Christoph und ich unbedingt

Tee kaufen und so verschlägt es uns gemeinsam mit Eric in ein winziges Teegeschäft vor dem Hotel. Die Besitzer sind in einem kleinen Hinterzimmer um einen winzigen Tisch versammelt und essen zu Abend, aber sie deuten uns, doch hereinzukommen und am hölzernen Teetisch im Verkaufsraum Platz zu nehmen. Eigentlich wollen wir nur etwas Tee kaufen und gleich wieder gehen, aber da es mir unhöflich erscheint abzulehnen, nehmen wir Platz. Kurze Zeit später kommt eine Frau und beginnt mit Eric ein Gespräch. Er erklärt ihr, dass wir gerne Tee kaufen würden, wenn möglich Long-Jing-Tee da Christoph diesen grünen Tee am liebsten mag. Die Frau überlegt kurz und sagt dann, dass sie zwar Long-Jing-Tee habe, aber eigentlich rote Tees die Spezialität dieser Gegend seien. Kurze Zeit später sitzen wir jeder vor einer Tasse mit rotem Tee zum Verkosten. Ich bin begeistert von dem angenehmen, mir unbekannten Geschmack und überlege, etwas Tee für die Trainingseinheiten im Hotel zu kaufen. Es folgt die Verkostung eines wilden roten Tees, und danach müssten wir unbedingt noch einen Gesundheitstee, eine Mandarine gefüllt mit Pu-Erh-Tee, probieren, gibt uns die geschäftstüchtige Frau zu verstehen. Klingt spannend, denke ich, ein Gesundheitstee kann mir nicht schaden, nachdem ich heute am Vormittag noch alles andere als fit war und beäuge interessiert eine getrocknete Mandarine in der der Tee aufbewahrt wird.

Immer wieder schenkt die Chinesin unsere Tassen voll und wir verkosten auch noch zwei Long-Jing-Tees. Dazwischen wird geredet. Die Verkäuferin interessiert, warum wir hier sind. Die Begründung findet sie sehr amüsant, da sie selbst vor langer Zeit Wing-Chun trainiert hat. Allerdings sei es ungewöhnlich, als Frau längerfristig Wing-Chun zu praktizieren, es sei denn, man sei eine Königstochter. Eric kommt kaum mit dem Übersetzen nach, so gesprächig ist sie, und die Sache mit der Königstochter würde mich nun doch genauer interessieren. Aber da ist sie schon wieder beim Thema Tee angelangt. Aus dem Kopf geht es mir trotzdem nicht, ist mir doch auch bei Sifu Lin aufgefallen, dass es zu Beginn für ihn anscheinend etwas seltsam war, mich zu unterrichten. Auch heute Vormittag hatte es diesbezüglich eine lustige Begebenheit gegeben: Auf die Frage von Christoph, wie die Dimension einer Holzpuppe bei einer Frau sein solle, hatte der Meister erklärt, dass die Höhe der beiden Hauptarme an die Brustwarzen des Trainierenden angepasst werden sollten, bei Frauen wisse er allerdings nicht genau, wie es sein solle, da er keinen Erfahrungswert habe. Was als Scherz gedacht war, beinhaltet doch einen wahren Kern, da es in China einfach nicht üblich ist, als Frau ernsthaft Wing-Chun zu praktizieren. Keine Frau glaubt hier die Zeit zu haben, sich neben der Familie auf die Kampfkunst konzentrieren zu können.

Wir sind nun schon fast eine Stunde in diesem Teegeschäft, haben auch ein paar Tees gekauft und Eric erklärt der netten Frau, dass wir nun wirklich gehen müssten. „Einen Tee noch!", sagt sie und schon wieder kocht neues Wasser. Nachdem wir ausgetrunken haben, schenkt sie nach. Eric erklärt ihr, dass wir nun aber wirklich gehen müssten, doch sie schenkt, ohne mit der Wimper zu zucken, erneut ein, woraufhin wir austrinken und sie in schallendes Gelächter ausbricht. „Ich muss nun noch einmal nachschenken", sagt sie, „es ist unhöflich, nicht nachzuschenken, wenn der Gast den Tee ausgetrunken hat." Wenn wir keinen Tee mehr haben wollten, müssten wir die Tasse einfach umdrehen oder den Tee unangetastet stehenlassen, erklärt sie uns. Auch wir müssen nun lachen. Die Verabschiedung fällt herzlich aus. Wir sollten doch wieder vorbeikommen, wenn wir Zeit hätten, dann könnten wir noch mehr Tee verkosten, fügt sie bei der Verabschiedung hinzu. Zielstrebig gehen wir zurück zum Hotel, nicht alleine deshalb, weil wir alle unglaublich dringend aufs Klo müssen.

Der nächste Tag beginnt mit einer Überraschung, dieses Mal gibt es beim Frühstück nur mehr Ei und kein Brot.

Das Training beginnt damit, dass wir alle Bewegungsabläufe in der Luft wiederholen. Es tut richtig gut, alles so entspannt wie möglich durchzuführen, das ist in Zusammenhang mit der Kampfkunst ein bis dato unbekanntes Gefühl für mich. Danach lernen wir wieder neue Bewegungen, die wir nach dem Mittagessen, das wir in unserem Stammlokal einnehmen, wiederholen. Noch immer ist mir ein Ablauf nicht ganz klar, was Sifu Lin sofort bemerkt. Er schlägt vor, dass ich die Bewegung mit Christoph als Partnerset durchführen soll, um eine Idee davon zu bekommen, was ich da eigentlich mache. Interessanterweise fällt es mir tatsächlich immer leichter am Partner zu arbeiten als alleine in der Luft. Dieses Mal ist auch Christoph noch nicht ganz klar, wie die Übung genau funktioniert, und daher wirkt er etwas ungeduldig und gereizt. Ich habe eine Idee, wie es gedacht sein könnte, aber er meint, dass es anders ginge, und so blockieren wir uns gegenseitig. Als mir ein etwas unsanfter Schlag auskommt, stoppt Sifu Lin sofort die Übung mit der Anweisung, dass wir noch einmal selbstständig in der Luft üben sollten. Nach dieser Ansage verschwindet er nach draußen und taucht eine Zeit lang nicht mehr auf. Wir üben vor dem Spiegel, keiner spricht ein Wort, jeder ist in Gedanken versunken und rätselhaft bleibt, wohin der Meister verschwunden ist.

Als er wieder auftaucht fordert er uns auf, eine Pause zu machen. Er hat Süßigkeiten für uns gekauft, Blätterteig mit Ei und den sogenannten Brautkuchen. Ich weiß, dass er selbst nicht so auf Süßigkeiten steht, aber erst gestern zu Mittag haben wir darüber gesprochen, dass wir gerne Süßes essen, und das hat er sich anscheinend gemerkt. Ich bin erstaunt, wie geschickt der Meister unsere Gereiztheit mit dieser Geste im Keim ersticken kann.

Die Stimmung ist nun wieder gut und wir sollen weiter üben. Leider funktioniert die Bewegung in der Luft bei mir noch immer nicht optimal, wahrscheinlich deshalb, weil ich im Kopf blockiert bin. Daher werde ich zur Holzpuppe im Nebenraum geschickt und soll dort die Bewegungen noch einmal alleine durchgehen. Es dauert ein bisschen, bis ich den Ablauf an der Holzpuppe durchführen kann, und ich kämpfe mit der Enttäuschung darüber, dass ich es nicht so gut kann, wie ich gerne möchte, und dass Eric und Christoph bereits miteinander üben dürfen.

Es ist ein altes Muster, das da in mir zum Vorschein kommt und mich an all die Momente erinnert, in denen ich das Gefühl hatte zu versagen und nicht schnell genug zu verstehen, was das Gegenüber von mir möchte. Wie oft war ich in der Schule, wenn ich mir unter Druck etwas hätte merken müssen, die Versagerin, wie oft hatte ich Angst davor, das von einer Autoritätsperson Gewünschte nicht perfekt abliefern zu können, wie oft habe ich zu Hause von meinem Vater gehört, dass ich dumm sei. Zwar hat er es nur gesagt und nicht wirklich gemeint, aber geschmerzt hat es trotzdem.

Eine Negativspirale dreht sich in meinem Kopf und verschlingt mich beinahe. Jetzt ist es wieder so, dass ich mir einfach selbst im Weg stehe. Bevor ich hier an der Holzpuppe endgültig verzweifelte, ruft mich Sifu Lin wieder in den Hauptraum. Wir lernen alle drei eine neue Bewegung, die mir wegen meiner wachsenden Verunsicherung auch nicht gerade leicht von der Hand geht. Zu allem Unglück fällt mir ein, dass ich ja am Vormittag bei den Bewegungen ohne Partner auch unzählige Fehler gemacht habe. Mein Selbstbewusstsein, das schon angekratzt war, ist nun nicht mehr vorhanden. Erstmals bin ich richtig demotiviert. Es ist in emotionaler Hinsicht ein richtig schwieriger Tag für mich, eigentlich ein Kampf gegen mich selbst, den ich schon öfters in der Vergangenheit geführt habe und einfach nicht nachhaltig gewinnen kann.

Als das Nachmittagstraining zu Ende ist, gehen wir wie immer essen, aber es will mir nicht so recht schmecken. Ich schleppe mich zurück ins Hotel und möchte mich etwas ausruhen, damit ich für das Abendtraining wieder frisch bin.

Als der Meister kommt, bieten wir ihm zuerst den Tee an, den wir am Vortag gekauft haben. Er gibt uns mit einem Nicken zu verstehen, dass der Tee okay sei, was, wie uns Eric erklärt, ein Lob sei. Nachdem wir ihm die Bewegungen in der Luft vorgezeigt haben, gehen wir zu den Partnersets über. Ich werde aufgefordert, erst mit Eric zu üben und dann mit Christoph. Es funktioniert nun gar nicht so schlecht, und Sifu Lin widmet mir zu meiner Überraschung sehr viel Zeit. Er ist auf einmal überhaupt nicht mehr distanziert, sondern gibt mir Anweisungen, um alles noch besser durchführen zu können. Ich weiß nicht, wie es zu diesem Sinneswandel gekommen ist, vielleicht hat er nach der letzten Trainingseinheit über unser leicht angespanntes Verhältnis nachgedacht, vielleicht ist es aber einfach auch so seine Art.

Leider bin ich aus seiner Sicht noch immer nicht entspannt genug, und er schlägt immer wieder unsanft auf meine verkrampfte Hand, aber der grobe Ablauf dürfte nun endlich richtig sein. Zum Abschied schenkt er mir ein Bündel Ess-Stäbchen aus Bambus, die er extra mitgebracht hat. Sie passen genau in meine Hand, und ich kann damit zu Hause das richtige Zugreifen üben, aber ich dürfe nicht vergessen, warnt er mich eindringlich, dass meine Armmuskeln beim Zugreifen entspannt bleiben müssten. Überglücklich halte ich die Stäbchen in den Händen und überlege, wie oft er selbst wohl damit geübt hat. Das Eis zwischen uns ist gebrochen, ich bedanke mich und dann verabschiedet sich der Meister von uns.

Am nächsten Tag erwartet Sifu Lin uns bereits in der Schule. Wie immer wird zuerst gequatscht, was ich prinzipiell sehr nett finde, auch wenn ich mich heute etwas unwohl fühle und ich daher nicht sehr gesprächig bin und vielmehr zuhöre. Dieses Mal bereitet er für uns Pu-Erh-Tee zu und erzählt uns allgemeine Dinge über chinesischen Tee. Jedem wird ein kleines tönernes Schälchen zugeteilt, das sofort, nachdem wir es geleert haben, vom Meister persönlich wieder aufgefüllt wird. Es überrascht mich nicht, dass er uns heute Tee anbietet, da wir ja gestern Abend für ihn Tee zubereitet haben und er somit bemerkt haben muss, dass wir gerne Tee trinken. Das Getränk tut mir gut, und die Gespräche lenken mich von meinem Unwohlsein ab.

Als das Training beginnt, helfen mir die Bewegungen ohne Partner, mich zu entspannen. Nun habe ich endlich verstanden, wie man üben muss, dass man einfach frei im Kopf und im Körper sein soll, was mir nicht gerade leicht fällt.

Am frühen Nachmittag erwartet uns der Meister bereits wieder, von nun an mit Tee statt mit Wasser, in der Schule. Dieser Tagesablauf ist nach so kurzer Zeit bereits zur Routine geworden. Das Thema des Nachmittags ist eine Bewegung, die die Basis der „Klebenden Hände" bildet, die es als Partnerübung in allen Wing-Chun-Stilen gibt. Alle zwölf Bewegungen basieren sehr stark auf Gefühl und Sensibilität, aber diese Übung ist als Partnerübung besonders wichtig. Sifu Lin ist bester Dinge, tänzelt mit Wing-Chun-Schritten durch den Raum und erklärt uns eine weitere Zusatzübung, die, wie er uns mit einem Schmunzeln zu verstehen gibt, eigentlich optimal für Liebespaare geeignet sei, da es immer um Sensibilität und ein Erspüren dessen, was der Partner gerade macht, gehe.

Am Abend bleibt genug Zeit, das Gesehene zu wiederholen, weil Sifu Lin kurzfristig das Training im Hotel absagt, keiner von uns hat etwas dagegen, da wir alle schon etwas müde sind. Wir treffen uns wie üblich trotzdem in Erics Zimmer, üben die Bewegungen und diskutieren über deren richtige Ausführung. Eric macht mit uns ein kleines Vokabeltraining, damit wir uns endlich die kantonesischen Namen der Bewegungen merken können. Dann rückt er damit raus, dass wir uns morgen schon etwas früher in der Schule mit dem Meister treffen würden, was uns dazu veranlasst, die Versammlung frühzeitig aufzulösen und schlafen zu gehen.

Das Frühstück haben wir in der Zwischenzeit aufgegeben und trinken stattdessen Tee in unserem Zimmer. Heute bringen wir Sifu Lin als

Geschenk Long-Chin-Tee mit. Heißes Wasser steht schon bereit, und wie immer wird zu Beginn geredet.

Gemeinsam mit dem Meister machen wir die gesamte Form, alle zwölf Bewegungen vor dem Spiegel. Es funktioniert schon ganz gut und ich kann tatsächlich alle alleine durchführen. Nun sind wir an der Reihe, die Sets mit Partner zu üben und die gelernten Bewegungsabläufe miteinander zu verbinden. Während der Meister uns diese Aufgabenstellung erklärt, betreten zwei seiner Schüler den Raum und mustern uns neugierig.

Zu Mittag würden wir heute gemeinsam Fisch essen gehen, erklärt uns Sifu Lin. Wenig später brechen wir auf und spazieren gemeinsam zur Hauptstraße. Dort warten wir an einer Straßenecke ohne zu wissen, auf wen oder was. Ich finde das sehr amüsant, da es hier immer so abläuft: Wir haben keine Ahnung, was passiert, und ich fühle mich wie ein Blatt, das scheinbar ziellos durchs Wasser getrieben wird. Als sich ein Auto nähert und der

Meister uns zum Einsteigen auffordert, bekommt unser Tun eine Richtung. Ich glaube im Fahrer einen der zuvor gesehenen Schüler wiederzuerkennen, aber das spielt keine Rolle, mir reicht die Information von Eric, dass es nun hinaus aufs Land geht.

Das Lokal, das wir ansteuern, befindet sich im Freien direkt bei einigen Fischteichen. Drei, vier Tische stehen unter einem Bambusgerüst, das Schatten spendet. Zwei kleine Hunde begrüßen uns aufgeregt und kündigen unseren Besuch an. Als man uns erblickt, gibt es freudiges Gelächter, das wie so oft vor allem Christophs Größe geschuldet ist.

Sifu Lin fragt mich, ob ich nicht einen Hund kosten möchte. Ich bin ein bisschen überrumpelt und entgegne forsch: „Nein, Fisch reicht uns!" Damit ist das Thema mit der Hundeverkostung vom Tisch. Gut, wir sollten aber wenigstens mitkommen und uns die Hunde, die zum Verzehr hier gezüchtet werden, ansehen, ist Sifu Lins Vorschlag. Wir trotten also hinter dem Meister her und sehen, dass in einer offenen Scheune tatsächlich zwei Käfige mit Hunden stehen. Sifu Lin fragt uns nochmals, ob wir vielleicht doch einen Hund essen wollten. Kurz zweifle ich daran, dass er es wirklich ernst meint, aber er verzieht keine Miene und so entgegne ich gefasst: „Sieht nett aus, aber nein, trotzdem nicht." Das sei eh besser so, meint der Meister und setzt nach, dass es schon passieren könne, dass man nach dem Verzehr Nasenbluten bekomme, da das Fleisch sehr hitzig sei. Und überhaupt, fährt er fort, hätten die Leute am Nachbartisch Hund bestellt und so könnten wir zumindest den Geruch auf uns wirken lassen.

Ich bin nicht gerade begeistert von dieser Information, aber neugierig bin ich schon und beobachte nun erstmal, wie unser Fisch gefangen wird. Bereits kurze Zeit später bekommen wir das erste Gericht serviert. Ich bin ziemlich irritiert, da es wie ein Teller voller Gräten aussieht. Dazwischen kann ich einen Fischkopf und eine Schwanzflosse erkennen, Fleisch sehe ich kaum. Als ich mich noch frage, was man davon essen kann, nehmen sich die Chinesen schon ein paar Gräten und stecken sie genussvoll in den Mund. Ich muss mich wirklich überwinden, nehme ein Stück und platziere es alibihalber in meinem Mund. Keinesfalls möchte ich jetzt unhöflich sein. Zum Glück kommen nun nach und nach andere Speisen und auch das wirkliche Fischfleisch mit etwas Gemüse.

Plötzlich entdecke ich an einem der Nachbartische ein großes, schwarzes, nicht näher identifizierbares Etwas, in das die Gäste ihre Hände hineinstecken, um Teile abzubrechen. „Was ist das denn?", frage ich begeistert. Die Antwort fällt überraschend aus: „Ach, das ist ein Wespennest, das zerlegt wird, um die Larven herauszuholen, die dann frittiert werden", erklärt uns Sifu Lins Schüler. Ich bin von dem Larven-Fondue irritiert und mit unserem Essen auf einmal richtig zufrieden. So schnell kann sich das Blatt wenden.

Nach dem Essen geht es mit dem Auto weiter zu Sifu Lins Elternhaus. Vor dem Wohnhaus befindet sich ein großer Markt mit allem möglichen Getier, von dem ich nur einen Bruchteil kenne und das hier zum Kauf und Verzehr angeboten wird. Zum Glück haben wir schon gegessen. Im Vorbeigehen sehe ich mir die Tiere an, die sich in unterschiedlich großen Käfigen am Boden zu unseren Füßen schlängeln.

Wir betreten den Wohnkomplex und es geht ein paar Stockwerke nach oben, dann stehen wir plötzlich im Wohn- und Esszimmer der Eltern. Die ganze Familie ist zu Hause, sogar Sifu Lins Tochter, die immer dann bei ihren Großeltern untergebracht ist, wenn die Mutter in einer anderen Stadt in der Fabrik arbeiten muss.

Die Wohnung ist sehr einfach eingerichtet und die Bewohner:innen, die uns neugierig mustern, wirken zufrieden. Es werden jede Menge Fotos von und mit uns geschossen, darunter ein klassisches Meister-Schüler-Motiv, bei dem Sifu Lin in der Mitte sitzt und wir rund um ihn herum stehen.

Nach dem Besuch geht es direkt zum Hotel, keine Ahnung, was wir dort machen werden, trainieren? Nein, Christoph und ich sollten alle Partnersets durchführen und Eric habe die Aufgabe, uns zu filmen, beschließt der Meister. Vor den Augen von Sifu Lin, seinem Schüler und Eric stellen wir uns also in Erics Hotelzimmer aufs Podest und führen alle Bewegungen durch. Der Meister hat einige Verbesserungsvorschläge, aber im Großen und Ganzen stimmt der Ablauf.

Der Nachmittag hält einige Überraschungen bereit. Wie angekündigt hält Sifu Lin ein Kindertraining in der Schule ab. Bereits im Stiegenhaus herrscht reges Treiben, und die Leute bilden eine kleine Schlange im Gang. Wir werden wie immer neugierig aus den Augenwinkeln gemustert, und auch wir blicken verstohlen auf die Menschenschlange. Im ersten Stock habe ein neuer illegaler Arzt aufgesperrt, hat uns Sifu Lin bereits am Vormittag erklärt. Es sei klar, dass der Ansturm gerade am Wochenende groß sei, da die Leute Zeit hätten und diese Ärzte eine höhere Dosis an Medikamenten verabreichten, aber empfehlenswert sei das nicht. Ich erinnere mich an das Krankenhaus, das wir täglich bei unserem Fußmarsch passieren und durch dessen vergitterte Fenster man einen Blick ins Innere erhaschen kann. Krank werden muss ich hier nicht unbedingt, denke ich und versuche, mich rasch an den mehr oder weniger kranken Leuten im Stiegenhaus vorbei zu schummeln.

Als wir die Schule betreten, ist das Kindertraining bereits im Gang, und der Meister hat es sich auf der großen Ledercouch bequem gemacht. Er hebt den Blick, begrüßt uns mit einem Nicken und schenkt uns zusätzlich ein freundliches Lächeln. Danach senkt er den Blick wieder und feilt gemütlich an seinen Nägeln weiter. Eine Handvoll Kinder trainiert mit dem Rücken zu uns. Wir ziehen rasch unsere Schuhe aus und begeben uns zur Sitzecke. Während wir uns hinsetzen, um das Training zu beobachten, werfen uns die kleinen, sehr aufgekratzt wirkenden Trainierenden über den großen

Spiegel neugierige Blicke zu. Sifu Lin hingegen würdigt sie keines Blickes und gibt minutenlang nicht eine einzige Trainingsanweisung.

Nun fordert der Meister die Kinder auf, sich ihm zuzuwenden und die zwölf Bewegungen in der Luft durchzuführen. Sofort formieren sich die Übenden je nach Trainingsfortschritt entweder direkt vor dem zweiten Spiegel oder etwas weiter hinten und beginnen, die uns bereits bekannten Bewegungen zu üben.

Nachdem die Kinder die Form beendet haben verteilen sie sich wieder im Raum und der Meister sagt, dass wir nun an der Reihe seien, die Partnersets zu üben. Danach solle gefilmt werden, erklärt uns Eric. Wir haben keine Ahnung, wer wo wen filmen soll, aber egal, es herrscht auf einmal große Aufbruchsstimmung.

Zwei der älteren Schüler verlassen mit uns den Trainingsraum. Sie haben die Aufgabe, uns zu begleiten, während Sifu Lin wieder einmal verschwunden ist. Wir folgen den zwei Jungs, die sich auf ihre Räder geschwungen haben. In den belebten Straßen der Stadt ist es schwierig, unsere jungen Begleiter nicht aus den Augen zu verlieren, da sie natürlich viel schneller unterwegs sind als wir zu Fuß. Da entdecke ich auf einem Fahrrad den Meister, der gestikulierend auf Eric zusteuert. Das Ziel sei Sifu Lins Wohnhaus, erklärt uns Eric kurze Zeit später. Ich erhöhe mein Schritttempo, um der Truppe folgen zu können.

Bei einem Schuhgeschäft legen wir einen Zwischenstopp ein. Der Meister möchte wissen, ob es dort Trainingsschuhe für uns zu kaufen gibt. Die Verkäuferin mustert Eric und mich interessiert. In Christophs Größe gebe es hier ohnehin nichts. Während uns Sifu Lin berät, probieren Eric und ich die schwarzen, schlichten Schlüpfer mit Gummisohle in der größten Größe, die es zu kaufen gibt. Sie passen perfekt und ich kann kaum glauben, dass das Paar Schuhe umgerechnet nur 2,50 Euro kostet. Der Meister hätte sie uns ja gekauft, aber man schenke in China keine Schuhe, erklärt er Eric, da sich ansonsten, natürlich symbolisch gemeint, unsere Wege trennen würden. Ich bin amüsiert und gleichzeitig fast ein bisschen erleichtert, dass er mir die Schuhe nicht geschenkt hat.

Sifu Lin schwingt sich wieder aufs Fahrrad, es geht weiter und nach ein paar Minuten erreichen wir unser Ziel, einen bewachten Wohnblock, der recht gepflegt wirkt. Mein Gefühl sagt mir, dass es sich hier um eine etwas teurere Wohngegend handelt. Gemeinsam betreten wir den Hof, und die Kinder begleiten uns zu einer Art betonierten Plattform zwischen den Wohnhäusern, auf der sie uns verschiedene Formen vorzeigen und von der aus man auf einen Fluss blicken kann. Kurze Zeit später erscheint Sifu Lin mit zwei Langstöcken.

Ich blicke auf die Umgebung und bin für kurze Zeit bedrückt, da das Ambiente so trostlos wirkt. Das Wasser des Flusses ist schwarzbraun, Müll liegt in der Gegend verstreut herum und der Himmel unterscheidet sich in seiner trüben schlammigen Farbe wie immer kaum von der Landschaft. Sifu Lin erklärt uns, dass er als Kind noch in diesem Fluss geschwommen ist und dass das Wasser Trinkwasserqualität hatte. Ich bin erschüttert darüber, die Auswirkungen der Umweltverschmutzung so hautnah zu erleben.

Ob wir etwas essen gehen wollten, fragt uns der Meister, und reißt mich damit je aus meinen trüben Gedanken. Wir bejahen erleichtert, da sowohl Christoph als auch ich müde und ausgelaugt sind. Christoph fühlt sich gerade generell nicht so toll, mir geht es zur Abwechslung mal ganz gut. Einer der Schüler verabschiedet sich höflich von uns, der andere hat die Aufgabe, uns ein weiteres Mal in die Stadt zum Essen zu begleiten.

Nach einem halbstündigen Fußmarsch erreichen wir ein Restaurant, in dem Reisnudeln hergestellt werden.

Der Meister überredet uns, Blut-Tofu zu kosten. Obwohl ich sowohl Blutwurst als auch Tofu relativ gerne esse, spricht mich die Kombination nicht besonders an. Der dunkelrote Tofu erinnert mich an etwas, das mir unter dem Namen „Bluttommerl" bekannt ist, das ich aber nur vom Hörensagen kenne. Schon als Kind hatte ich eine Abneigung gegen die Idee, Blut mit Mehl zum Verzehr zu mischen, wollte kein frisches Blut sehen und schon gar nicht essen. Aber hier koste ich ein kleines Stückchen und denke dabei darüber nach, wie sehr Abneigungen konditioniert und eingelernt sind. „Nein, ist nicht meins", sage ich schließlich freundlich, aber bestimmt, um nicht noch ein Stück in meine Schüssel gelegt zu bekommen. Die riesige Portion frischer Nudeln mit Rindfleisch und Spiegelei schmeckt allerdings ganz gut.

Am Abend geht es mit dem Training im Hotel weiter. Was für ein Tag! Es könnten mehrere Tage gewesen sein, soviel habe ich heute erlebt.

Erstmals wache ich vor dem Wecker auf. Auf dem Weg zur Schule treffen wir auf der Straße Sifu Lin. Gemeinsam betreten wir den Übungsraum, in dem bereits zwei seiner erwachsenen Schüler vor dem Spiegel trainieren. Sifu Lin bereitet für uns Tee zu, und danach geht das Training los. Der Meister selbst beginnt, die zwölf Bewegungen in der Luft durchzuführen, ich folge dem Ablauf, und auch die beiden chinesischen Schüler sind zu uns gestoßen und machen mit. Während der ersten Bewegungen schießt mir der Gedanke an die geheimen Bewegungen durch den Kopf, und ich bin gespannt, ob der Meister diese auch durchführen wird. Das führt dazu, dass ich etwas unkonzentriert bin. Tatsächlich macht Sifu Lin die Bewegungsabläufe, und das Spannende dabei ist, dass einer der beiden Schüler aufgrund des ungewöhnlichen Ablaufs mit einem Kopfschütteln aufhört und unsere kleine Gruppe verlässt, um selbstständig weiter zu üben. Der zweite Schüler ist ebenfalls irritiert, wirkt aber sehr konzentriert und kann dem Ablauf folgen.

Als die Bewegungen beendet sind, verliert Sifu Lin kein weiteres Wort darüber. Mir ist es ein bisschen peinlich gegenüber den Schülern, dass uns diese Bewegungen offensichtlich vom Meister gezeigt wurden und ihnen nicht. Ich kann nicht weiter darüber nachdenken, das es möglicherweise etwas unfair auf die anderen wirken muss, weil Sifu Lin über den Einsatz der Hüfte zu sprechen beginnt, die im Wing-Chun einen großen Stellenwert einnimmt. Der Meister zeigt uns Übungen mit einem Handschlagkissen, einer sogenannten Schlagpratze. Dabei stellen wir fest, dass er keine sichtbare Bewegung mit der Hüfte macht und sich die Kraft trotzdem über den richtigen Einsatz dieses Gelenks in den Arm überträgt.

Jetzt sind wir wieder an der Reihe, es geht darum, die Partnerübungen unter diesem neuen Aspekt durchzuführen. Das macht Spaß und funktioniert auch teilweise schon ganz gut. Für meine Verhältnisse bin ich heute in Hochform.

Für das gemeinsame Mittagessen führt uns der Meister zu einem kleinen Imbiss in der Nähe des Hotels. Das Spezielle hier ist, dass die Besitzer:innen gefüllte Nudeln täglich frisch herstellen. Tatsächlich sitzen im hinteren Bereich des kleinen Raumes ein alter Mann und zwei Frauen an einem Holztisch und fertigen die sogenannten Wan-Tans, indem sie Teigstückchen mit der Hand und mit Hilfe eines Nudelholzes zu Kreisen formen, diese dann füllen und schließen. Fasziniert lasse ich meinen Blick durch den Raum streifen. Im vorderen Bereich befindet sich eine offene Feuerstelle, auf der die Speisen zubereitet werden. Dahinter gibt es vier, fünf Tische, die vor allem von älteren Leuten besetzt sind.

Wir nehmen an einem dieser Tische auf den landesüblichen Sitzhockern aus Plastik Platz, und sofort wird uns Tee serviert. Sifu Lin desinfiziert für uns die Essstäbchen und erklärt uns, dass der Tee hier nur aus Pflanzenstielen bestehe, dann möchte er uns einschenken. Doch als Eric die Schälchen nebeneinander aufstellt, beginnt der Meister amüsiert zu gestikulieren. Wir dürften die Teetassen nicht nebeneinander aufstellen, da wir keine Teezeremonie für Verstorbene abhalten würden, sondern einfach zum Essen Tee trinken wollten, sagt er lachend. Schnell werden die Schälchen von Eric wieder auseinander gerückt. Eric spricht das Vorhaben an, nächstes Jahr wieder zu kommen, worauf Sifu Lin wenig überrascht von sieben Tagen spricht, die wir kommen sollten und in denen er uns auch Übungen für den Aufbau der inneren Kraft zeigen möchte. Wir würden zuerst am Kopf und am Rücken extrem schwitzen, wobei der Schweiß nach Urin riechen werde, erklärt Sifu Lin. Ich muss sofort an den Meister in Stuttgart denken, der uns ja auch zuerst einmal schwitzen ließ.

Nachdem wir gegessen haben, brechen wir Richtung Hotel auf. Sifu Lin ist in seinem Redefluss nun kaum zu stoppen. Er sagt uns, dass man als Meister nicht allen Schülern alles erklären solle. Das ist es also, was die Chinesen unter „geheim" verstehen. Wir seien allerdings keine normalen Schüler für ihn. Erstmals fällt der Ausdruck „disciple", von dem ich bis dato nicht weiß, was er bedeutet. Wir sollten wissen, dass er uns alles zeigen und beibringen werde, da das Schicksal uns zusammengeführt habe. Ich bekomme eine Gänsehaut und frage mich, was das bedeuten soll. Dann ist Sifu Lin jedoch schon wieder weg. Im Hotelzimmer falle ich müde ins Bett und kann und will nicht weiter darüber nachdenken.

Nach einer kurzen Mittagspause geht es ein letztes Mal zur Schule. Sifu Lin ist noch nicht da, aber einer der fortgeschrittenen Schüler öffnet uns die Tür. Nach ein paar Minuten erscheint auch der Meister und fordert uns dazu auf, die Partnersets zu üben.

In der Teepause erzählen wir von Wien und reden darüber, dass weder Sifu Lin noch sein Schüler je mit einem Flugzeug geflogen sind. Diese Gespräche und Teepausen werde ich zu Hause sicher vermissen und ich versuche daher, den Moment des Hierseins zu genießen. Das Thema fällt wie so oft auf das Essen. Ob wir das Bettlerhuhn kennen würden, will der Meister wissen. Er erklärt uns, dass es sich um ein Huhn handle, das lange mariniert, dann in Alufolie gewickelt und in Schlamm getaucht werde.

Nach langer Garzeit im Ofen entstehe dann eine harte Kruste, die vor dem Essen entfernt werde. Ob wir das kosten wollten? Warum nicht, antworten wir, und schon greift Sifu Lin zum Handy und organisiert unser Abendessen. Dann fordert er uns auf, weiter die Partnersets zu üben.

Nach einiger Zeit läutet Erics Handy, der Anrufer ist, wie könnte es anders sein, der Meister, mit der Anweisung, rasch vor die Schule zu kommen. Wir wechseln schnell unsere Schuhe, ziehen die Tür ins Schloss und eilen die Treppen hinunter. Sifu Lin bittet uns, in einen Jeep einzusteigen, und erklärt Eric, dass wir nun gemeinsam aufs Land fahren würden. Ich bin erfreut über den unerwarteten Ausflug und sehr gespannt auf das Ziel der Fahrt. Der Fahrer, ein Mann um die Vierzig, ist recht wortkarg und mustert uns etwas skeptisch. Bisher waren alle im Umfeld von Sifu Lin immer extrem freundlich und interessiert an uns, ich bemerke aber sofort, dass dieser Bekannte des Meisters nicht so herzlich und offen ist wie die anderen. Ich überlege, in welchem Verhältnis der Mann zu Sifu Lin stehen könnte.

Nach einer halbstündigen Fahrt haben wir den Verkehr und den Lärm der Stadt hinter uns gelassen, und die Gegend wird grüner und ruhiger. Während wir an Feldern und Teichen vorbeifahren, erklärt und gestikuliert Sifu Lin. Wie immer möchte er uns alles, was uns fremd sein könnte, näher bringen.

Wir biegen in den Hof eines Anwesens ein, anscheinend das Ziel unserer Fahrt. Vor dem Wohnhaus sind auf einer Art Terrasse ein paar runde Holztische und abgenutzte, weiße Plastiksessel aufgestellt. Jeder Tisch ist besetzt, und die Stimmung ist ausgelassen. Als wir aus dem Auto steigen, werden wir sofort vom Besitzer des Bauernhofes begrüßt. Er bittet uns auf die Terrasse und rollt aus dem Schuppen eine große Holzplatte heraus, die zu einem Tisch umfunktioniert wird. Während wir untätig in der Gegend herumstehen, beobachte ich zwei kleine Hunde, die ein Huhn über die

Terrasse jagen. Sifu Lin erklärt mir, dass diese Hunde nur jetzt so nett wirken würden, in der Nacht dagegen seien es Wachhunde, die bis zum Tod kämpfen, sich im Bein verbeißen und nicht von einem ablassen würden. Ich kann es gar nicht glauben, da sie so herzig aussehen und erinnere mich daran, auch im Vorjahr schon einmal so einen kleinen Wachhund in einem Lokal am Land gesehen zu haben.

Kaum haben wir Platz genommen, erscheint der Hausherr an unserem Tisch, und es stellt sich heraus, dass dessen Sohn bei Sifu Lin Wing-Chun trainiert. Eric erklärt uns auch, dass unser Fahrer Sifu Lins Kung-Fu-Bruder sei. Somit muss er ähnlich lang wie Sifu Lin Wing-Chun betreiben. Ich mustere den harmlos wirkenden Mann, der mir gegenüber sitzt bis eine Frau aus dem Haus kommt, die durch ihr plötzliches Erscheinen meine Aufmerksamkeit auf sich zieht. Sie serviert uns zwei gebratene Hühner. Wir bekommen Wegwerfhandschuhe und werden dazu aufgefordert, das Huhn mit den Händen zu zerteilen. Der Kung-Fu-Bruder nimmt unsere Ratlosigkeit zum Anlass, uns behilflich zu sein. Er reißt die beiden Haxen mit einem Ruck aus dem Hendl und legt sie Christoph und mir in die Schüsseln. Das bisschen Fleisch, das ich finde, ist richtig schmackhaft. Ich reiße mir noch ein Stück von der Brust heraus, was gar nicht so einfach ist, da das Huhn extrem heiß ist und die Plastikhandschuhe keinen guten Hitzeschutz bieten. Der Kung-Fu-Bruder erklärt uns, dass das Brustfleisch nicht besonders schmackhaft sei, und nimmt sich Teile, die ich wiederum nicht essen würde. Also ist jeder auf seine Art zufrieden.

Da taucht Sifu Lin auf, in beiden Händen weitere Teller mit Speisen: Bauchfleisch, gebackene Melanzani in einer süß-sauren Sauce, jede Menge gekochtes Grünzeug, das ich nicht näher definieren kann, und hausgemachter Tofu. Auf unserem Tisch türmen sich nun die Teller. Sifu Lin selbst haut ordentlich rein und ist gut gelaunt. Ich verkoste die unterschiedlichen Speisen, die köstlich sind, und bin nach kurzer Zeit ziemlich satt, da das

Essen hier eher deftig ist, so wie bei mir zu Hause in der Steiermark in einem Buschenschank.

Kaum habe ich beschlossen, nichts mehr zu essen, werden uns ein weiteres Huhn und noch mehr Gemüse serviert. Auch das ist wie bei mir zu Hause, es muss immer mehr zu essen geben als tatsächlich gegessen werden kann. Ich gebe dem Meister zu verstehen, dass ich schon satt sei, doch er lacht nur und lässt es sich schmecken. Nun ist Eric an der Reihe, das Huhn zu zerlegen, was alle Anwesenden wegen seiner Ungeschicktheit sehr erheitert.

Wir sitzen noch eine Weile beim Essen. Es macht Spaß, die Leute und die im Moment faul herum liegenden kleinen Wachhunde zu beobachten. Das Gesprächsthema ist, wie könnte es anders sein, Wing-Chun. Christoph ist aufs Klo verschwunden, da er sich gerade nicht so besonders fühlt. Das nehmen Sifu Lin und sein Kung-Fu-Bruder zum Anlass, um darüber zu diskutieren, welche Techniken bei einem besonders großen Gegner, sprich Christoph, besonders effektiv seien, und einigen sich nach kurzem Hin und Her auf Nierenschläge.

Die Meister beschließen, dass wir wieder Richtung Stadt aufbrechen wollen, und wir verabschieden uns höflich von den anderen Gästen und dem Gastgeber. Im Auto nehme ich Christophs Hand und spüre, dass sie ganz kalt ist. „Alles okay?", frage ich besorgt. „Ja, geht schon", antwortet er knapp und wirkt etwas zuversichtlicher, da wir uns Richtung Hotel bewegen. Der Jeep hält in der Nähe des Hotels, und Sifu Lin zeigt uns den Weg quer durch den Park. Er winkt zum Abschied, und schon sind er und sein Begleiter in der Dunkelheit verschwunden.

Für uns geht es nun heimwärts, vorbei an einer Tanzfläche im Freien, auf der eifrig mehr oder weniger gut Salsa getanzt wird, quer durch die große Parkanlage, die an den See, an dem unser Hotel liegt, angrenzt. Alle drei sind wir froh, dass das Abendtraining heute ausfällt und somit Zeit bleibt, sich vom Essen zu erholen. Sifu Lin möchte uns morgen, an unserem letzten Tag hier, in der Früh zum Yam-Cha, einer Art chinesischen Brunch mit jeder Menge süßen und pikanten Dim-Sum, treffen. Obwohl Christoph nicht wirklich fit ist, hängen wir noch eine Weile in Erics Zimmer rum und quatschen.

In der Früh treffen wir uns direkt beim Frühstück. Dafür spazieren wir über die Brücke Richtung Innenstadt.

Am Ende der Brücke liegt ein Restaurant, an dem wir täglich vorbeigegangen sind, das mir aber bis heute einen unbelebten Eindruck vermittelt hat. Umso überraschter bin ich, als wir dieses Lokal ansteuern. Nach wenigen Minuten taucht auch Sifu Lin in der Lobby auf, gekleidet in Jeans und Hemd und nicht wie sonst oft im Trainingsanzug. Er führt uns durch einen schmalen Gang in einen großen Raum, in dem es von Tischen, Stühlen und Leuten nur so wimmelt. Irritiert davon, dass hier so viel los ist, folge ich dem Meister im Zickzack vorbei an den Tischen durch den Raum. Jeder Platz ist besetzt, und auch im Nebenraum gibt es keinen einzigen freien Tisch. Doch wie immer kennt Sifu Lin jemanden und wir setzen uns zu einer Frau, die, wie wir später erfahren werden, seine ehemalige Grundschullehrerin ist.

Weil man das Essen hier holen muss, gehen wir zu dritt zu einer Art Ausgabestelle, an der jede Menge Bambuskörbchen aufgestapelt sind, und lassen uns die einzelnen Speisen erklären. Christoph und ich verstehen nur einen Bruchteil der Erklärungen, die Eric uns notdürftig gibt, aber wir wählen die Dim-Sum und die gedämpften Brötchen aus, die uns optisch am besten gefallen. Mit den gestapelten Bambuskörbchen in der Hand machen wir uns auf den Weg zurück zu unserem Tisch, gefolgt von den Blicken der übrigen Gäste.

Das Essen schmeckt gut, auch wenn die meisten der Speisen ziemlich fett und schwer sind. Schweinespeck vermischt mit Zucker als Füllung finde ich in der Früh schon ein bisschen deftig, die Nussfüllung ist mir wesentlich lieber. Christoph ist beim Essen heute etwas verhalten, und auch der Meister gibt zu, dass Yam-Cha ein eher schweres Frühstück sei. Er erklärt uns, dass sehr viele ältere Leute, die es sich gut gehen lassen wollen, hier seien und dass Yam-Cha in ihrem Leben zu einer schlechten Gewohnheit geworden sei. Im gleichen Atemzug stellt er allerdings auch fest, dass jemand, der es sich nicht leisten könne, frühstücken zu gehen, wirklich arm sei.

Gesprächig, wie ich heute bin, frage ich Sifu Lin, warum es im Wing-Chun-Stammbaum keine weiblichen Wing-Chun-Meister (mit Ausnahme der Begründerinnen Wing Chun und Ng Mui, die für mich Legenden sind) gebe. Das überrascht mich vor allem im Guolo-Wing-Chun, das ja als besonders weich gilt und nicht vordergründig auf Muskelkraft basiert. Der Meister erklärt mir, dass die Frauen in der Vergangenheit andere Aufgaben gehabt hätten und für die Familie da gewesen seien. Aber ich lasse nicht locker und frage, ob es keine einzige Meisterin in der Ahnenreihe gebe. Einzig die Schwester von Leung Jan, Leung Sim, habe ein bisschen Wing-Chun unterrichtet, antwortet Sifu Lin nach kurzem Überlegen. Ihr Stil sei aber sehr hart gewesen, und es gebe kaum noch Schüler. Mein Gefühl sagt mir, dass es nicht viel mehr zu sagen gibt über Leung Sim, scha-de eigentlich, eine heldenhafte Geschichte über eine Wing-Chun-Meiste-rin, die tatsächlich existiert hat, wäre jetzt ganz nach meinem Geschmack gewesen. Christoph meint, dass ich dann ja die erste im Guolo-Wing-Chun werden könnte, worauf ich schmunzeln muss und Sifu Lin amüsiert nickt.

Der Meister schlägt vor, einen Spaziergang zu machen. Wie gestern angekündigt wird heute nicht mehr trainiert, sondern nur reflektiert, und die Gespräche kreisen um Kampfkunst im Allgemeinen sowie um unser Leben in Europa und Sifu Lins Leben in China. Es dürfte dem Meister sehr wichtig sein, einen Einblick in unser Leben zu erhalten und uns Einblicke in sein Leben zu gewähren, das gehört zu einer klassischen Lehrer-Schüler-Beziehung in China dazu.

Der Spaziergang führt uns zunächst zu einem Markt in der Stadt, auf dem unzählige Tiere feilgeboten werden. Auf engstem Raum liegen Enten mit zusammengebundenen Füßen, stehen Käfige mit unterschiedlichem Federvieh und Kübel mit Meerestieren, Schildkröten und Schlangen. Bei Bedarf können sie gleich vor Ort geschlachtet werden. Der Geruch ist ziemlich penetrant. Wir schlängeln uns durch die Menschenmassen, vorneweg Sifu Lin, der zügig den Markt durchquert. In einer Seitengasse betreten wir ein winziges Vogelgeschäft. Vor der Tür hängen jede Menge Vogelkäfige, in denen die Vögel einzeln herumflattern, und das Gezwitscher ist ziemlich laut. Sifu Lin führt uns von Vogel zu Vogel und weiß zu jedem etwas zu erzählen. Schon vor ein paar Tagen hat er uns von seiner Vogelleidenschaft erzählt, zu der er über seinen Lehrer, den Großmeister, gekommen sei. Was ich zu diesem Zeitpunkt nicht wusste, ist, dass es sich keineswegs um ein nettes Hobby handelt, bei dem man Singvögel züchtet, sondern dass der Reiz an der Haltung dieser Vögel ist, sie kämpfen zu lassen, um sie danach wieder gesund zu pflegen.

Aus diesem Grund führt uns der Meister in einen nahegelegenen Park, in dem am Wochenende Vogelkämpfe stattfinden, an denen auch seine Kampfvögel teilnehmen. Tatsächlich stehen einige ältere Männer mit ihren Käfigen auf der Wiese und diskutieren. Sie begrüßen uns freundlich, und einer der Männer, der, wie wir in Erfahrung bringen werden, Englischlehrer ist, beginnt ein Gespräch mit uns, während Sifu Lin mit den anderen ein wenig Smalltalk führt. Ich habe den Eindruck, dass es ihm wichtig ist, dass wir sein Hobby kennenlernen. Für ihn dürfte die Vogelleidenschaft schicksalhaft mit dem Wing-Chun verknüpft sein. Hätte er sich nicht für die Kampfvögel interessiert, dann hätte er niemals seinen Sifu kennengelernt und es wäre ihm nicht möglich gewesen, den 82-Jährigen zu überreden, ihn als letzten Schüler zu akzeptieren. Das ist in der Tradition des Guolo-Wing-Chun etwas ganz Besonderes, da der letzte Schüler als wichtigster Schüler gilt. Der Grund ist, dass die Unterrichtstätigkeit durch das hohe Alter des Meisters als besonders gehaltvoll gilt und dessen Stil als besonders weich einzuschätzen ist, da er nicht mehr so viel Muskelkraft einsetzen kann.

Unser Spaziergang führt uns nun wieder zurück in die Innenstadt, wo uns Sifu Lin die Polizeistation zeigt, bei der er vor einigen Jahren gearbeitet hat. Wir erfahren, dass Polizist in dieser Gegend ein gefährlicher Job gewesen sein dürfte. Sifu Lin erzählt uns, dass seine Schwiegermutter ihn gebeten habe, den Beruf zu wechseln, nachdem ein paar seiner Kollegen erschossen worden seien. Danach habe er ein Restaurant geführt, bevor er die Schule von seinem Lehrer übernommen habe. Nun erklärt sich für mich auch seine Leidenschaft für das Essen.

Wir spazieren weiter durch die Straßen, vorbei an den hohen schäbigen Gebäuden mit den vergitterten Fenstern, die einen bedrückenden Eindruck auf mich machen. Ich kann nicht verstehen, warum Fenster im 30. Stock vergittert sein müssen. Der Meister spricht von Einbrechern, die so nicht in die Wohnungen gelangen würden, und von Kindern, die nicht hinausfallen könnten. Eine chinesische Erklärung, denke ich und bin froh, dass es bei uns anders ist.

Zum Abschluss unseres Rundgangs betreten wir das Teegeschäft, in dem Sifu Lin normalerweise seinen Tee kauft. Ich sehe mich ein bisschen in dem kleinen Raum um, während der Meister mit dem Besitzer spricht. Sie diskutieren über Pu-Erh-Tee, einen Tee, den Sifu Lin häufig trinken dürfte und den er auch für uns fast täglich zubereitet hat. Es wird darüber diskutiert, wie viel Tee man aus China ausführen dürfe und welcher der kreisrund gepressten Tee-Ziegelfladen besonders schmackhaft sei.

Dann hat sich der Meister entschieden und lässt drei der Teefladen einpacken. Wir verabschieden uns höflich, und kaum sind wir wieder auf der Straße, überreicht uns der Meister den Tee als Geschenk. Ich bin in diesem Moment richtig melancholisch und gleichzeitig ein bisschen gerührt, da ich Sifu Lin und die Gespräche, die wir mit ihm beim Tee geführt haben, vermissen werde. Wir gehen über die Brücke zum Hotel zurück, vorneweg der Meister, die Arme am Rücken locker verschränkt, so wie er immer mit uns durch die Straßen spaziert.

Ein letztes Mal führt uns der Weg in Erics Hotelzimmer, wo ein abschließendes Gespräch in vertrauter Runde stattfindet. Der Meister erklärt uns unser persönliches Trainingsprogramm und wie wir am effizientesten vorgehen könnten. Eric wird dazu eingeteilt, mitzuschreiben und alles ganz genau mit Zeitangaben zu notieren. Ich muss schlucken, denn der Trainingsplan ist recht ambitioniert, vor allem rechnet Sifu Lin damit, dass man jeden Tag sowohl in der Früh vor der Arbeit als auch nach der Arbeit stundenlang trainieren könne.

Sifu Lin widmet sich nun noch einmal jedem einzelnen von uns und bespricht individuelle Schwächen. Noch einmal erklärt er uns, dass die Kraft nicht aus der Schulter und dem Arm kommen dürfe. Dem Meister ist besonders wichtig, dass wir verstehen, dass zu üben nicht zu kämpfen bedeutet. In den ersten Jahren könne man jede Form der Selbstverteidigung vergessen, betont er.

Wir sprechen noch einmal über die Wichtigkeit von Qi-Gong, auch wenn Sifu Lin diesen Ausdruck nicht verwendet, und ich erinnere mich daran, dass er uns heute beim Spaziergang bereits erklärt hat, dass Wing-Chun für ihn eine der vier inneren Kampfkünste sei. Natürlich beeinflusst meine Qi-Gong-Praxis indirekt auch das Wing-Chun, allerdings bot sich mir bisher nicht die Möglichkeit, diese direkte Verknüpfung ausreichend sehen zu können. Für einen kurzen Moment erahne ich die Ausmaße, die diese Erkenntnis in ihrer Umsetzung mit sich bringen könnte, gefühlsmäßig wird mir einiges klar, aber erfassen oder gar umsetzen kann ich diese Idee zu diesem Zeitpunkt nicht. Ich weiß, dass ich die Kampfkunst nun anders sehen muss, dass ich den Trainingspartner zu einem gewissen Grad ausblenden muss, mich nicht stressen lassen darf, mich nicht hinreißen lassen darf zu hektischen, unkontrollierten Reaktionen, um dann in aller Ruhe erspüren zu können, was die andere Person überhaupt macht. Ich muss entspannter, lockerer sein, es als Weg sehen, hauptsächlich an mir selbst zu arbeiten. Es ist eigentlich genau das, was ich immer in der Kampfkunst gesucht habe.

Dann erklärt uns der Meister, wie er mit seinen Schüler:innen umgeht. Mir ist bereits aufgefallen, dass vom Lernenden ein absolutes Vertrauen in die Fähigkeiten des Meisters verlangt wird. Die Autorität des Lehrers darf nicht infrage gestellt werden. Was er an dich weitergeben möchte, gibt er weiter, was nicht, das nicht. Auf das eigene Ego wird im Training keine Rücksicht genommen. Ist man zu verbissen, wird die Übung sofort abgebrochen. Auf die Frage, wie Sifu Lin es handhabe, wenn Schüler:innen das Gesagte nicht umsetzen würden, erklärt er uns, dass das nicht das Problem des Lehrenden, sondern das des Lernenden sei.

Gerade beim Guolo-Wing-Chun spielt die weiche Ausführung der Bewegungen eine wichtige Rolle. Wenn jemand nach einmaliger Aufforderung noch immer mit zu viel Kraft agiert, wiederholt man das Gesagte; wenn er danach seine Einstellung zur Ausführung der Technik noch immer nicht geändert hat, wiederholt man das Gesagte ein letztes Mal. Danach ist es nicht mehr das Problem des Lehrers, der Schüler soll es so machen, wie er glaubt, nur wird er sich dann nicht weiterentwickeln können.

Bei den Schulregeln muss ich schmunzeln. Natürlich kann ich verstehen, dass die Schule niemanden unterstützt, der Unfrieden stiftet und Schlägereien anzettelt, aber ich muss an unsere Trainings denken und daran, dass

in der westlichen Welt niemand auf die Idee kommen würde, den Trainings-
leiter oder gar die Schule um Unterstützung bei einer Schlägerei zu bitten.

Wie immer versucht Sifu Lin, unseren Unterrichtsalltag zu verstehen
und stellt viele Fragen dazu, wie das Training in Wien abläuft. Ich weiß,
dass er sich nicht vorstellen kann, wie anders bei uns alles ist, im positiven
wie im negativen Sinne. Er würde es nicht verstehen, dass Kampfkunst
im Westen oft eine reine Dienstleistung ist, die völlig ungezwungen und
unpersönlich abläuft. Man trifft keine Entscheidung fürs Leben, wenn man
einen Kurs besucht, und man bindet sich nicht jahrelang an einen Lehrer,
der eine Vaterrolle einnimmt und weit über die Kampfkunst hinaus Ein-
fluss auf das Leben der Schüler:innen ausübt. Gerne würde ich Sifu Lin
unseren Kulturkreis näher bringen, aber es wäre auch hart für ihn zu sehen,
dass vielen Leuten in einer Gesellschaft, in der zum Glück für jeden immer
alles erlernbar und verfügbar ist, oft die Ernsthaftigkeit und Ausdauer für
solch ein Unterfangen fehlt. Dann ist alles gesagt, und wir vereinbaren, in
Kontakt zu bleiben.

Neben Christoph und Eric gehe ich wenig später über die Brücke,
während der Rucksack auf meinem Rücken lastet und ich mich an den
Moment erinnere, in dem ich bei unserer Ankunft genau diese Brücke in
die entgegengesetzte Richtung entlang marschiert bin. Es umgibt mich
Musik, die uns wie jeden Tag aus der Ferne vom Park entgegenschallt.
Ein letztes Mal versuche ich einen Blick auf die tanzenden Chines:innen
zu erhaschen, ich schaue auf das grün-gelbliche und gleichzeitig gräuliche
Wasser des Sees, blicke mich ein paar Mal zum Hotel um und genieße den
Abschied von diesem Ort.

Am Busparkplatz herrscht reges Treiben, doch keine Spur von Sifu Lin.
Unser Bus steht bereits zwischen anderen Bussen zur Abfahrt bereit, und
wir lassen uns etwas abseits nieder, um auf den Meister zu warten. Knapp
vor der Abfahrtszeit taucht Sifu Lin auf, in der Hand ein paar Zettel,

die er Eric überreicht, mit der Aufgabe, diese für uns ins Englische zu übersetzen. Dann schüttelt er jedem die Hand und winkt wie in den vergangenen Tagen in seiner lockeren Art zum Abschied. In diesem Moment ist allen klar, dass wir uns wiedersehen werden. Inmitten einer Menschenschlange steige ich in den gut gefüllten Bus und werfe einen letzten Blick auf den Meister. Als ich mich zu meinem Platz begebe, setzt sich der Bus in Bewegung, und schon ist Sifu Lin in der Ferne verschwunden.

Für einen kurzen Moment bin ich erschlagen von lauter Eindrücken, da erzählt uns Eric, dass er mit Sifu Kong telefoniert hat und dass dieser uns bereits heute Abend in Hongkong zum Essen treffen möchte. Vielleicht soll es ja gleich weiter gehen mit Wing-Chun-Eindrücken, denke ich und erkläre Eric, dass wir vereinbart haben, in den nächsten Tagen in Hongkong etwas Zeit mit Sifu Kong zu verbringen. Natürlich ist mir klar, dass Sifu Kong einen etwas westlicheren Zugang zum Lehrer–Schüler–Verhältnis hat als Meister Lin und ich frage Eric, ob es in China üblich sei, dass der Lehrer so viel Zeit mit seinen Schülern:innen verbringt wie Sifu Lin mit uns. Eric erzählt mir, dass Sifu Lins Schüler, der mit uns beim Fischessen war, erklärt habe, dass der Meister mit ihm insgesamt nicht so viel Zeit verbracht habe wie mit uns in dieser einen Woche, und mir wird klar, dass der Meister uns eine besondere Wertschätzung entgegenbringt. Dann herrscht zwischen Eric, Christoph und mir Stille und jeder hängt seinen Gedanken nach, aber eines ist klar: Nun liegt es an uns, diese Wertschätzung an den Lehrer zurückzugeben. Wir haben ein Jahr Zeit, uns entsprechend seiner Vorstellungen zu entwickeln. Mit diesem Gedanken versuche ich, Guolo für diesen Tag hinter mir zu lassen.

In Hong Kong angekommen steht das Treffen mit Sifu Kong auf dem Programm. Wir warten in der Hotellobby auf den Meister und er erscheint etwas verspätet, wie immer im Anzug und im Eilschritt. Als er uns sieht, beginnt er zu winken und steuert auf uns zu.

Wir hetzen gemeinsam durch die Straßen zu einem kantonesischen Restaurant, das sich im siebten Stock eines Einkaufszentrums befindet. Das Restaurant ist riesig, trotzdem sind fast alle Tische besetzt. Der Kellner begleitet uns durch den in Hongkong üblichen Trubel zu einem der wenigen freien runden Tische. Nachdem Tee serviert worden ist, wird mir ein Plastikeimer mit der Frage vor die Füße gestellt, ob wir den Fisch, der in ihm herum schwänzelt, als Hauptspeise essen wollen. „Warum eigentlich nicht?", sage ich und schon wird der Eimer samt Inhalt in die Küche gebracht.

Sifu Kong erscheint mir dieses Mal besonders westlich, aber vielleicht ist es auch nur der direkte Vergleich mit Sifu Lin, der mich im Moment so empfinden lässt. Nach der Essenseinladung verabschiedet er sich von uns, und es wird vereinbart, dass wir übermorgen am Nachmittag in seine Schule kommen werden, um gemeinsam zu trainieren.

Viel zu früh stehen wir vor der Tür. Wir kennen zwar den Code, trotzdem warten wir noch. Da nähert sich ein Auto, in dem der Meister im Business-Outfit sitzt. Er winkt und eilt schon wenige Minuten später auf uns zu. Gemeinsam gehen wir in den ersten Stock und betreten den kleinen Trainingsraum.

Nachdem wir uns umgezogen haben, geht es sofort los. Das Thema der nächsten Tage wird sein, den Körper richtig in Bewegung zu setzen, was wir als Schrittarbeit bezeichnen. Theorie, Übungen am Spiegel und sogenannte Drills mit Partner werden einander abwechseln. Mir raucht der Kopf vor lauter Information, und es ist gar nicht so leicht, nach den weichen, gefühlsbetonten Bewegungen in Guolo jetzt mit dem nötigen Druck am Partner zu arbeiten. Aber es funktioniert ganz gut, und ich bin motiviert für die kommenden Privateinheiten.

Der nächste Tag in Hongkong beginnt entspannt. Wir tun es den Einheimischen gleich und gehen nach dem Aufstehen in den in der Nähe gelegenen Park, um dort zu trainieren. Neben einer Gruppe, die auf einem asphaltierten Innenhof etwas abseits des belebten Hauptwegs eine Stock-Form übt, beginnen wir mit den zwölf Bewegungen, die wir in Guolo gelernt haben. Zuerst ist es etwas ungewohnt, aber nach einiger Zeit ist es ganz normal, hier die Bewegungsabläufe durchzugehen. Wir wiederholen auch die Schrittarbeit und die Partnerübungen, die uns Sifu Kong gestern beigebracht hat.

Nachdem wir uns tagsüber bei einem Tempelbesuch etwas verlaufen hatten und fast von einer Meute streunender Hunde attackiert worden waren, bleibt uns zurück in unserem Hotelzimmer nur kurz Zeit, unsere Trainingssachen zu packen und zu Sifu Kongs Schule weiterzufahren. Dieses Mal geht der Meister auf Detailfragen ein. Ich bin an der Reihe, die gestern gelernte Partnerübung mit Sifu Kong zu durchzuführen. Ich muss mich sehr konzentrieren, dass die Kraft wirklich aus der Körperbewegung und nicht aus dem Arm und somit nur von meinen Armmuskeln kommt. Gleichzeitig gilt es allerdings, größtmöglichen Druck auf den Partner auszuüben und trotzdem entspannt zu bleiben. Es ist interessant, mit dem Meister zu üben, und ich habe das Gefühl, dass ich Fortschritte mache.

Im weiteren Verlauf sprechen wir über die Kraft, die durch den richtigen Einsatz der Hüft- und Schultergelenke generiert wird. Sifu Kong betont, dass bei keiner Technik ausschließlich die Kraft des Armes eingesetzt werde. Zur Verdeutlichung demonstriert er eine Schlagtechnik an Christoph, was zur Folge hat, dass dieser die nächsten Tage mit einem großen blauen Fleck am Arm herumrennt. Aber wie der Meister so schön zu sagen pflegt: „Arms doesn't matter."

Der vorletzte Tag unserer Reise beginnt damit, dass wir im Park eine Trainingseinheit einlegen. Heute ist für mich in China das Trainieren in der Öffentlichkeit schon fast normal, und ich komme mir gar nicht blöd dabei vor. Nach dem Training werden wir von Einheimischen angesprochen und fachsimpeln von Trainierendem zu Trainierendem über Wing-Chun.

Das Training mit Sifu Kong beginnt heute früher als an den vergangenen Tagen, weil er samstags seinen freien Tag und somit mehr Zeit für uns hat. Wir beschließen, uns ein Taxi zu leisten, was leichter gesagt als getan ist: Vor dem Hotel wartet bereits eine Menschenansammlung darauf, ein Taxi zu ergattern, und da wir schon knapp dran sind, geht es nun doch im Laufschritt zur U-Bahn-Station. Bei einer roten Ampel haben wir Glück und können doch noch ein freies Taxi aufhalten. Als der Fahrer die Visitenkarte unseres Zielortes sieht, beginnt er in gebrochenem Englisch davon zu schwärmen, wie toll Wing-Chun ist. Überall hier in Hongkong kennt man diese Kampfkunst, nicht umsonst gilt die Stadt als Schmelztiegel der verschiedenen Wing-Chun-Stile.

Pünktlich betreten wir das Gebäude, in dem sich die Schule befindet. Die Tür ist noch verschlossen, aber es vergehen keine fünf Minuten, bis der Meister erscheint, nicht wie gewohnt im Anzug, sondern in Jeans und Poloshirt. Nach einer Wiederholung der letzten Übungen lernen wir heute einen neuen, sehr komplexen Schritt. Christoph versucht, die Schrittfolge nachzumachen, und kann das Gesehene sofort umsetzen. Ich probiere noch herum und übe alleine mit Pratzen, die am Boden aufgelegt wurden und mir als Orientierungshilfe dienen. Sifu Kong ist sehr geduldig und erklärt mir den Schritt noch einmal und noch einmal. Die Beinarbeit habe ich jetzt ganz gut verstanden, aber die Arme irritieren mich etwas. Der Meister fragt mich nach einiger Zeit, ob es nun besser funktioniere und ich erkläre ihm, dass er sich keine Sorgen machen brauche, da ich immer verwirrt sei, wenn ich etwas Neues üben würde. Ich müsse es nur lange genug durchführen. Da bricht er in herzliches Gelächter aus und ich habe das Gefühl, dass er selten solche Ansagen zu hören bekommt.

Als wir eine Zeit lang weiter geübt haben, sehe ich aus dem Augenwinkel, dass Eric gekommen ist, und ich freue mich richtig über seine Anwesenheit. Er nimmt auf einem der kleinen hölzernen Bänke Platz und wartet darauf, dass wir mit dem Training fertig sind. Heute wollen wir alle gemeinsam zu einer Grillparty fahren, die von einem von Sifu Kongs Schülern auf dessen Dachterrasse in einem Vorort von Hongkong organisiert wird.

Mit dem Lexus des Meisters geht's nun raus aus Hongkong. Sifu Kong ist ein ziemlich rasanter Autofahrer und rasiert eine Straßenkante, aber der Ausflug ist ein richtig gelungener Abschluss unserer diesjährigen Reise. Am Dach des gar nicht mal so hohen Wohnhauses genießen wir gemeinsam den warmen Novemberabend, das gute Essen und alle möglichen Kampf-kunst-Geschichten. Als sich der Tag dem Ende zuneigt, brechen wir gut gelaunt auf, um zurück zum Hotel zu fahren. Sifu Kong setzt Eric an einer Straßenecke ab, und ich kann mich gar nicht richtig von ihm verabschie-den, so schnell geht alles. Durch die Scheibe des Rückfensters sehe ich ihn immer kleiner werden, er winkt mir zu und ich bin bestürzt darüber, dass wir uns das ganze Jahr nicht mehr sehen werden.

Der letzte Tag unserer Reise ist angebrochen und es gilt wieder mal Zeit totzuschlagen, etwas, das ich gerne mache, und so genießen wir den Lärm und Trubel der pulsierenden Stadt. Dann sitze ich wieder im Flug-zeug und versuche mich zu entspannen, was mir ja nicht unbedingt so leicht fällt. Es gebe kleinere Turbulenzen aufgrund der Wetterlage, höre ich den Piloten durchsagen. Nein, an das Fliegen werde ich mich nie gewöh-nen, denke ich und bin enorm erleichtert, als es bei einem kleinen Rütteln bleibt. Meine Stimmung bessert sich von Minute zu Minute und ich finde unseren Sitzplatz beim Ausgang gerade richtig gemütlich. Ich freue mich total auf Wien, die Vorweihnachtszeit, die Ruhe in den Kaffeehäusern und natürlich darauf, das Gesehene zu üben und in meinem Kopf zu ordnen. Ein Jahr habe ich Zeit, um mich zu verbessern, ich weiß jetzt, woran ich arbeiten kann. Da ertappe ich mich dabei, wie ich skeptisch meinen Ober-armmuskel betrachte. Wenn ich abgesehen davon, den optimalen Wing-Chun-Arm zu bekommen, keine Probleme habe, dann kann das ja nur ein gutes Jahr werden. Irgendwie fühle ich mich gerade total motiviert und habe einen Adrenalinschub. Zufrieden blicke ich mich um. Alle um mich herum schlafen bereits, und auch Christoph ist eingenickt. Vielleicht sollte ich ihm seine verdiente Ruhe gönnen, denke ich, ziehe meinen Pullover an und die Kapuze über den Kopf und schließe vorsichtshalber die Augen, um nicht in meiner Übermotivation Christoph zu nerven. Und siehe da, nach ein paar Minuten stellt sich der Schlaf auch bei mir ein, und China rückt in weite Ferne.

NEUBEGINN

Wien

WIEDER ANGEKOMMEN IN WIEN verwischen sich nach und nach die Konturen des in China Erlebten. Immer unwirklicher wird die Vorstellung, in Guolo gewesen zu sein. Zurück bleibt nur mehr ein vages Gefühl von dem, was wir im direkten Kontakt mit unseren Lehrern gelernt haben. Es ist jedoch unauslöschbar eingebrannt in meinen Körper und ich kann es im täglichen Training immer wieder heraufbeschwören und abrufen. Die Art des Trainings hat sich nun völlig verändert.

Zum Jahreswechsel folgt eine böse Überraschung: Als ich Anfang Jänner meiner Galerie im 7. Bezirk einen Besuch abstatte, finde ich leere Schaufenster vor. Jemand ist über die Feiertage in meine Räume eingedrungen und hat alles bis auf ein paar große, schwer transportierbare Möbel mitgenommen.

Tagelang bin ich traurig, muss Abschied nehmen von der Vorstellung, in diesen Räumlichkeiten weiterhin eine Galerie zu führen, muss akzeptieren, was passiert ist und schmerzvoll erkennen, dass es keine Verkaufsobjekte mehr gibt, was zur Folge hat, dass ich meiner Tätigkeit nicht mehr nachgehen kann. Also muss etwas Neues her. Es ist klar, dass das Neue seine Wurzeln in der Kampfkunst haben soll. Bereits im Herbst, am Ende der Chinareise, hatte ich es selbst heraufbeschworen. In einem japanischen Fast-Food-Restaurant, kurz vor der Rückreise nach Wien, gingen mir auf einmal Gedanken und Bilder durch den Kopf: Eine Kung-Fu-Schule, so wie hier in Hongkong, als Ort, an dem man täglich in kleiner Gruppe trainiert und Zeit miteinander verbringt ohne Frontalunterricht, wie wir ihn in Europa aufgrund unserer westlichen Lernweise und der großen Gruppen gewohnt sind. Klar haben wir bereits eine Schule, eine große noch dazu, aber wir haben auch den Druck, dass die Kurse dort immer voll sein müssen, damit wir uns die Räumlichkeiten leisten können. Das hat zur Folge, dass es keine kleinen, gemütlichen Trainings geben kann. Ich sah mich nicht mehr in meiner Design-Galerie sitzen, sondern ich sah den großen, freundlichen Hauptraum der Galerie als Trainingsfläche vor meinem inneren Auge.

Christoph führte, wie es immer so zwischen uns läuft, meine vagen Gedanken weiter. Die Papierunterlage, auf der unser japanisches Fast-Food stand, wurde kurzerhand zu einem Grundrissplan umfunktioniert. Wir zeichneten in die grobe Skizze Garderoben und Duschen ein, sprachen über Trennwände und Spiegel und dachten an ein kleines Refugium, einen verborgenen Ort, an dem wir unsere Vision ausleben könnten. Dann unterband ich unsere Träumereien, indem ich feststellte, dass wir das irgendwann machen würden, vielleicht in ein paar Jahren, wenn die Zeit reif dafür sein würde, wenn das Projekt mit der Galerie für mich abgeschlossen sein würde.

Nun, ein paar Monate später ist es überraschenderweise soweit. Nach zermürbenden Wochen, in denen ich Bestandslisten geschrieben und mit der Versicherung gestritten habe, gibt es ein kleines Budget, um den Umbau zu unserem neuen Zentrum zu starten.

Der Kleine Drache, unsere erste Schule, bereitet uns jedoch Kopfzerbrechen. Das kleine, feine Zentrum mit seinem Fightclub-Souterrain-Chic ist in die Jahre gekommen. Wir haben unsere Aufmerksamkeit in den letzten Jahren immer mehr auf den Großen Drachen gelegt, und es gilt nun herauszufinden, in welche Richtung sich die erste Schule noch entwickeln kann, um mit der florierenden großen Schule mithalten zu können.

So entsteht die Idee, das Zentrum zu renovieren. Ein neuer Anstrich und Boden sollen frischen Wind in die Räumlichkeiten bringen. Ich bin mir trotzdem nicht sicher, ob wir das Zentrum wirklich weiter betreiben sollen, ich bemerke es nur mehr, wenn es durch Mängel auf sich aufmerksam macht. Für mich ist es der Ort, an dem alles begonnen hat, aber nun sehe ich mich im neuen, eigenen Zentrum, meiner ehemaligen Galerie, was somit ein dritter Standort ist den wir bespielen müssen.

Dann passiert etwas Unerwartetes, und zwar mit mir, etwas, das meine abgeklärte Sicht auf die Dinge erstmal durcheinander wirbelt. An einem Vormittag bin ich wie gewöhnlich im Großen Drachen, um zu üben. Heute bin ich ganz alleine da, und ich fühle mich nicht ganz fit. Aus diesem Grund starte ich mit einer Standübung. Obwohl ich heute schwer ins Stehen finde, tut es mir nach einer Weile wie immer gut und ich spüre eine Kraft in mir, die sich aufbaut, zentriert und mich gleichzeitig weiten möchte, nahezu zerspringen könnte ich, und plötzlich wird die innere Stille mit solch einer Wucht durchbrochen, dass ich nicht mehr stehenbleiben kann. Obwohl mir der Meister in Stuttgart, bei dem ich die Übung gelernt habe, eingeschärft hat, die Position nicht zu verlassen, wirkt nun etwas aus mir heraus, das sich nicht mehr aufhalten lässt. Wie von selbst beginnt es mich durch den gesamten Raum zu bewegen. Es zieht mich dorthin, es zieht mich dahin, es dehnt und streckt mich, irgendwann bleibe ich stehen, wie von selbst. Es ist eine überwältigende, spirituelle Erfahrung, stark und gleichzeitig angsteinflößend. Was habe ich da gemacht, war ich es selbst, die sich bewegt hat, oder war es etwas anderes? Das sind Fragen, auf die es keine Antwort zu geben scheint. Diese Art der körperlich-geistigen Erfahrung ist neu für mich, es ist so, als hätte ich zum ersten Mal eine Außensicht auf mich gewonnen, als könnte ich von einem anderen Ort auf mich selbst blicken. Ich bin neugierig und gleichzeitig peinlich berührt ob des Kontrollverlustes und frage mich, ob das normal ist.

Nachdem ich mich wieder gesammelt habe, vertraue ich mich Christoph an. Er ist verständnisvoll und spricht davon, dass es seines Wissens nach spontanes Qi-Gong gebe. Er rät mir, mich darüber zu informieren. Ich überlege, den Meister in Stuttgart zu kontaktieren, aber ich spüre, dass er nicht die richtige Ansprechperson ist. Also klemme ich mich wieder einmal vor den Computer in der Hoffnung irgendwo jemanden zu finden, der mir weiterhelfen kann. Bei der langen Suche bleibe ich immer wieder beim Namen eines daoistischen Meisters in Thailand hängen. Jeder Suchansatz führt immer von neuem und ausschließlich zu ihm, aber eine Kontaktadresse kann ich nicht herausfinden. Ich lasse die Suche also bleiben, mit dem Wissen, dass es möglicherweise jemanden gibt, der mir Antworten auf meine Fragen geben könnte, lege meinen Fokus aber nun auf den bevorstehenden Umbau meiner Galerie und nicht darauf, wieder einmal um die halbe Welt zu reisen, um einen neuen Meister aufzusuchen.

Für das neue Zentrum ist schnell ein Name gefunden: Es soll Wasserdrache heißen. Es ist das Tiersymbol, das nach chinesischer Vorstellung dieses Jahr prägt, und die Idee eines Drachens, der dem Element Wasser zugeordnet ist und sich von ganz tief unten nach ganz oben kämpft, um in die Lüfte aufzusteigen, scheint mir ein passendes Bild für unser neues Refugium zu sein.

Mitten im Baustellentrubel kündigt sich der Meister aus Hongkong, Sifu Kong, für einen Besuch im Sommer an. Er möchte mit seiner Familie Urlaub in Österreich machen und uns bei dieser Gelegenheit besuchen. Natürlich sind wir begeistert von dieser Idee und schlagen vor, ein Seminar im Großen Drachen zu organisieren. Dieses Mal ist alles schon Routine: die Aufregung unter den Schüler:innen, der russische Cheftrainer mit seinen flammenden Reden, der professionelle, durchstrukturierte Aufbau der Seminarreihe und die Privatstunden mit dem Meister.

Zwischendurch reisen wir mit der Familie des Meisters durch Österreich und lernen ihn von einer neuen, privaten Seite besser kennen. Alles ist sehr harmonisch, alle sind vergnügt und doch, bei einer der Privatstunden spüren wir, dass etwas nicht stimmt. Es hat den Anschein, als würden wir auf der Stelle treten und nicht mehr vorankommen, obwohl der Meister uns immer wieder sehr konkrete Übungsanweisungen gibt. Nach einer der Trainingseinheiten diskutieren Christoph und ich darüber. Wie soll es nun weitergehen? Wir haben einige Fragmente der Kampfkunst, die wir seit mehr als zehn Jahren praktizieren, bei diesem Lehrer noch einmal ausschnittsweise gesehen, aber es will sich einfach kein schlüssiges Gesamtbild ergeben. Immer mehr Fragen werfen sich auf. Wir können nicht weiter an allen Ecken und Enden willkürlich ansetzen und uns in unnötigen Details verlieren, selbst wenn sie uns für den Moment fesseln und faszinieren. Was uns fehlt, ist nach wie vor das Fundament, und dieser Tatsache müssen wir uns jetzt stellen. So kreisen unsere Gedanken um einen radikalen Bruch mit allem bereits Gelernten und einen völligen Neubeginn. Es ist uns nicht ganz klar, wie das in der Praxis aussehen könnte, zu stark ist unsere Bindung an unseren Lehrer in Graz. Wir sind im Kopf nicht frei und vor allem nicht im Herzen.

So finden wir uns am nächsten Tag zerknirscht zu einer neuen Privatstunde bei Sifu Kong ein. Es ist an der Zeit, alle Karten offen auf den Tisch zu legen und dem Meister aus Hongkong zu erklären, dass uns das solide Fundament fehlt. Zu unserer Überraschung eröffnet Sifu Kong das klärende Gespräch und erläutert uns, dass er bemerkt habe, dass wir hart an uns arbeiten, er uns aber ehrlich sagen müsse, dass noch immer die Basis mangelhaft sei. Er schlägt vor, uns alles von Beginn an noch einmal beizubringen. Mein Herz schlägt höher. Ist das nicht genau das, was wir erhofft haben? Aber die für uns ungute Situation eines Lehrerwechsels bleibt in der Luft und deshalb beharren wir darauf, dass unser erster Lehrer immer unser erster Lehrer bleiben werde und wir nicht so einfach den Stil wechseln wollten.

So ein Wechsel in der Kampfkunst ist eine heikle Angelegenheit und vor allem in China, wo der Lehrer als väterliche Figur gesehen wird, ist es unüblich, diesen einfach auszutauschen. Natürlich ist es in Europa anders. Kampfkunst ist eine Dienstleistung, man besucht einen Kurs oder schreibt sich in eine Schule ein und wenn es einem nicht mehr gefällt, hört man wieder auf oder macht etwas anderes. Ganz anders in Asien, wo es eine Grundsatzentscheidung ist, mit der Kampfkunst zu beginnen, wo sich Lehrer und SchülerIn im Vorfeld gegenseitig prüfen und sich dann längerfristig mit allen Rechten und Pflichten, die so ein Verhältnis mit sich bringt, aneinander binden. In unserem Fall ist es eigentlich gar nicht so schwierig, wir sind nicht in China, aber wir haben hier einen Lehrer, der uns seit über zehn Jahren betreut und fördert und der zu einem persönlichen Freund von Christoph geworden ist. Daher ist es nicht so leicht und auch nicht fair, das einfach so wegzuwischen. Der Meister aus Hongkong nickt wissend, er versteht uns und nicht nur das, zu unserer völligen Überraschung erklärt er, dass er unsere Einstellung zu schätzen wisse. Obwohl wir nicht offiziell ausschließlich seinen Stil repräsentieren wollen, verspricht er uns, uns alles beizubringen, was er weiß.

Nun scheint alles geklärt zu sein, wir können bei Meister Roy weiterlernen und zusätzlich gibt es nun Sifu Kong, wäre da als Dritter im Bunde nicht auch noch Sifu Lin in Guolo, der uns die zwölf Bewegungen beigebracht hat und den wir bei der heurigen Chinareise ebenfalls aufsuchen wollen. Unser Verhältnis zu Sifu Lin ist unklar und so auch die Situation vor Ort, nachdem der alte chinesische Großmeister, das Oberhaupt des Pin-San-Wing-Chun, vor kurzer Zeit verstorben ist. Wir wissen nicht, ob das Auswirkungen auf den bevorstehenden Aufenthalt hat. Trotzdem heißt es für uns nun volle Kraft voraus, das Training wird intensiviert und es gibt für uns daneben nichts anderes mehr. So ist es mehr als passend, als sich im Oktober die bevorstehende dritte Chinareise zu konkretisieren beginnt, sind wir doch im Kopf ohnehin nur mehr beim Training.

China

DIESES MAL erstellt nicht Eric ein Reiseprogramm, sondern Sifu Kong. So gehen die letzten zwei Wochen vor unserer Abreise die E-Mails zwischen ihm und Christoph hin und her. Von vornherein hatten wir geplant, die erste Woche in Hongkong zu verbringen. Der Zufall will es, dass genau am ersten Wochenende unseres Aufenthaltes ein internationaler Wing-Chun-Wettkampf in Hongkong stattfindet, an dessen Organisation Sifu Kong beteiligt ist. Weder Christoph noch ich sind große Befürworter von Wing-Chun-Wettkämpfen, trotzdem sind wir angetan von der Idee, als Besucher dorthin zu gehen. Man kann ja mal schauen, wie so etwas abläuft, bevor man voreilig darüber urteilt, denke ich mir. Nachdem wir unser Kommen zugesagt haben, erreicht uns ein weiteres Angebot von Sifu Kong. Er lässt uns wissen, dass er sich trotz des Wettkampfes freinehmen würde, um uns unterrichten zu können, und wenn wir Interesse hätten, wäre es zusätzlich möglich, an einer kleinen Wing-Chun-Rundreise teilzunehmen, die er und seine Frau für ihre internationalen Schüler:innen, die am Wettkampf teil-nehmen, organisieren würden.

Etwa zeitgleich erreicht Christoph eine Nachricht von Eric, die etwas verwirrend ist: Sifu Lin habe nach dem Ableben seines Lehrers eine Arbeit angenommen, wir sollten zwar trotzdem heuer vorbeikommen, aber es sei unklar, wann, wie viel und was wir trainieren könnten.

Unser Plan ist es nun, an der Reise, die Sifu Kong organisiert, teilzuneh-men und gegen Ende gemeinsam mit Eric selbstständig nach Guolo weiter zu fahren, um Sifu Lin zumindest einen Besuch abzustatten und dann direkt vor Ort herauszufinden, ob ein gemeinsames Training möglich ist.

Kaum haben wir uns für diese Möglichkeit entschieden, erreicht uns über Eric eine nicht weniger verwirrende Nachricht aus Guolo: Wir sollten uns überlegen, was wir lernen wollten, entweder eine Form für Demonstrationszwecke, angelehnt an Yip Man, oder die Hausform, die wir nicht öffentlich zeigen dürften. Diese Nachricht amüsiert mich, na, für was werden wir uns wohl entscheiden, wenn wir aussuchen dürfen, eine derart rhetorische Frage wurde mir selten gestellt. Also teilen wir Sifu Lin über unser Sprachrohr Eric mit, dass wir natürlich die Hausform lernen wollten. Konkret bedeutet das, dass Eric auf unsere Anweisung hin den Meister wissen lässt, dass wir das lernen wollten, was er für gut halte, und dass wir bereit seien, die Hausform nicht öffentlich zu zeigen.

Wieder gehen die E-Mails hin und her, und schweren Herzens sagen wir nun doch die Teilnahme an Sifu Kongs Reise ab. Zu neugierig sind wir auf das, was uns in Guolo erwartet, und obwohl Sifu Lin nicht offiziell unser Lehrer ist, interessiert es uns trotzdem sehr, was er uns da beibringen möchte. Es gilt mit viel Fingerspitzengefühl vorzugehen, um niemanden zu hintergehen und sich doch alle Optionen offenzuhalten.

Am Flughafen in Hong Kong herrscht Chaos. Ein Kleinbus bringt uns zum Hotel, wo wir Eric treffen. Es scheint, als wäre keine Zeit vergangen, so vertraut ist er mir. Gemeinsam warten wir vor dem Hotel auf die Ankunft von Sifu Kong, der uns zu einem Abendessen zu sich nach Hause eingeladen hat und tatsächlich, kurze Zeit später biegt ein Auto um die Ecke und wir sehen den Meister, wie er uns zuwinkt.

Wir fahren raus aus der Innenstadt, vorbei an den Armenvierteln Hongkongs, und ich blicke ehrfürchtig auf die hässlichen Wolkenkratzer, in denen Hunderte von Leuten auf engstem Raum wohnen.

Angekommen bei unserem Ziel, einer Wohnanlage, in deren Parkgarage ein großes deutsches Auto neben dem anderen steht, geht es mit dem Lift nach oben und dann zu Fuß quer durch den Häuserblock. Im Innenhof säumen Springbrunnen den Weg, und auf einem Tennisplatz spielen Bewohner:innen. Wir betreten ein Haus, in dessen Erdgeschoss uns der Portier freundlich begrüßt. Nun geht es noch ein paar Stockwerke mit dem Lift nach oben, und schon sehe ich die Frau von Sifu Kong in der Tür stehen. Die Begrüßung ist sehr herzlich und wir werden durch das winzige Vorzimmer, in dem zwischen all den Schuhen eine Katze in einer Schachtel Platz gefunden hat, in den Wohnraum geführt.

Ich bin überrascht, dass die Wohnung so klein ist, und ich bin sicher, dass man in Hongkong trotzdem ein Vermögen dafür bezahlt. Preise für Wohnungen werden hier nicht nach Quadratmetern, sondern nach Quadratfuß berechnet, und es passen doch einige Füße alleine in das Wohn-Ess-Zimmer, in dem wir nun Platz nehmen.

Nach dem Essen beschließen wir mit Eric noch in ein Pub zu gehen. In vertrauter Runde besprechen wir die kommenden Tage und erfahren mehr über die Korrespondenz zwischen Eric und Sifu Lin. Es amüsiert mich, dass Christoph und ich vom Meister Großer und Kleiner Drache genannt werden.

Tag zwei beginnt entspannt. Wir schlendern durch die Straßen, besuchen den Jade-Markt, auf dem Schmuck feilgeboten wird, und genießen die Energie der Stadt. Eric sehen wir erst wieder am nächsten Tag in der Früh, als er uns für den Wing-Chun-Wettkampf abholt, der in einem Shoppingcenter stattfindet. Der Veranstaltungsort, das „Golden Dragon Center", sieht von außen sehr unspektakulär aus. Bereits bei der Rolltreppe sticht mir ein überdimensional großes Plakat mit dem Konterfei von Yip Man und Bruce Lee ins Auge. Typisch, dass die beiden gemeinsam abgebildet werden. Nachdem wir die Rolltreppe verlassen haben und um die Ecke gebogen sind, sehe ich viele Menschen, die sich vor einem Boxring gruppiert haben. Wir versuchen, uns erstmal einen Überblick zu verschaffen. Zwischen all den unbekannten Gesichtern entdecke ich das von Sifu Kong, der an einem Tisch mit anderen Jurymitgliedern sitzt.

Die Stimmung verrät, dass der nächste Kampf unmittelbar bevorsteht. Kaum haben wir einen halbwegs guten Stehplatz gefunden, beginnt auch schon der Wettbewerb. Eric übersetzt für mich, dass es sich um die Gewichtsklasse 50 Kilogramm bei den Damen handelt. Zwei komplett vermummte Wesen, eines mit blauem und eines mit rotem Helm, sowie die dazugehörigen Trainer begeben sich in den Ring. Kaum hat die Schiedsrichterin das Kommando erteilt und kaum haben die Trainer ihre Sitzplätze an den Ringecken eingenommen, prügeln die beiden Kontrahentinnen auch schon wie wild aufeinander los. Was bitte hat das mit Wing-Chun zu tun? Ich beobachte aufmerksam Kampf um Kampf. Es geht in der gleichen Tonart weiter. Egal ob Mann oder Frau, schwer oder leicht, es ist ein unkontrolliertes Gemetzel. Gerade ein einziges Mal zaubert eine konsequent durchgeführte feine Schlagtechnik ein kleines Lächeln auf unsere Gesichter, ansonsten verfolgen Eric, Christoph und ich das Geschehen mit versteinerter Miene.

Der Höhepunkt für mich ist ein sehr groß gewachsener Chinese, der sich in King-Kong-Manier in den Ring stellt und seinen Gegner ohne Technik und Hirn nahezu vernichtet. Ein Grunzer von ihm rundet den durchaus stimmigen Auftritt ab.

Die ganze Veranstaltung ergibt für mich keinen Sinn. Ich versuche, mich nicht aufzuregen, sondern die skurrile Szenerie einfach auf mich wirken zu lassen. Peinlich berührt beobachte ich die militärischen Verbeugungen eines russischen Kämpfers, die teils freiwilligen und teils unfreiwilligen Umarmungen der Kontrahenten nach den Kämpfen untereinander und die Blickkontakte und Anweisungen zwischen den Trainern und ihren Schützlingen.

Dann endet der erste Tag des Wettkampfes sang- und klanglos. Eines ist klar: Der Zauber des Wing-Chun ist liegengeblieben, versteckt unter den Brettern des Boxrings. Die Menschen strömen aus dem Einkaufszentrum und auch wir treten, gemeinsam mit einem Schüler von Sifu Kong, der uns unter den Besucher:innen des Wettkampfes aufgespürt hat, den Rückzug an. Wir beschließen, etwas essen zu gehen, und das Taxi setzt uns vor einem schmucklosen Gebäude ab. Ich bin gespannt, wo hier ein Restaurant sein soll. Vor dem sehr inoffiziell wirkenden Eingang stehen ein paar Leute herum. Wir gehen durch einen Gang zum Lift und fahren nach oben. Als sich die Tür öffnet, bin ich mehr als überrascht. Wir stehen in einer Art Markthalle, in der viele Leute an großen, runden Tischen sitzen und essen. Es herrscht reges Treiben, aber trotzdem werden wir sofort von einer Kellnerin zu einem der Tische begleitet. Mir stechen die Aquarien mit Fischen und Meerestieren ins Auge, das Essen dürfte also frisch zubereitet werden. Die Gerichte, die uns serviert werden, schmecken extrem gut, und es wird jede Menge Bier bestellt, dass hauptsächlich von Sifu Kongs Schüler im Alleingang geleert wird.

Ich bin eigentlich dafür, ein Taxi ins Hotel zu nehmen, aber die anderen schlagen vor, noch in einen Park zu gehen, um dort zu trainieren. Es ist zwar schon Mitternacht, aber bitte, wie oft geht man schon sonst zu dieser Uhrzeit in einen Park in Hongkong, um Wing-Chun zu trainieren? Also bin ich dabei, auch wenn ich mir nicht vorstellen kann, dass es ein sehr effizientes Training werden wird. Ich werde recht behalten, es ist mehr ein Fachsimpeln und ein Ausprobieren von Techniken an Eric. Als wir im Hotel angelangt sind, falle ich todmüde ins Bett.

Am nächsten Tag schauen wir uns die Finalkämpfe an, die mich mäßig begeistern können. Erst am Tag darauf bessert sich meine Stimmung. Nach dem Mittagessen geht es direkt zu Sifu Kongs Schule.

Nachdem wir uns umgezogen haben, geht das Training sofort los. Nach einem kurzen Aufwärmen spricht der Meister zu unserer Überraschung über Meditation, das heißt, eigentlich spricht er nicht darüber, sondern gibt ein „Meditation very good" von sich, um danach in Schweigen zu versinken. Wir sitzen für einige Minuten im Lotussitz, ein äußerst ungewöhnlicher Start für ein Training bei Sifu Kong. Danach klären wir offene Fragen zu Grundübungen, die Christoph und ich in den letzten Wochen gemacht haben. Der nächste Themenblock ist die Übung der Klebenden Hände (Chi-Sao). Zuerst ist Christoph an der Reihe. Es ist ein amüsantes Bild, wie der kleine Meister den großen Schüler durch den Raum zieht und schiebt. Es ist klar, dass der Meister mit dieser Übung den Stand und die Struktur von Christoph testet.

Nun bin ich an der Reihe. Christoph hat natürlich ordentlich vorgelegt, aber das bin ich von ihm gewohnt. Ich bin von mir selbst überrascht, wie entspannt ich heute bin, und ich bin mehr als stolz, als ich „good" und „very good" höre. Das Üben hat sich also gelohnt.

Nach dem gemeinsamen Training geht es weiter zu einem Abendessen mit Sifu Kongs Lehrer. Bei einer U-Bahn-Station treffen wir auf die anderen Geladenen. Die kleine italienische Gruppe ist bereits hier und begrüßt uns freundlich. Wenige Minuten später tauchen zeitgleich Eric und die riesige russische Gruppe auf. Der Anblick, der sich mir bietet, ist gewöhnungsbedürftig: alle in Jogging-Anzügen mit riesigen Wing-Chun-Aufdrucken, dazwischen eine Handvoll Frauen in Cocktailkleidern und ein paar Kinder. Die Gruppe steuert auf uns zu und schon werden den anderen anwesenden Männern ohne direkten Blickkontakt reihum die Hände geschüttelt, das dürfte so üblich sein. Ich werde standhaft ignoriert, obwohl ich dem ersten in der Gruppe meine Hand entgegenstrecke. Andere Länder, andere Sitten, scheint Erics Blick mir entschuldigend zu vermitteln. Er wirkt heute etwas aufgelöst und erzählt mir im Gehen von einem rätselhaften Telefonat mit Sifu Lin, bei dem es darum ging, was wir heuer lernen würden und welche Formalitäten dafür zu erfüllen seien. Es klingt alles sehr wirr, aber ich kann mich der Sache nicht weiter widmen, weil nun der italienische Cheftrainer an meiner Seite ist.

Im Restaurant ist ein großer Raum mit vier riesigen runden Tischen reserviert. Ich halte mich im Hintergrund, ist es doch offiziell ein gemeinsames Abendessen der internationalen Wing-Chun-Organisation, zu der wir nicht gehören. Jede Art von Organisation erweckt von vornherein mein Misstrauen, da es in Kampfkunst-Kreisen üblich ist, Geld damit zu machen und alles in ein Regelwerk pressen zu wollen. Am hintersten Tisch sehe ich, ganz alleine, einen alten und zerbrechlich wirkenden Chinesen sitzen. Auf den zweiten Blick fällt mir auf, welch kerzengerade, stolze Haltung der alte Mann hat. Das muss er sein, denke ich. Da winkt uns Sifu Kong, verbunden mit der Aufforderung, dass wir doch an seinem Tisch Platz nehmen sollen.

Nun kann ich den Großmeister, der einer der langjährigsten Schüler Yip Man's war, genauer betrachten und bemerke das Feuer in seinen Augen, er wirkt sehr klar und zufrieden. Die ganze Zeit über spricht er kein Wort, nur der Anflug eines Lächelns liegt auf seinen Lippen.

Das Abendessen ist ein langes, umständliches Prozedere. Plötzlich steht der Sigung auf und verlässt ganz überraschend vor der Hauptspeise den Raum. Alle Anwesenden erheben sich ehrfürchtig. Ich finde es ziemlich cool, dass er einfach beschlossen hat, dass es für heute für ihn reicht. Sifu Kong erklärt mir später, dass der Meister oft noch am Abend alleine in der Schule trainiere. Wie recht er hat, denke ich, besser eine Runde Sil-Lim-Tao als unnötiger Smalltalk. Ich bin dankbar dafür, dass wir ihn sehen durften. Nun hat endlich auch dieser Name ein Gesicht für mich bekommen.

Am nächsten Tag in der Früh hält uns der Regen davon ab, im Park zu trainieren. Es ist ein trüber Tag, und auch die Stimmung von Sifu Kong ist heute getrübt. Er wirkt beim Training etwas abwesend und ist für seine Verhältnisse recht ruhig. Das Chi-Sao-Training verbreitet zumindest bei uns gute Stimmung. Es ist ziemlich anstrengend, da sowohl Christoph als auch ich schon sehr gut die Struktur halten und auf die freien Angriffe des jeweils anderen reagieren können.

Es folgen Übungen zum Verschieben der Standposition, was wir als Wendung bezeichnen, und der Meister richtet mich immer wieder ein, indem er ganz wenig, aber doch sehr effektiv meine Position verändert. Er meint etwas genervt, dass ich es auch bleiben lassen könne, wenn ich es nicht ausführen könne, wie er es mir zeigt. Das müsse ich eben selbst entscheiden. Obwohl sein Tonfall wie immer freundlich bleibt, treffen mich seine harten Worte und ich bin frustriert und empört, aber gleichzeitig motiviert, ihm zu beweisen, dass ich es doch kann, wenn auch nicht heute, so gut kenne ich mich.

Der Abend verläuft ruhig und entspannt, und wir haben endlich Zeit, über die bevorstehende Reise nach Guolo zu sprechen. Viele Fragen sind nach wie vor offen. Dass uns über Eric ausgerichtet wurde, dass wir heuer während des Trainings Notizen anfertigen müssten, erheitert uns ebenso wie die Tatsache, dass Eric gewisse Formalitäten mit einem der Schüler von Sifu Lin per Telefon klären soll. Im Hotelzimmer angekommen, falle ich in einen Tiefschlaf.

Aufgrund des fortdauernden Regens ist in der Früh Training im Hotelzimmer angesagt. Zwischen Bett und Fenster ist genauso viel Platz, dass eine Person üben kann, daher wechseln wir uns ab. Ich bitte Christoph, seine Finger neben meinen Füßen so zu positionieren, dass ich meine Drehachse nicht verschieben kann und mit der Wendung immer an der gleichen Stelle bleiben muss. Aus Platzmangel muss er dabei auf dem Bett liegen. Sobald ich beim Verschieben der Struktur die Fersen vom Platz bewege, gibt er mir Bescheid. Ich bin halbwegs zufrieden mit mir, aber trotzdem ein bisschen angespannt, weil ich mich frage, ob es für heute ausreichend ist, um einen guten Eindruck bei Sifu Kong zu hinterlassen. So schnell kann ich keine Bäume ausreißen; ich weiß, dass ich für neue Dinge eine gewisse Übungszeit brauche, aber bemühen kann man sich trotzdem.

Das heutige Training beginnt damit, dass Sifu Kong wortlos auf einer der kleinen Holzbänke im Hauptraum Platz nimmt. Er spricht minutenlang gar nichts, und ich versuche zu verbergen, dass ich davon etwas irritiert bin. Also stellen wir uns nach kurzem Blickkontakt vor den Spiegel und beginnen, selbstständig zu trainieren. Ich habe das Gefühl, dass die letzten Tage für Sifu Kong zu intensiv waren. Jedoch findet er sich langsam in die Trainingssituation ein. Dann geht es Schlag auf Schlag, Übung um Übung wird durchgenommen und Details werden verbessert. Am Ende bin ich geistig so richtig ausgelaugt und hoffe, dass ich mir alles bis zum nächsten Training merken kann. Der Druck wird größer und größer.

Unser letzter Tag in Hongkong ist angebrochen. Wir stehen früher auf als gewöhnlich, weil wir heute Vormittag ein abschließendes Training mit Sifu Kong bestreiten werden. Der Meister ist noch nicht da und wir warten im winzigen Vorzimmer auf ihn. Nach ein paar Minuten hören wir seine Stimme im Gang, und dann erscheint er auch schon in der Tür. Das Training geht sofort los. Wir beginnen mit den ersten Partnertechniken, und es funktioniert gar nicht schlecht, obwohl ich gestern zur Abwechslung mal wenig geübt habe. Sifu Kong taut während des Trainings immer mehr auf, er ist streng wie immer, aber wirkt durchaus zufrieden mit unserem Fortschritt. Ich habe das Gefühl, dass er erleichtert ist, die Wettkampftage hinter sich gebracht zu haben und seine russische sowie seine italienische Gruppe bereits in China auf der Rundreise zu wissen. Die Verabschiedung von uns fällt sehr herzlich aus und wir vereinbaren, uns nach unserer Rückkehr aus China noch einmal zu treffen. Ich bin richtig froh, dass wir heute hier waren, denn das Training hat sich wie immer gelohnt und zusätzlich konnte ich beweisen, dass ich bereits ein paar Dinge umsetzen konnte. Wir eilen zurück ins Hotel, und alles geht jetzt ganz schnell: Auschecken,

Geld wechseln, Mittagessen. Dann stehen wir schon wieder in der Hotellobby, um Eric zu treffen. Im Taxi merke ich, dass eine gewisse Aufregung in der Luft liegt. Uns ist klar, dass jetzt das Abenteuer erst richtig losgeht, sind wir doch auf dem Weg nach China.

Im gut besetzten Bus genieße ich die letzten Minuten in Hongkong, der Stadt, in der ich mich mittlerweile eingelebt habe. Nicht einmal die schlechte Luft stört mich, zumal mir der Himmel heute sogar blau erscheint. Nach zwei Tagen Regen hat sich der Smog ein wenig verzogen. An der Grenze klappt dieses Mal alles bestens. Eric erklärt uns, dass er nichts mehr vom Meister in Guolo gehört habe und ihn auch jetzt telefonisch nicht erreichen könne. Wir vermuten, dass er noch arbeitet, aber sicher sein kann man sich bei ihm nicht.

Immer näher rückt das Ziel unserer Reise und da, endlich, ein Anruf von Sifu Lin. Seine Frage, ob wir alle kommen bzw. wie viele wir sind, erheitert mich. Was ist das für eine Frage? Hat er für uns überhaupt ein Zimmer organisiert? Ich frage mich wirklich ernsthaft, was uns da heuer in Guolo erwarten wird.

Von nun an klingelt das Telefon von Eric des Öfteren. Keine Ahnung, warum der Meister nun auf einmal so motiviert zu sein scheint. Im letzten Telefonat vor unserer Ankunft erklärt er Eric, dass wir nur kurz einchecken sollten und dann sofort gemeinsam zum Essen aufbrechen würden. Es wundert mich, dass er so einen Stress macht, da das normalerweise so gar nicht seine Art ist. Ich bin mir nicht sicher, ob es damit zu tun hat, dass wir, wie wir von Eric erfahren haben, erst als Teil der Kung-Fu-Familie akzeptiert sein müssen, um gewisse Dinge überhaupt lernen zu können. Um dies nach außen hin zu bekunden, ist es üblich, in einer größeren Gruppe mit dem Meister und weiteren Zeugen ein Essen auszurichten. So schildert es uns zumindest Ah-Wah, der gesprächige Schüler von Sifu Lin, am Telefon. Wir sind verunsichert. Wollen wir das überhaupt?

Ja, klar wollen wir das, aber wir haben auch schon zwei Lehrer, von denen Sifu Lin sehr wohl weiß, und die Sache wird mit einem Dritten nicht unbedingt einfacher. Im Gang vor unseren Deluxe-Zimmern, die wie gewohnt nebeneinander liegen, fragen wir uns, ob es sich um „das" Essen handelt. Nein, das könne nicht sein, meint Eric, dafür sei noch zu vieles ungeklärt.

Als Christoph und ich kurz darauf die Hotellobby betreten, sitzen Eric und Sifu Lin bereits auf der Couch, auf der vor zwei Jahren alles begonnen hat. Nach einem kurzen „Hallo" gehen wir Richtung Auto. Sifu Lin ist wortkarg und wirkt ein bisschen angespannt. Wir haben keine Ahnung, wohin er uns bringen wird, befürchten aber, dass es das für uns schlimmste Landlokal mit dem Hundegrill sein könnte. Schon im Bus habe ich mir eingebildet, das kantonesische Wort für Hund „gau", beim Telefonat aufgeschnappt zu haben. Aber Eric verspricht mir hoch und heilig, dass nicht über Hunde gesprochen worden sei.

Als wir auf einem großen Parkplatz, der sich hinter einem Gebäudekomplex im Nirgendwo befindet, stehenbleiben bin ich angespannt, da ich nicht weiß wo wir sind und was uns erwartet. In der Dunkelheit kann ich einige streunende Hunde erkennen. „Also doch Hundegrill", ist die nicht ganz ernst gemeinte Assoziation, die Christoph und mich trotz der skurrilen Situation schmunzeln lässt. Es stellt sich heraus, dass wir uns hier im Hinterhof eines eher teuren Restaurants befinden, und alle drei befürchten wir nun, dass es doch „das" Essen sein könnte. Wir haben möglicherweise nicht einmal genügend Geld mit, um für alle zu bezahlen, geht mir durch den Kopf und Christoph bestätigt diese Annahme. Währenddessen betreten wir durch den Seiteneingang und über eine schäbige Hintertreppe das großzügige Lokal. Sifu Lin im Laufschritt vorne weg, wir drei, völlig überfordert von der Situation, hinterher. Die Blicke wandern zwischen uns hin und her. Vom Meister kommt keine Erklärung, nur die Anweisung, ihm zu folgen. Wir werden in ein Séparée gebracht, und als ich den Raum betrete, traue ich meinen Augen nicht: An einem großen runden Tisch sitzen etwa zehn Personen, alle Mitte vierzig. Sie warten offensichtlich schon seit längerem an einem gedeckten Tisch auf uns.

Es herrscht Stille und alle starren uns erwartungsvoll an. Dann stellt uns Sifu Lin vor, wie ich dem ehrfürchtigen und freundlichen Nicken der Leute entnehmen kann. Wie aufgefordert begeben wir uns zu den drei leeren Sesseln, die uns zugedacht sind, und ich schüttle die Hände unserer direkten Sitznachbarn und noch ein paar weitere. Dann nehme ich zwischen Eric und Christoph Platz und setze ein strahlendes Lächeln auf, um möglichst freundlich und motiviert zu erscheinen. Innerlich bin ich allerdings ziemlich nervös und aufgekratzt, und die Tatsache, dass alle Blicke auf uns gerichtet sind, macht die Sache nicht gerade besser. Mein Blick trifft sich mit dem einer Frau, die neben Sifu Lin sitzt. Ich frage mich, in welchem Verhältnis der Meister zu ihr steht. Könnte das seine Frau sein? Aber nein, denke ich im nächsten Moment, ich weiß ja aus Erzählungen vom Vorjahr, dass diese in einer Fabrik in einem anderen Ort arbeitet und kaum zu Hause ist. Trotzdem habe ich das Gefühl, dass zwischen den beiden eine Verbindung besteht.

Es bleibt keine Zeit, weiter darüber nachzudenken, da nun das Essen serviert wird. Unmengen an Tellern, die kunstvoll mit Blumen dekoriert sind, werden in die Mitte des Tisches gestellt. Das Essen sieht richtig gut aus, und Sifu Lin fordert mich auf, eines der Fleischbällchen zu kosten und ihm zu sagen, aus welchen Zutaten dieses wohl bestehe. Es ist alles so wie vor einem Jahr. Ich kenne die Situation nur zu gut, dass der Meister von uns erwartet, dass wir unsere Sinne schärfen und ein Verständnis für die chinesische Kultur inklusive der kulinarischen Genüsse aufbauen. Ich schnappe mir also eines der Bällchen und gebe nach dem ersten Bissen meinen Tipp ab: „Schweinefleisch." Mit einem Nicken gibt mir Sifu Lin zu verstehen, dass ich richtig liege. „Und was noch?" Zwiebel und Lauch kann ich herausschmecken, mehr nicht. Das dürfte als Antwort ausreichend sein, da sich Sifu Lin nun selbst dem Essen zuwendet.

Die Teller auf der kreisrunden Platte, die sich in der Mitte des Tisches befindet, werden immer wieder weitergedreht, und das Essen wird uns von den anderen Anwesenden mit großen Gesten offeriert. Der Gedanke daran, dass es „das" Essen sein könnte und ich ja weiß, dass wir nicht genug Geld mit dabei haben, lastet auf mir und auch auf den beiden anderen, da bin ich mir sicher. Immer mehr Gerichte werden serviert und langsam setzt sich meine „Jetzt-ist-es-auch-schon-egal"-Denkweise durch. Ich koste dort und da und versuche die Blicke, die mir neugierig folgen, wenn ich etwas in den Mund stecke, zu ignorieren.

Sifu Lin ist in der Zwischenzeit verschwunden, auch das erinnert mich ans Vorjahr. Keine Ahnung, wo er hin ist, aber er dürfte noch etwas Wichtiges zu erledigen haben, was ich daraus schließe, dass er seit seiner Ankunft hier ständig aufgeregt mit dem Handy herumhantiert, aus dem Separée verschwindet, wiederkommt und erneut verschwindet und nun eben verschwunden bleibt. Wir erfahren, dass die beiden Köche am Tisch sitzen und ich nicke ihnen anerkennend zu und gebe zu verstehen, dass es uns schmeckt, worauf sich ein kurzes Gespräch über europäisches Essen entspinnt.

Ein weiterer recht unauffälliger, schmächtiger Mann wird uns von Eric vorgestellt. Es handelt sich um einen Tai-Chi-Meister, der hier zu Gast ist und die Gruppe ab und zu an den Wochenenden trainiert. Ich wusste nicht, dass Sifu Lin als Hobby auch Tai-Chi praktiziert. Endlich ist mir klar, in welcher Beziehung die Anwesenden zueinander stehen. Bedeutet das also, dass dieses gemeinsame Abendessen gar nichts mit „dem" Essen zu tun hat? Ich frage Eric, was er dazu meint, aber er sagt, dass er keine Ahnung habe.

Erst als sich das opulente Essen dem Ende zuneigt, erscheint Sifu Lin wieder und setzt sich an den Tisch. In der Zwischenzeit erfahre ich dass die Frau, die neben dem Meister sitzt, tatsächlich seine Frau ist und für kurze Zeit nach Hause gekommen ist, bevor sie wieder in die Fabrik zurückkehren muss. Hab ich's doch gewusst, denke ich und bin begeistert von meinen intuitiven Fähigkeiten, die mich am heutigen Abend ansonsten kläglich im Stich gelassen haben. Auch auf die Frage des Meisters, ob wir heute noch trainieren wollen, weiß ich intuitiv keine richtige Antwort. Was wird nun von uns erwartet? Ist es die Frage, auf die hin wir vor den anwesenden Zeugen unsere ernsthaften Trainingsabsichten bekunden sollen, oder reicht ein simples „Ja"? Ich blicke zu meinen beiden Mitreisenden und frage Eric, ob es „die" Frage sei, weiß aber sofort, dass er keine Ahnung hat. Gut, wir beschließen also, diplomatisch zu antworten und Eric übersetzt, dass wir bereit dazu seien zu trainieren, aber natürlich der Meister darüber entscheiden könne. Kaum wurden diese Worte ausgesprochen, herrscht große Aufbruchsstimmung und wir werden von einem der Männer, der sich für mich durch sein sympathisches, interessiertes Lächeln und einen halb ausgeschlagenen Vorderzahn auszeichnet, über den Hinterausgang nach unten gebracht. Für kurze Zeit stehen wir zu dritt vor dem Restaurant und wie immer weiß keiner von uns, wo Sifu Lin ist und wo wir nun hingehen oder fahren werden. Auch wer eigentlich die offene Rechnung im Restaurant beglichen hat, ist in diesem Moment unklar. Da die Last der Bezahlung mit einem Schlag von uns gewichen ist, kann ich der Situation eine heitere Komponente abgewinnen, und es amüsiert mich, als ein Auto vor uns stehenbleibt, dahinter der winkende Meister auf seinem Moped, der uns deutet, in das Auto einzusteigen.

Auf der Fahrt stellt sich heraus, dass wir als Gäste von Sifu Lin zum Essen eingeladen waren. Der Autolenker erklärt uns des Weiteren, dass sich die Tai-Chi-Gruppe immer wieder zum gemeinsamen Essen in diesem

Lokal treffe, weil auch die beiden Köche Teil der Übungsgruppe seien, und dass abwechselnd bezahlt werde. Als das Auto stehenbleibt und ich Sifu Lin vor einem Häuserblock stehen sehe, habe ich kurz die Orientierung verloren, aber Christoph deutet auf das grüne Werbeschild an der Fassade, das uns wohlvertraut ist. Kaum stehen wir auf der Straße neben dem Meister, ist das Auto mitsamt dem Fahrer auch schon wieder verschwunden, und im Eilschritt geht es hinauf in den vierten Stock zur Schule des Großmeisters.

Oben angelangt stehen wir vor verschlossener Tür und der Meister erklärt uns etwas wirr, dass wir auf den Schlüssel warten müssten. Später werden wir erfahren, dass er selbst schon länger nicht hier war, da er die Trainings in den vergangenen Wochen im Freien bei seinem Wohnblock abgehalten hat. Kurze Zeit später tauchen zwei Jungs auf, die uns die Tür aufsperren und uns als Schüler von Sifu Lin vorgestellt werden. Der Meister beginnt Tee zuzubereiten, und wir werden gebeten, auf den hölzernen Sitzhockern Platz zu nehmen. Nach zwei Schlucken Tee fordert er uns schon wieder auf aufzustehen und zeigt uns einen Bewegungsablauf, der Nim-Tao genannt wird und mich sehr an unsere erste Form „die kleine Idee" erinnert. Nachdem er die Bewegungen zweimal vorgezeigt hat, folgt die Frage, ob wir uns alles gemerkt haben. Meine Reaktion ist widersprüchlich, einerseits reiße ich ungläubig die Augen auf und andererseits muss ich schmunzeln, danach folgt ein Kopfschütteln. Auch Eric und Christoph machen einen etwas überrumpelten Eindruck. Sifu Lin gibt uns etwas schroff zu verstehen, dass wir die Form nun gemeinsam machen sollten. Wir wiederholen den Bewegungsablauf dreimal, und ich bin von mir selbst durchaus positiv überrascht.

In der Teepause zeigt uns der Meister ein Blatt mit chinesischen Schriftzeichen und erklärt, dass auf diesem die Form in Worte gefasst sei. Eric fasst sich ein Herz und spricht das ausstehende Prozedere an, dass uns offiziell zu Schüler:innen werden lassen würde. „Später, später", lautet die kurze und bündige Antwort von Sifu Lin, und schon ist die Pause wieder beendet.

Wir versuchen nun, die Form selbstständig durchzugehen, und es funktioniert wie erwartet mehr oder weniger gut. Was die Details betrifft, ist der Meister alles andere als auskunftsfreudig und ich komme mir ein bisschen blöd vor. Erstens kann ich den Bewegungsablauf noch immer nicht alleine ausführen, schließlich habe ich ihn nur dreimal gemacht, danach gab es eine Pause, und jetzt soll ich etwas, das alles andere als abgespeichert ist, aus dem Hut zaubern. Zweitens irritiert mich Sifu Lins kühle Ignoranz. Christoph und Eric werden beim Stand eingerichtet, ich werde nicht einmal beachtet. „The same procedere as every year", geht mir durch den Kopf, und ich versuche, meinen Ärger hinunterzuschlucken.

Es bleibt keine Zeit, weiter trüben Gedanken nachzuhängen, da wir schon wieder aufbrechen. Dieses Mal geht es zu Sifu Lins Wohnblock, um dort ein Blatt zu bekommen, dass etwas mit der Holzpuppe zu tun habe, übersetzt Eric. Das klingt zur Abwechslung mal spannend, und ich folge bereitwillig den beiden Jungs, die, einer zu Fuß und einer auf dem Moped, uns sicher durch die Stadt geleiten sollen. Der Verkehrslärm ist wie immer unerträglich und wir sind hochkonzentriert, um bei diesem Tempo als Fußgänger nicht angefahren zu werden, es ist einfach ein Wahnsinn, was sich hier am Wochenende abspielt. Wir bahnen uns den Weg durch Mopeds, Fahrräder und kleine zerbeulte Autos um dann in den uns bekannten Wohnblock einzubiegen. Ich bin gespannt, ob es nun auf die leerstehende Betonfläche im Hinterhof geht oder ob wir heuer die Wohnung des Meisters betreten werden. Die beiden Jungs steuern, dicht gefolgt von uns, auf eine der Eingangstüren zu und gemeinsam gehen wir durch das enge, aber gepflegte Stiegenhaus nach oben, vorbei an Wohnungstüren, an denen rot-goldene Schriftbänder kleben, bis zu einer geöffneten Tür, die wir im Gänsemarsch durchschreiten.

Im Stiegenhaus gehen mir Fragen durch den Kopf: Wer wird wohl hier sein? Was machen wir jetzt in der Wohnung des Meisters? Die erste Frage beantwortet sich in diesem Moment von selbst, da wir direkt im Wohnzimmer landen, wo bereits Gäste auf uns warten. Ein schlanker Mann mit Brille stellt sich bei uns als Sifu Lins Kung-Fu-Bruder vor. Unsere zwei Begleiter haben es sich in der Zwischenzeit auf Hockern bequem gemacht und hängen vor dem laufenden Fernseher herum, während die Frau des Meisters geschäftig herumschwirrt. Insgesamt wirkt die Szenerie sehr familiär.

Sifu Lin ist wie immer dabei, Tee für alle Anwesenden zuzubereiten. Christoph und ich versuchen zu raten, welcher Tee zubereitet wird. Pu-Erh, ist nachdem wir verkostet haben unser Urteil. Sifu Lin nickt und erklärt, dass dieser Pu-Erh nicht fermentiert sei. Was der Unterschied im Geschmack sei, ist nun seine Frage. Wir diskutieren in der Gruppe darüber, und jeder hat etwas dazu zu sagen.

Auf einmal herrscht große Aufbruchsstimmung und ehe wir uns versehen, befinden auch wir uns wieder auf dem Weg nach unten. Hände werden geschüttelt, wobei uns der Meister zu verstehen gibt, dass er uns noch zum Hotel begleiten wolle.

Auf dem Weg durch den weitläufigen Park, in dem wie immer buntes Treiben herrscht, geht mir durch den Kopf, dass es möglich wäre, dass der Meister nun mit in unser Zimmer kommt, um endlich alles zu besprechen. Aber am Fuß der Brücke, die über den See zum Hotel führt, verabschiedet er sich hastig von uns mit den Worten, dass wir alles Weitere morgen klären würden.

Wir trotten wortkarg über die Brücke, alle drei wie erschlagen von lauter Eindrücken. Die Stimmung ist aufgebracht und gedrückt gleichzeitig. Wie wird es morgen weitergehen? Diese Frage beschäftigt uns, kann aber heute definitiv nicht mehr geklärt werden. „Schau ma mal", sagt Eric und beschließt mit dieser Phrase, die er heute von uns gelernt hat, einen aufregenden Tag. Mit seiner guten Aussprache zaubert er mir noch einmal ein Lächeln auf die Lippen.

Am nächsten Tag in der Frühe fühle ich mich, wie könnte es anders sein, nicht so toll. Die Kombination aus schwerem, ungewohntem Essen am Abend und ungeklärten Angelegenheiten bezüglich des Trainings setzt mir doch ein bisschen zu. Ich hoffe inständig, dass wir heute alle offenen Fragen klären können.

Das heutige Training beginnt damit, dass Räucherstäbchen am Wing-Chun-Schrein entzündet werden und Tee zubereitet wird. Dann fordert uns der Meister auf, die Nim-Tao, die er uns gestern gezeigt hat, zu üben. Es bleibt uns nichts anderes übrig, als die Teeschalen unangetastet stehenzulassen und uns zum Spiegel zu begeben. Sifu Lin möchte von uns wissen, ob wir den Bewegungsablauf alleine durchführen können. Als wir verneinen, lässt auch der Meister seine Teetasse stehen und gesellt sich zu uns, um mitzumachen. Es folgt die Aufforderung, alleine zu üben, und ich bin etwas angespannt, weil ich mir nicht sicher bin, ob ich mir den Bewegungsablauf merken konnte.

Zu meiner Überraschung geht es sogar halbwegs gut, allerdings irritiert es mich, dass Sifu Lin Eric ständig unterbricht, um dieses und jenes bei ihm auszubessern. Eric kommt gar nicht richtig zum Üben und seine englische Übersetzungen machen mir klar, dass der Meister heute in der Laune zu sein scheint, in der alles falsch ist. Ich würde sogar etwas fragen, aber Detailfragen werden von ihm einfach nicht beantwortet, und ich habe so wie gestern ein bisschen das Gefühl, ignoriert zu werden. Zimperlich darf man nicht sein, wenn man hier lernen möchte, das wird mir in diesem Moment mehr als klar.

Nach und nach trudeln andere Leute ein. Etwas irritiert bin ich, als alle beginnen, gegenseitig ihren Brustmuskelansatz zu betasten. Bei diesem

Spiel bin ich als einzige Frau natürlich nicht dabei und es ist klar, dass niemand sich trauen würde, das bei mir zu machen. Eric erklärt uns, dass es wichtig ist, dass der Brustmuskel weich ist, auch während der Technik. Bei uns ist er noch zu hart, eh klar, denke ich. Dass es stimmt, weiß ich, obwohl es bei mir von niemandem verifiziert wird, also bitte ich Christoph, zur Tat zu schreiten. Zu diesem Zeitpunkt habe ich noch keine Ahnung, wie ich das mit dem verhärteten Muskel ändern soll. Erst viel später, zu Hause in Wien, werde ich durch viel Übung verstehen, wie es möglich ist, selbst beim Durchführen einer Technik immer locker zu bleiben.

Nun wird ein kurzer Abstecher in das Hinterzimmer gemacht, und Sifu Lin erklärt etwas an der Holzpuppe, wobei wir daneben stehen und ehrfürchtig lauschen. Bevor wir etwas fragen können, heißt es wieder, dass wir jetzt gehen werden, wohin, wird uns allerdings wie immer nicht verraten. Ich trotte wenig motiviert hinter den anderen her. Wir landen mit einem Schüler namens Ah Wah, den wir bereits vom Vorjahr kennen, und Sifu Lin in einem Auto und der Meister erklärt uns, dass es nun Mittagessen gibt. Es ist zwar erst kurz nach elf Uhr, aber ich versuche mich nicht zu wundern. Sifu Lin und Ah Wah würden nicht an unserem Tisch essen, es sei aber unsere Aufgabe, die anderen Schüler, die bei uns sitzen, zum Essen einzuladen. Es geht aus der Stadt hinaus über teilweise nicht gepflasterte, holprige Straßen Richtung Landlokal.

Die Fahrt endet an einem Teich, über den eine schmale Holzbrücke führt, die den Blick auf eine von einem Bambusgerüst überdachte Fläche mit Tischen und Sesseln freigibt.

Ich beobachte, wie ein Mann mit Hilfe einer Holzstange einen großen Eimer auf seinen Schultern über die Brücke trägt und vermute, dass sich darin wohl unser Fisch befindet. In der Zwischenzeit bringen zwei Frauen heiße Kohle, die in die Tischausbuchtung geleert wird, und einen überdimensional großen Wok mit Deckel, der auf der Feuerstelle Platz findet.

An unserem Tisch sitzen Schüler von Sifu Lin. Die beiden Jungs, die wir gestern kennengelernt haben, verteilen Sojasauce mit Kräutern. Ich bin schon richtig gespannt auf das, was sich im Wok befindet. Doch als der Deckel gehoben wird, ist außer Suppe nichts zu sehen. Erst jetzt kommen die Zutaten: hauchdünn geschnittene Fischteile mit Knochen, die in die kochende Suppe geworfen werden. Kaum schwimmen die Stücke oben, werden sie sofort wieder mit einem Schöpflöffel herausgeholt und in unsere Schüsseln verteilt. Für meinen Geschmack hätte der Fisch noch länger gekocht werden können, aber man erklärt uns, dass es wichtig sei, den Fisch möglichst schnell herauszuholen, damit er nicht zäh wird.

Sifu Lin, der etwas entfernt von uns sitzt, nähert sich unserem Tisch, um nach dem Rechten zu sehen. Zufrieden nickt er und gibt den anderen zu verstehen, dass sie sich um uns kümmern sollen, worauf wir jedes Mal, wenn wir fertig gegessen haben, weitere Fischteile in unserem Schälchen finden, was nett gemeint, aber ziemlich nervig ist.

Ein paar Wing-Chun-Geschichten später ist das Essen beendet und wir sitzen wieder im Auto. Zu unserer Überraschung hat Ah Wah die Rechnung für unseren gesamten Tisch beglichen. Ich weiß, dass diese Fischlokale für dortige Verhältnisse recht teuer sind, und ich finde es richtig nett, dass er uns einfach so eingeladen hat. Eigentlich wären doch wir an der Reihe gewesen, für die anderen zu bezahlen, aber daran, dass hier immer alles anders als geplant ist, habe ich mich bereits gewöhnt. Dass man schnell sein muss beim Begleichen der Rechnung, um nicht ständig eingeladen zu werden, ist mir zu diesem Zeitpunkt noch nicht bekannt.

Interessanterweise ist Sifu Lin auf dem Weg nach Hause nicht bei uns im Auto. Das hat zur Folge, dass Ah Wah freie Bahn hat, auf uns einzureden. Er erzählt uns von seiner Aufnahme in die Kung-Fu-Familie und ermutigt uns. Seiner Meinung nach möchte Sifu Lin uns unbedingt als

Schüler akzeptieren. War es Absicht, dass er mit uns alleine zur Schule fährt, um mit uns darüber zu sprechen?

In der Schule herrscht bereits reges Treiben, und die Schüler, die mit uns zu Mittag gegessen haben, üben oder hängen im Hauptraum herum. Keine Spur von Sifu Lin, die Zeit verstreicht, ohne dass er auftaucht. Also beschließen wir, einen Teil der Form, die wir gelernt haben, selbstständig zu wiederholen. Kaum stehe ich vor dem Spiegel werde ich sofort von Ah Wah ausgebessert, und es ist schwierig konzentriert zu bleiben, wenn Ah Wah mehr als bemüht ständig um einen herumschwirrt.

Plötzlich erscheint der Meister und fordert uns wortlos auf, mit in den Nebenraum zu kommen. Er stellt sich an die Holzpuppe und für Minuten herrscht absolute Ruhe, weil er einen Bewegungsablauf durchgeht, den wir, inklusive der zwei Jungs und Ah Wah, beobachten sollen. Als er fertig ist, wendet er sich an Eric, Christoph und mich und fragt, ob wir das nachmachen könnten. Wir schütteln wie auf Kommando alle drei den Kopf und ich bin leicht verärgert ob der Sinnlosigkeit der Frage. Nun sollen wir die Charakteristik dieser Bewegungen im Vergleich zu anderen Wing-Chun-Stilen beschreiben. Wir geben möglichst gescheite Antworten, was Christoph nicht sehr schwer fällt, und Sifu Lin scheint zumindest nicht total unzufrieden damit zu sein.

Von neuem beginnt der Meister mit Bewegungen an der Holzpuppe. Erst als er damit fertig ist, kapiere ich, dass das eigentlich der Anfang der zuvor gezeigten Bewegungen war. Ich bin völlig neben der Spur, als es heißt, dass wir das nun nachmachen sollen. Alle drei sind wir perplex, das kann ich den Gesichtern der anderen beiden entnehmen. Christoph ist normalerweise der, der sich Dinge am schnellsten merken kann, also wird er aufgefordert zu beginnen. Kaum hat er angefangen, bricht Sifu Lin auch schon wieder ab und zerrt ihn auf den Mattenbereich. So und so und so müsst ihr das machen, erklärt er aufgebracht und beginnt mit dem verdutzten Christoph eine Partnerübung durchzuführen. Wir sollen das nachmachen und üben. Ich bin total überfordert, es erinnert mich an gar nichts, was ich bereits kenne, aber da keine weiteren Erklärungen folgen, versuchen wir den Bewegungsablauf so gut wie möglich durchzuführen und rätseln ob der richtigen Ausführung. Da erscheint der Meister, der bereits den Raum verlassen hatte, erneut und stößt ein gnadenloses „Mou" („Nein") hervor, das nichts Gutes verheißt. Er schüttelt den Kopf und zeigt uns gnädigerweise noch einmal einen Teil der zuvor gezeigten Übung, bevor er wieder in den Hauptraum verschwindet. Ah Wah, der das Geschehen interessiert beobachtet hat, gibt noch ein paar Weisheiten von sich, bevor er dem Meister nach draußen folgt.

Zurück bleiben wir drei und die zwei Jungs. Christoph und ich versuchen uns noch an der Partnerübung. „Aber was jetzt", denke ich, „sollen wir an der Holzpuppe üben oder ist das gar unhöflich?" Ich werfe einen Blick nach draußen und sehe, dass ein paar Kinder gekommen sind. Anscheinend beginnt nun ein Training, was bedeutet, dass Sifu Lin nicht so schnell wieder bei uns auftauchen wird. Es bleibt uns nichts anderes übrig, als selbst die Bewegungen an der Holzpuppe zu rekonstruieren. Mit vereinten Kräften ist es uns möglich, den ersten Teil durchzuführen, zuerst versucht es Christoph, dann Eric, dann bin ich an der Reihe. Ich habe keine Ahnung, wie ich beginnen soll. Das Übungsgerät ist mir nicht vertraut, es ist ein Holzstamm mit zwei unbeweglichen Armen und einem Bein, und ich schlage mich mit Problemen der Art herum, dass ich nicht weiß, wo meine Arme und Beine wie durch müssen. Eric hat immerhin schon mal eine Holzpuppen-Form gelernt und Christoph hat ein gutes Vorstellungsvermögen. Meine Stärke ist nicht gerade eine schnelle Auffassungsgabe sondern eher, gefühlsmäßig etwas zu erfassen und konsequent dranzubleiben. Aber jetzt hilft mir das nicht weiter und ich versuche, mich dem Übungsgerät auf meine Art und

Weise anzunähern. Die unklare Situation, die Ablehnung des Meisters und das Wissen, dass ich mir unter Druck keine Dinge merken kann, zerren an meinen Kräften. Dieser Tatsache muss ich mich jetzt stellen. Viel lieber würde ich jetzt einfach aufgeben, das Training hier bleiben lassen und zurück ins Hotel gehen, aber irgendetwas hält mich davon ab.

Die zwei Jungs stehen an der Türschwelle und beobachten mich aufmerksam. Als mein Blick zu ihnen schweift, schenkt mir einer der beiden ein breites Lächeln und beginnt in der Luft einen Bewegungsablauf durchzuführen. Das ist das erste Mal, dass die beiden direkt Kontakt mit mir aufnehmen. Ich beobachte genau, welche Bewegungen mir vorgezeigt werden, und es ist mir möglich, an der Holzpuppe das Gleiche zu machen. Auch der zweite Junge tritt nun an mich heran und hilft mir bei der Ausführung. Später werde ich erfahren, dass sie Ah Seng und Ah Fei heißen und Cousins sind. Tatsächlich ist es mir nun möglich, ein paar weitere Abläufe an der Holzpuppe richtig durchzuführen. Ah Seng gestikuliert wie wild in der Luft und zeigt mir Bewegung um Bewegung. Ich bin total dankbar, und als Christoph und Eric wieder an der Reihe sind, wird auch ihnen geholfen.

Auf einmal, ganz unerwartet, erscheint Sifu Lin, das Training ist mit einem Schlag beendet. Zeit zum Essen, meint er in seiner lockeren Art und erklärt Eric, dass er heute nicht mit uns komme, weil sein Vater im Spital liege und er jetzt zu ihm fahre, um ihn zu besuchen. Ich bin direkt erleichtert, bedeutet das doch, dass wir essen gehen können, wohin wir wollen. Dann erfahre ich jedoch, dass Ah Fei und Ah Seng uns zu einem Lokal begleiten sollen. Unklar bleibt, wohin und ob sie mit uns essen werden. Auch okay, denke ich und schließe mich den anderen an.

Unser Fußmarsch führt uns in die Stadt zu einem Restaurant direkt an der Einkaufsstraße, das ich gut in Erinnerung habe, weil wir hier das erste Mal vor zwei Jahren mit Sifu Lin ins Gespräch gekommen sind. Dort angekommen verabschieden sich unsere Begleiter höflich: „Bis später!" Bis wann später verraten sie uns zwar nicht, aber ich bin jetzt in erster Linie an der Speisekarte interessiert und möchte nicht darüber nachdenken, wie der heutige Abend weiterverlaufen könnte.

Das Essen ist eigentlich ganz gut, aber die Stimmung ist heute getrübt. Alle drei sind wir erledigt und enttäuscht, hatten wir doch gehofft, dass wir an diesen beiden ersten Tagen, den einzigen, an denen der Meister nicht arbeiten muss, so viel wie möglich lernen. Und jetzt? Irgendwie ist der Meister so anders zu uns als im Vorjahr, er ist ein bisschen kühl und abweisend. Will er uns überhaupt weiter unterrichten? Das sind die Fragen, die im Raum stehen und beim Essen diskutiert werden. Wir müssen heute Abend noch einmal die Formalitäten für das Weiterlernen ansprechen, darin sind wir uns einig. Wir müssen hartnäckig bleiben, obwohl wir im Moment demoralisiert sind, damit unsere Reise den gewünschten Verlauf nimmt. Mit diesen Gedanken wandern wir durch den Lärm der Straßen zurück zum Hotel, um uns auszuruhen.

Eine Stunde später klopft es an unserer Tür. Als Christoph öffnet, steht Eric davor und erklärt, dass wir nicht wie geplant in die Schule gehen würden (ich wusste ehrlich gesagt gar nicht, dass es geplant war), sondern zu Sifus Lins Wohnung. Eric wirkt recht aufgekratzt und ich frage ihn, ob er sich gut ausgeruht habe, was er verneint. Sifu Lin und Ah Wah hätten die letzte Stunde in seinem Zimmer, um genau zu sein im Bett neben ihm, verbracht, um ihn darüber auszufragen, ob es uns hier gefalle. Ich stelle mir das ziemlich skurril vor und bin überrascht von der Anteilnahme des Meisters an unserem Befinden. Bevor ich allerdings nachfragen kann, sehe ich den Meister und den Schüler durch den Gang des Hotels auf uns zukommen und uns deuten, dass wir mitkommen sollen.

Die kurze Reise mit dem Auto führt uns wie angekündigt zu Sifu Lins Wohnblock. Ich vermute, dass wir in den Hinterhof auf die Betonfläche gehen werden, um zu trainieren, aber zu meiner Überraschung steigen wir wieder hinauf in den vierten Stock zur Wohnung des Meisters. Dort bietet sich mir ein ähnliches Bild wie gestern: Die Frau des Meisters schwirrt durch die Wohnung, Ah Seng und Ah Fei hängen vor dem Fernseher ab und Ah Wah nimmt auf der Bank neben Sifu Lin Platz.

Wir werden in ein kleines Nebenzimmer, in dem der Computer des Meisters steht, gerufen und er zeigt uns Fotos von sich und seinem Lehrer, dem Großmeister. Es folgen Geschichten darüber, was dieser nicht für ein strenger Lehrer gewesen sei mit dem Nachsatz, dass Sifu Lin über ein halbes Jahr jeden Tag habe bitten müssen, um als Schüler akzeptiert zu werden.

Dann zeigt er uns Fotos seiner eigenen Schüler, darunter Ah Fei und Ah Seng, wie sie vor ihm knien und ihm eine Teeschale reichen, um in die Kung-Fu-Familie aufgenommen zu werden. „Genug der Fotos!", beschließt der Meister unvermittelt und wir gehen zurück in den Hauptraum, um gemeinsam Tee zu trinken. Heute ist es ein spezieller Chrysanthemen-Tee, den wir weder an Hand des Geruches noch des Geschmackes identifizieren können.

Während die Schälchen immer wieder gefüllt werden, fällt mir auf, dass die Anwesenden gegenseitig ihren Muskelansatz betasten. Bei Christoph und mir traut sich das natürlich niemand, Eric dagegen ist vermutlich gegen seinen Willen voll in die allgemeine gegenseitige Muskeluntersuchung integriert. Schon in der Schule ist mir aufgefallen, dass der Körperkontakt zwischen den Trainierenden sehr eng ist.

Plötzlich fordert uns Sifu Lin dazu auf, aufzustehen und die Hocker beiseite zu schieben. Wir sollen nun die zwölf Bewegungen, die wir im Jahr zuvor gelernt haben, vorzeigen. Uff, denk ich mir, noch dazu hier vor allen. Die letzten zwei Tage hätte ich mir gewünscht, dass der Meister sich ein einziges Mal dafür interessiert hätte, was wir das letzte Jahr lang trainiert haben, aber jetzt geschieht das ziemlich unvermittelt und ist natürlich eine etwas seltsame Situation. Doch da müssen wir jetzt durch und ich beginne, meine Schuhe auszuziehen. Nein, die Schuhe sollten anbleiben, man müsse mit jedem Schuhwerk den Körper richtig in Bewegung bringen können, meint der Meister forsch. Na top, denke ich und ärgere mich darüber, dass ich heute diese Schlapfen mit den klebenden Gummisohlen angezogen habe.

Alle Augen sind auf uns gerichtet, als wir starten, wobei ich versuche, das Tempo zu drosseln, damit die Bewegungen erstens nicht hektisch wirken und zweitens, was noch wichtiger ist, nicht zu steif. Schon als ich meinen Körper in Bewegung setze, merke ich, dass meine Befürchtungen eintreten und es mir nicht möglich ist, eine anständige Wendung hinzubekommen, ohne dass ich am Boden kleben bleibe. Ich versuche, mich zusammenzurei-ßen und mir den Ärger darüber nicht anmerken zu lassen. Sifu Lin ist wie erwartet ziemlich streng und hat einige Anmerkungen, der Stand und die Wendung seien noch immer nicht ganz richtig, ich sei noch immer beim Einsatz der Techniken zu aggressiv und egal, welche Schuhe man anhabe, müsse die Bewegung immer aus der Hüfte kommen. Ich sehe Ah Wah zustimmend nicken. Das hat gesessen und ich versuche, nicht zu enttäuscht zu sein. Der Gedanke, ein Jahr täglich geübt zu haben, um dann so eine Kritik zu bekommen, ist ziemlich bitter. Ich bin von mir selbst überrascht, dass ich die Enttäuschung trotzdem wegstecken kann und aufmerksam den Ausführungen darüber lausche, wie man die Hüfte besser öffnen kann. Es ist fast ein bisschen lustig, weil der Meister bei Christoph nun persönlich Hand anlegt, um ihn einzurichten und ihm dann einschärft, dass er es jetzt bei mir genauso machen muss. Verlegen und erheitert erklärt er, dass wir diese Übung am Abend im Hotelzimmer durchführen sollten. Im Unter-richt sei es dann notwendig, dass Christoph diese Handgriffe bei Männern ausführe und ich bei Frauen.

Während dieser Erklärung des Meisters zupfen die anderen Anwesenden an Eric herum, der vom Vorzeigen der zwölf Bewegungen verschont geblie-ben ist, um ihn einzurichten. Ich muss schmunzeln, weil die Leute hier auf der einen Seite ständig engen Körperkontakt haben und auf der anderen Seite doch sehr prüde sind.

Während wir noch herumprobieren, herrscht auf einmal Aufbruchsstim-mung und nach und nach verschwinden alle. Der Meister bittet uns, Platz zu nehmen, und wir versuchen noch einmal, das Thema des Weiterlernens anzusprechen, obwohl unsere Darbietung vorhin alles andere als hilfreich war. Eric fragt also ganz direkt, ob Sifu Lin uns als Schüler akzeptieren würde. Wie immer ist seine Antwort überraschend, aber geradezu versöhn-lich. Es läuft darauf hinaus, dass er unser Lehrer sein möchte und nicht mehr nur unser Trainer. Der alte Großmeister, der mich schon zu Hause vor dem Computer begeistert hat, ist somit offiziell unser Sigung. Morgen müssen wir für alle Schüler von Sifu Lin ein Essen ausrichten. Da wir aus einem anderen Kulturkreis kommen würden und nicht deutlich jünger seien als er, sei es nicht notwendig, beim Essen vor ihm auf die Knie zu fallen.

Nun sind wir an der Reihe, unsere vorbereiteten roten Kuverts, die eine angemessene Geldsumme enthalten, zu überreichen. Diese Summe wurde in den letzten Tagen öfter diskutiert und wir wissen, was die anderen chinesischen Schüler bezahlt haben. Da wir ja voriges Jahr schon einen Trainingsbeitrag geleistet haben und von weit her kommen, ist vereinbart, dass wir weniger als die anderen bezahlen. Sifu Lin weist uns darauf hin, dass wir uns gut überlegen sollten, in welcher Reihenfolge wir vor ihn hintreten werden, da es danach besiegelt sei, welchen Rang wir in der Kung-Fu-Familie einnehmen würden. Spontan beschließen wir, dass Eric beginnt, dann komme ich, dann Christoph, unser Jüngster. Somit ist Eric mein Siting, mein älterer Bruder, und Christoph mein Sidai, mein jüngerer Bruder.

Sifu Lin ist nun besorgt darüber, ob wir noch genug Geld hätten, um Essen zu kaufen und um zurück nach Österreich zu fliegen. Da die Summe nicht so groß ausgefallen ist und wir ihm ohnehin etwas für seinen Unterricht hätten bezahlen wollen, nicken wir, um ihn zu beruhigen. Wir sind alle erleichtert, und der Meister ist auf einmal total gesprächig und redet und redet, was ich aber nur mehr halb aufmerksam verfolge, weil ich völlig erschöpft bin. Wir verabschieden uns höflich von ihm und seiner Frau, die wir ab nun Si-Mo nennen können, und gehen durch den Park nach Hause.

Ich frage Eric, warum er meint, dass Sifu Lin nach dieser katastrophalen Darbietung von uns beschlossen hat, uns als Schüler zu akzeptieren, worauf Eric meint, dass es eigentlich gar nicht so schlecht gewesen sei. Dass die Ausführung im Großen und Ganzen durchaus richtig gewesen sei, das habe auch der Meister nach unserer Performance gesagt. Ach, wie ich es liebe, wenn Eric nur einen Bruchteil von Sifu Lins Äußerungen für uns übersetzt! Hätte ich das früher gewusst, wäre der restliche Abend für mich entspannter abgelaufen.

Als wir im Hotel ankommen, treffen wir uns für ein letztes Gespräch in Erics Zimmer, obwohl wir völlig erschlagen sind. Christoph und Eric sind jedoch auch enthusiastisch: Endlich sind die Formalitäten erledigt, nur mehr das Essen morgen ist ausständig. Ich bin skeptisch, Formalitäten hin oder her, aber für mich zählt das, was wir hier lernen, und ich hoffe, dass die nächsten Tage diesbezüglich noch ergiebiger werden, in jeder Hinsicht. Hätte ich mir das nur nicht gewünscht an diesem Abend!

Der nächste Tag hält einige Überraschungen für uns bereit. In der Früh tauchen Ah Fei und Ah Seng mit kleinen Take-away-Plastikboxen in Eric's Zimmer auf. Sie haben uns Frühstück gekauft, Nudeln mit Rindfleisch und Sojasauce. Ich finde das total nett von ihnen, auch wenn ich mir etwas anderes zum Frühstück ausgesucht hätte.

Während des gemeinsamen Trainings in der Schule läutet das Handy von einem der beiden Jungs und dieser gibt uns zu verstehen, dass der Meister angerufen habe und wir ihn „dort" zum Essen treffen würden. Wie immer haben wir keine Ahnung, wo das „Dort" sein soll. Wir verlassen die Schule, und werden in ein Taxi gesetzt. Die Fahrt ist sehr spannend, weil das Ziel der Reise nicht bekannt ist.

Der Taxifahrer setzt uns vor einem Gebäude ab, das wir bereits kennen: Es ist das Restaurant, in dem wir am ersten Abend gemeinsam mit der Tai-Chi-Gruppe waren. Ah Fei und Ah Seng sind schon da, winken uns zu und nehmen uns vor dem Eingang des Restaurants in Empfang. Es geht die Stufen hinauf in eines der Séparées. Der Raum ist menschenleer und mein erster Blick fällt auf den runden Tisch, der bereits gedeckt ist. Nach und nach tauchen Schüler von Sifu Lin auf.

Erste Appetizer werden serviert und freudig verzehrt. Dann irgendwann erscheint der Meister persönlich mit seiner Frau. Nun kann es losgehen, denke ich, und tatsächlich bringen die uns bereits bekannten Köche wenige Minuten später die ersten Speisen. Extra für uns und den speziellen Anlass wurde ein Fisch in Blumenform zubereitet, ein sehr aufwändiges Unterfangen, wie einer der Köche zu verstehen gibt. Als unsere chinesische Lieblingsnachspeise, runde Teigbällchen, die mit einer süßen Eifüllung versehen sind, serviert wird, bin ich ein bisschen gerührt. Jetzt erst verstehe ich, warum Ah Fei und Ah Seng uns bei unserer Ankunft im Restaurant so nebenbei nach unseren Essensvorlieben gefragt haben. Ich bin nun rückblickend gesehen auch froh, dass ich zum Thema Innereien gesagt habe, dass wir das nicht so oft essen. Es ist wirklich ein Festmahl, bei dem wir im Mittelpunkt stehen und alle unseren Ausführungen lauschen.

Nach dem Essen werden Sessel für uns und den Meister zurechtgerückt, damit dieses denkwürdige Ereignis mit Fotos dokumentiert werden kann. Im Anschluss verabschieden sich unsere Kung-Fu-Brüder, Si Hings genannt, freundlich von uns und wir begleichen die Rechnung, die überraschend niedrig ausfällt. Wir werden von einem der Köche und einem weiteren Mann aus der Tai-Chi-Gruppe zum Taxi begleitet, mit dem es direkt zum Hotel geht.

Vom Hotel aus gehen wir wieder einmal zu Fuß zu Sifu Lins Wohnhaus. Dieses Mal treffen wir zwei seiner jüngeren Schüler im Hinterhof auf der großen Betonfläche. Wir sollten hier auf den Meister warten, teilen sie uns mit. Tatsächlich kommt er kurze Zeit später mit zwei Langstöcken in der Hand. Ich frage mich, ob es nun eine Vorführung geben wird, und nach einer Aufforderung des Meisters beginnen die beiden Schüler auch schon selbstständig zu üben. Wir beobachten interessiert die Formen und meines Ermessens nach machen die zwei Jungs, die sich nach dem Essen nicht einmal umgezogen haben und im Hemd mit dem Stock agieren, das wirklich gut.

Sifu Lin wendet sich uns zu und zeigt uns eine Schrittkombination, die wir üben sollen, damit wir die Hüfte besser öffnen können. Natürlich ist zu Beginn alles falsch und wir sind leicht geknickt, was ja schon Normalzustand ist. Aber trotzdem finde ich die Übung interessant und versuche, mein Bestes zu geben, auch wenn sie wahnsinnig anstrengend ist.

Nach einiger Zeit geht das Training in der Wohnung des Meisters weiter. Die Übung wird noch einmal besprochen, und jeder von uns darf sie mit einer Hantel probieren, um durch das Gewicht dieses Hilfsmittels das Absinken des Schwerpunktes besser wahrnehmen zu können. Danach stellt sich der Meister mitten in den Raum und beginnt, eine Qi-Gong-Übung zu erklären und vorzuführen. Er fordert mich auf, meine Hände in einem gewissen Abstand auf seinen Rücken zu legen und zu beschreiben, was ich fühle. Ich beschreibe also meine Wahrnehmung, Christoph gibt seinen Senf dazu und Eric übersetzt. Der Meister nickt und scheint mit den Ausführungen zufrieden. Man müsse Qi spüren können, ist sein kurzer Kommentar dazu. Uff, nochmal Glück gehabt, denke ich erleichtert, immerhin habe ich davon ein bisschen Ahnung.

Heute Abend ist es in der Schule ruhiger, außer uns ist nur Ah Fei anwesend. Der Meister erscheint und zeigt uns etwas an der Holzpuppe. Wieder können wir die Bewegungen nicht sofort selbstständig ausführen und werden daher zum Üben in den Hauptraum geschickt. Zweimal wiederholt Sifu Lin mit uns den Ablauf, danach müssen wir alleine mit den Bewegungen und mit dem hölzernen Übungsgerät zurechtkommen, denn der Meister verlässt demonstrativ den Raum.

Nachdem wir noch einmal vor den strengen Blicken des Meisters die Sequenzen durchgegangen sind, sollen wir uns setzen, um den morgigen Tag zu besprechen. Ich bin recht entspannt, weil ich weiß, dass der Meister früh am Morgen zur Arbeit muss. Das könnte nach dem intensiven Wochenende ja endlich einmal ein gemütlicher Vormittag werden. Umso überraschter bin ich über den unerwartet ambitionierten Zeitplan: Um sechs Uhr sollen wir zu trainieren beginnen, dann, am Vormittag wird uns Sifu Lin verlassen, und es bleibt Zeit selbstständig bis zum Mittagessen zu üben, bevor wir den Meister wieder im Hotel treffen werden, wo er uns dann bis zum Nachmittag unterrichten möchte. Und am Abend gibt es noch eine Einheit in der Schule, so der Plan.

Ich bin baff, versuche aber, mir nichts anmerken zu lassen. Noch überraschter bin ich allerdings, als Eric erklärt, dass Sifu Lin ab heute bei uns im Hotel nächtige, um keine Zeit zu verlieren. Wie? Bei uns im Hotel? Ob sich der Meister ein Extra-Zimmer nehme, frage ich Eric. „Nein, er schläft in meinem Zimmer", antwortet dieser gefasst. „Aber wann hat er dich denn das gefragt?", möchte ich wissen. „Gerade eben", gibt Eric zur Antwort, und er habe nicht gefragt, er habe es einfach festgelegt.

Eric wirkt nicht begeistert, was ich verstehe, da wir alle unsere kurzen Ruhepausen benötigen. Er tut mir wirklich leid, aber gleichzeitig bin ich amüsiert über die Vorstellung, dass Sifu Lin nun bei uns wohnt. Ich bin mir auch sicher, dass es absolut nett gemeint ist. So ist es halt, wenn man eine Familie ist. Trotzdem bin ich froh, dass wir nicht alle ein Zimmer teilen werden. Da fällt mir ein, dass wir heute Nachmittag in einer kurzen Trainingspause im Supermarkt ein paar Bier gekauft und in Erics Kühlschrank eingelagert haben. Ui, das könnte nicht ganz den Vorstellungen des Meisters entsprechen, gebe ich zu bedenken und Eric fragt kurzerhand Sifu Lin, ob er heute Abend nicht Lust habe, im Zimmer mit uns etwas zu trinken. Die Antwort lautet nein, wobei es in Ordnung sei, dass wir uns noch zusammensetzen würden. Wir werden jedoch ermahnt, nicht zu viel zu trinken, was für mich kein Problem darstellt, da ich ja generell sehr wenig bis gar keinen Alkohol trinke.

Also verabschieden wir uns höflich, eilen zurück zum Hotel, schaffen das Bier wie beim Schul–Schikurs mit vereinten Kräften geheim von Erics

Kühlschrank in unseren und begeben uns auf unseren Teeplatz im Zimmer, um auf den Meister zu warten. Eric wirkt angespannt, da niemand von uns weiß, wann Sifu Lin auftauchen wird, und er nicht möchte, dass der Meister vor verschlossenen Türen steht. Als Sifu Lin mit wenig Gepäck vor seiner Zimmertür erscheint, ist Eric erleichtert. Knapp vor Mitternacht verabschiedet Eric sich von uns und ich falle todmüde ins Bett. Ich habe keine Kraft mehr, über irgendetwas nachzudenken und weiß, dass erst jetzt das harte Training beginnt.

Frühmorgens, als der Wecker läutet, habe ich eigentlich überhaupt keine Lust aufzustehen, aber ich raffe mich auf und esse ein paar Bissen vom Frühstücksbrei, den wir immer dabei haben, auch wenn der Meister uns wissen hat lassen, dass man die erste Trainingseinheit vor dem Frühstück durchführt. Aber ich fühle mich gerade recht schwach und weiß ja nicht, wann und ob es überhaupt möglich sein wird zu frühstücken. Wir klopfen etwas nervös an Erics Zimmertür. Es vergehen ein paar Sekunden, dann öffnet sich die Tür einen Spalt und ich kann zu meiner Verwunderung erkennen, dass in Erics Zimmer noch kein Licht brennt. Ich bin verwirrt. Haben wir uns etwa in der Zeit geirrt? Mit einem verschlafenen Lächeln gibt uns Eric zu verstehen, dass Sifu Lin noch nicht wach sei. Ich bin amüsiert, dass der Meister allem Anschein nach verschlafen hat, und auch Christoph wirkt recht erheitert. Es bleibt uns also nichts übrig, als zurück in unser Zimmer zu gehen und zu warten.

Keine zehn Minuten später klopft es an der Tür. Wir würden Sifu Lin draußen treffen, erklärt uns Eric etwas gestresst. „Wo draußen?", frage ich und bin gespannt, was der Meister wohl sagen wird, nachdem ja er verschlafen hat und nicht wir. Statt eine Antwort zu geben, führt uns Eric durch den Hotelgang zu einem Notausgang. Eine schmale Metalltreppe führt auf eine große, heruntergekommene Betonterrasse. Ich traue meinen Augen kaum, als ich Sifu Lin auf der Terrasse erblicke. Er steht reglos in der Mitte, als ob er bereits seit Stunden hier stehen würde. Mit keinem Wort wendet er sich an uns, sondern bleibt mit seiner Konzentration ganz bei sich. Was jetzt, frage ich mich, und auch die beiden anderen schauen etwas irritiert drein. Wortlos beschließen wir, nachdem wir untereinander Blickkontakt aufgenommen haben, uns einfach neben den Meister zu begeben. Gesagt, getan, und so stehen auch wir wenig später reglos und machen einfach dasselbe wie Sifu Lin. Fast hätte ich wegen der skurrilen Situation zu lachen begonnen, aber nach ein paar Atemzügen bin auch ich mit meinen Gedanken wieder bei mir.

Nach einiger Zeit beginnt der Meister im Kreis herumzugehen, was mich ziemlich ablenkt. Im nächsten Moment höre ich ihn Schleim aufziehen und geräuschvoll ausspucken, eine chinesische Eigenart, das geht ein paarmal so und durchbricht die Stille. Ich kann wiederum kaum mein Lachen unterdrücken und sehe, dass er uns deutet, wieder hineinzugehen. In der Zwischenzeit hat es leicht zu regnen begonnen und daher bin ich froh, dass wir in Erics Zimmer weitermachen.

Nun ist der Meister sehr gesprächig und geht Pin-San-Wing-Chun-Theorie mit uns durch. Ich ärgere mich ein bisschen, dass ich überhaupt nichts zum Schreiben mitgenommen habe, versuche mir aber die Dinge so gut wie möglich zu merken. Wir sprechen über die innere Kraft, ein Thema, das mich besonders interessiert, und dann lernen wir eine Hebelübung in der Luft und am Partner. Natürlich hat Eric, der ja auch Aikido-Kenntnisse besitzt, wie immer beim Thema Hebel das Vergnügen, vom Meister gezogen, kontrolliert, verrenkt und gehebelt zu werden. Sifu Lin scheint zur Bestform aufzulaufen und wird nur durch das Krähen eines Hahns, das plötzlich und unerwartet aus seinem Handy ertönt, in seinem Rede- und Hebelfluss gestoppt. Er müsse nun zur Arbeit gehen, gibt er uns zu verstehen, wir hätten ja nun genug zum Üben.

Nachdem uns der Meister verlassen hat, gehen wir allerdings erst einmal frühstücken, erstmals heuer in unser Lieblingslokal in der Stadt.

Tatsächlich können sich die Angestellten an uns erinnern, kein Wunder, sieht man ja sonst überhaupt keine Ausländer hier. Unser frühstücksfüllendes Gesprächsthema ist Sifu Lin. Eric erklärt uns, dass der Meister noch wach gewesen sei, als er gestern nach Mitternacht ins Zimmer gekommen sei. Grund dafür sei gewesen, dass Sifu Lin, warum auch immer, den Fernseher nicht ausschalten konnte. Deshalb dürfte er heute auch verschlafen haben, mutmaßt Eric weiter. Wir alle sind von dieser Anekdote erheitert. Zu diesem Zeitpunkt wissen wir noch nicht, dass der in dieser Nacht verabsäumte Schlaf uns am nächsten Morgen noch zum Nachteil werden wird.

Nach dem Essen geht unser gemeinsames Training los. Wir finden uns zu dritt auf der unbelebten, alles andere als offiziell wirkenden Terrasse des Hotels ein und gehen noch einmal die Form und die Hebelübungen durch.

Natürlich funktioniert es nicht so gut wie beim Meister, und wir müssen uns mehrmals gegenseitig ermahnen, geduldig zu bleiben und nicht zu viel Kraft beim Ziehen und Hebeln aufzuwenden. Wie immer geht es um den lockeren Einsatz der entsprechenden Muskeln. Der ganze Körper soll an der Bewegung beteiligt sein, nicht nur der Arm.

Das nächste Training mit Sifu Lin beginnt damit, dass der Meister wie wild am großen Vorhang in Erics Zimmer zupft und zieht. Ich frage mich, ob er vermeiden möchte, dass man von außen sieht, was wir hier drinnen vor sich geht. Doch vor dem Fenster befindet sich ja nur Wasser, weil das Hotel auf einer Insel in einem nicht gerade attraktiven künstlichen See liegt, und daher muss es eher die Hitze sein, die dem Meister zu schaffen macht und ihn dazu veranlasst, das Zimmer abzudunkeln. Dann positioniert er sich auf dem etwas erhöhten Teeplatz vor dem Fenster und beginnt mit seinen Ausführungen.

Schon nach den ersten Bewegungen bin ich verwundert, da es viel zu sehen gibt, was wir so noch nicht gelernt haben, und ich komme kaum mit dem Niederschreiben seiner Erklärungen mit. Jedes Bewegungsset, das wir im Vorjahr gelernt haben, wird noch einmal durchgenommen und von Sifu Lin mit Erweiterungen ergänzt. Es dämmert mir, dass es unglaublich schwierig wird, diese Fülle an Informationen später richtig in der Bewegung umzusetzen.

Als das Krähen des Hahns aus dem Handy des Meisters erklingt, ist der Spuk wieder vorbei. Wir bleiben alleine in Erics Zimmer zurück und haben einen Informations-Overflow zu verkraften. Wann und wie sollen wir das alles wiederholen?

Der Nachmittag ist geprägt vom Üben und Analysieren. Wir gehen jede Bewegung in Erics Zimmer noch einmal durch, und ich bin positiv überrascht, was wir uns alles gemerkt haben. Am Abend wiederholen wir in der Schule vor den strengen Augen des Meisters alle zwölf Bewegungen, wobei er zuerst mich und dann Christoph ausbessert. Während des Übens erscheint Ah Fei und beginnt, im Hintergrund für sich zu trainieren. Unsere Bemühungen, die Ausbesserungsvorschläge, die er uns während des eigenen Trainings zuruft, umzusetzen, werden jäh unterbrochen, als uns Sifu Lin in den Nebenraum zur Holzpuppe bittet, um uns dort ein paar neue Bewegungsabläufe zu zeigen. Natürlich können wir das Gesehene nicht auf Anhieb nachmachen, weshalb wir wieder in den Hauptraum geschickt werden, um die Bewegungen in der Luft zu wiederholen. Ich habe keine Ahnung, wie ich überhaupt beginnen soll, da ich mir kaum etwas gemerkt habe. Verstohlen blicke ich zu Eric und Christoph, die selbst schwer am Überlegen sind. Tatsächlich kann ich mir ein paar brauchbare Dinge bei ihnen abschauen, und der Meister findet es zumindest wert, meine Bewegungen auszubessern. Danach verschwindet er auch schon wieder und lässt uns mit den Holzpuppen-Fragmenten und unseren langen Gesichtern in der Schule zurück.

Wir diskutieren ein bisschen über die Bewegungen und hoffen, dass Ah Fei uns weiterhelfen kann, aber dieser schüttelt nur den Kopf und erklärt Eric, dass er selbst nur ein ganz kleines Stück der Bewegungen gelernt habe, wir aber gemeinsam mit ihm noch einmal die zwölf Bewegungen, die die Grundlage bilden, durchgehen könnten. In diesem Moment denke ich nur an mich und vergesse vollkommen, wie ernüchternd es für Ah Fei sein muss, dass der Meister uns heute etwas gezeigt hat, dass er selbst in seinem jahrelangen Training noch nicht gesehen hat.

Mein Perfektionsdrang und die Angst vor dem Scheitern stressen mich gewaltig, es ist ein eingelerntes unnötiges Verhalten, dessen ich mir durch den Aufenthalt hier bewusst werde. Wie kann ich das ablegen und loslassen? Ich versuche, alles mal locker zu nehmen so gut es geht, und bekomme tatsächlich ganz langsam ein Gefühl für die Bewegungsabläufe an der Holzpuppe.

Mitten während des Übens läutet das Handy, Sifu Lin ist am Apparat, um uns mitzuteilen, dass wir alle zu ihm nach Hause kommen sollten. Das bedeutet das sofortige Ende der Übungseinheit, und wir verlassen fluchtartig die Schule, wobei Ah Fei mit dem Moped fahren wird. Also gehen wir zu dritt durch den Lärm der Straßen in die Richtung, in der wir Sifu Lins Wohnblock vermuten, mit dem Ergebnis, dass wir bei unserem Hotel landen. Keiner weiß so recht, wo wir hätten abbiegen sollen, aber egal, von hier aus kennen wir zumindest den Weg.

Kurze Zeit später haben wir tatsächlich das Ziel erreicht und finden den Meister wie üblich bei der Teezubereitung vor. Heute ist es für uns unmöglich, den Tee namens „Gold-Silber-Blume" zu identifizieren. Es werden uns kleine Törtchen offeriert, die Ah Fei extra für uns in einem Delikatessengeschäft auf dem Weg von der Schule hierher gekauft hat. Das finde ich total nett, weil Mehlspeisen und Kekse hier verhältnismäßig teuer sind und noch dazu von den Anwesenden niemand außer uns auf Süßigkeiten steht. Viel später werde ich außerdem erfahren, dass mein chinesischer Kung-Fu-Bruder in einer Fabrik arbeitet, wo er sehr wenig verdient.

Es ist gemütlich, und ich fühle mich wohl in dieser kleinen Runde. Da fällt mir ein, dass ich für unsere neue Schule, den Wasserdrachen in Wien, gerne eine Kalligraphie kaufen würde. Im letzten Jahr habe ich hier in einer kleinen Seitengasse einen alten Mann gesehen, der auf rotem, dünnem Papier goldene Schriftzeichen kalligraphiert hat. Natürlich habe ich mir nicht gemerkt, wo das war, aber vielleicht wissen die anderen mehr über diesen. Darum bitte ich Eric, Sifu Lin nach dem „red paper man" zu fragen. Der Meister erklärt uns, dass es üblich ist, zu Feiertagen solche Papierbögen anfertigen zu lassen. Was wir denn gerne kalligraphiert hätten, fragt er. Als er hört, dass es für unsere neue Schule sein soll, erklärt er uns, dass einer seiner Kung-Fu-Brüder eine Kalligraphie für uns anfertigen könne. Er verschwindet in den Computerraum und kehrt wenige Minuten später mit der freudigen Nachricht zurück, dass besagter Kung-Fu-Bruder das Werk in den nächsten Tagen in Angriff nehmen werde.

Nun wird diskutiert, was denn auf einer Kalligraphie für eine neue Schule zu stehen habe. Wir sind offen für Vorschläge, aber die anderen haben ziemlich genaue Vorstellungen, was passend und was weniger passend ist. Mir wird klar, dass dies die Vorzüge sind, wenn man hier zur Kung-Fu-Familie gehört: Ein Onkel kann uns so einen Gefallen schwer abschlagen. Und auch Eric wird heute Abend klar, was es bedeutet, Brüder zu haben. Ah Fei kann nämlich seine Finger nicht von Erics Glatze lassen und streicht immer wieder begeistert und verspielt über den kahlen Kopf. Ich bin mir sicher, dass das dem armen Eric nicht unbedingt gefällt.

Der Meister gibt uns zu verstehen, dass es Zeit sei aufzubrechen, und drückt Christoph und Eric steinerne Qi-Gong-Kugeln in die Hand, mit denen sie ihre Fingerfertigkeit üben können. Das Tock-Tock der aneinander prallenden Kugeln begleitet uns auf unserem Spaziergang durch den Park zurück zum Hotel. Ich bin ein bisschen traurig darüber, dass ich keine Kugeln bekommen habe und hoffe, dass ich nichts falsch gemacht habe, aber das ist nur die übliche Verunsicherung, das mangelnde Selbstwertgefühl, mit dem ich zu kämpfen habe. Zum zweiten Mal an diesem Tag wird mir klar, wie unpassend es eigentlich ist, immer alles gleich persönlich zu nehmen.

Wie üblich treffen wir uns im Zimmer auf ein Bier, um den Tag Revue passieren zu lassen. Das Resümee fällt durchwegs positiv aus. Einzig die Tatsache, dass der Meister spontan beschlossen hat, nun doch nicht im Hotel zu wohnen, was bedeutet, dass wir in aller Früh bereits zu ihm nach Hause pilgern müssen, drückt etwas die Stimmung, bedeutet dies doch, dass wir unseren Wecker noch früher stellen müssen. Die Lust auf das wohlverdiente Bier vergeht mir allerdings noch mehr, als ich nach ein paar Schlucken von Eric erfahre, dass Sifu Lin uns davon abgeraten hat, heute noch Alkohol zu trinken, da der bei ihm getrunkene Tee entschlackend wirke und sich mit Alkohol nicht vertragen könnte. Somit lasse ich mein Glas halbvoll stehen, denn es ist mir zu riskant, die Mahnungen des Meisters zu missachten.

Am nächsten Morgen bin ich richtig kaputt und mir ist ein bisschen schlecht, wobei ich überzeugt davon bin, dass es nicht an den paar Schlucken Alkohol liegen kann. Eric sieht auch alles andere als fit aus, was mich hoffen lässt, dass das einfach der Normalzustand hier ist. Als wir die Stiege zum Hinterhof beim Wohnblock von Sifu Lin nach oben steigen, hören wir in der Ferne laute, chinesische Musik. Ich frage mich, woher um sechs Uhr in der Früh so penetrante Musik kommt. Wir drei grinsen uns an und Christoph meint, dass es Sifu Lins Wecker sein müsse, damit er heute auch garantiert nicht verschläft. Im Hinterhof ist weit und breit kein Meister zu sehen, und auch der Ursprung der lauten, wenn auch durchaus lieblichen Instrumentalmusik bleibt uns verborgen. Wir beschließen, uns selbstständig aufzuwärmen, was ganz in meinem Sinn ist, weil ich das Gefühl habe, dass mir Bewegung gut tun könnte. Nach ein paar Minuten hören wir von oben Sifu Lins Stimme, danach wird die Musik leiser, um ein paar Minuten später wieder laut zu werden, genau in dem Moment, in dem der Meister mit einem Langstock in der Hand auftaucht. Als er näherkommt, sehe ich das kleine Radio in seiner Hand und muss schmunzeln ob der Tatsache, dass Christoph mit seiner Annahme recht gehabt haben dürfte.

Wir üben nun gemeinsam die neue Form und danach die zwölf Bewegungen in der Luft ohne Partner. Ein Lied begleitet in einer Dauerschleife unsere fließenden Bewegungen. Ich fühle mich zunehmend besser, und als uns der Meister eine Schrittübung machen lässt, bin ich ziemlich motiviert und strenge mich sehr an. Dann bricht der Meister zur Arbeit auf und unser Weg führt uns nach einer kurzen Pause im Hotel zurück zur Schule.

Es dauert nicht lange und der Meister taucht ebenfalls, mit einem Plastiksackerl voller Orangen, die er uns als Jause mitgebracht hat, auf. Gemeinsam essen wir sie, bevor er mit uns zur Holzpuppe in den Nebenraum geht. Als er uns neue Bewegungen zeigt, folge ich hochkonzentriert dem Ablauf, um ihn mir möglichst gleich zu merken. Christoph und Eric versuchen ihr Glück an der Holzpuppe und werden sofort ausgebessert. Dann bin ich an der Reihe. Zu meiner Überraschung habe ich mir tatsächlich den Ablauf merken können und bin, obwohl ich ebenfalls verbessert werde, recht zufrieden. Tatsächlich finde ich mich immer mehr in der fordernden Situation hier ein. Während der Meister auf der Couch im Hauptraum seinen verdienten Mittagsschlaf hält, üben wir weiter. Es macht mir langsam Spaß, und ich werde zunehmend besser.

Am Nachmittag habe ich einen Einbruch und es ist schwer für mich für das kommende Training am Abend motiviert zu sein. Ich fühle mich mittlerweile so matt und schwer, dass ich nur mehr auf der Couch in der Schule dahinvegetieren kann. Es wird immer schlimmer, eine innere Hitze steigt in mir auf, mir ist richtig schlecht und ich bin tatsächlich am Ende meiner Kräfte. In diesem Moment bin ich richtig verzweifelt. Ich würde so gerne bleiben und weiter auf den Meister warten, aber ich weiß, dass es jetzt keinen Sinn mehr macht, ich bin weder geistig noch körperlich in der Lage, am Abendtraining teilzunehmen. Dankenswerterweise begleitet mich Christoph zurück ins Hotel, da ich nicht sicher bin, ob ich den bevorstehenden Fußweg im Verkehrschaos alleine bewältigen kann. Ich bin geknickt und wortkarg, enttäuscht von der unangenehmen Situation und vergieße ein paar Tränen, da die Vorstellung, hier krank zu werden, so demotivierend ist. Endlich war ich bei der Holzpuppe auf dem richtigen Weg und jetzt soll es damit vorbei sein? Es bleibt mir nichts anderes übrig, als die Situation anzunehmen und positiv zu denken.

Im Hotel angekommen nehme ich eine heiße Dusche und lege mich vorzeitig ins Bett, um mich auszuruhen. Leichter gesagt als getan, denn draußen im Park pulsiert um diese Zeit das Leben und über den See tönt Musik in mein Zimmer. Ich stehe auf, um mich zu vergewissern, dass mein Fenster geschlossen ist, aber die Musik ist tatsächlich so laut, dass trotz des geschlossenen Fensters der Lärmpegel, den ich beim Musikhören zu Hause gewohnt bin, bei weitem überstiegen wird. Auf der einen Seite finde ich es faszinierend, dass das Leben hier so anders abläuft und würde jetzt gerne ein Teil davon sein, auf der anderen Seite nervt es mich gerade enorm, dass ich die Musik von draußen nicht einfach abstellen kann, um meine Ruhe zu haben. Es bleibt mir nichts übrig, als den Lärm zu akzeptieren, und so lege ich mich zurück ins Bett und versuche ein bisschen zu schlafen um beim Morgentraining wieder dabei sein zu können.

Die Nacht macht mir einen Strich durch die Rechnung, mir ist heiß und kalt gleichzeitig, und an Schlaf ist nicht zu denken. Erst am nächsten Morgen schlafe ich ein und als zwei, drei Stunden später der Wecker läutet, ist mir klar, dass ich nicht mitkommen kann. So bricht Christoph ohne mich auf und nun endlich, während die anderen bei Sifu Lin im Hinterhof trainieren, kann ich ein paar Stunden schlafen.

Als ich aufwache, fühle ich mich schlecht, aber zumindest bin ich in der Lage, mit den anderen frühstücken zu gehen. Sifu Lin hat mir ausrichten lassen, dass ich ein Congee essen solle, also bestelle ich etwas skeptisch das Reis-Wasser-Gemisch. Es schmeckt nach nichts, aber nach ein paar Bissen bemerke ich, dass ich mich ein bisschen besser fühle. Ich entscheide mich dazu, am Mittagstraining in der Schule teilzunehmen. Eric und Christoph zeigen mir mit vereinten Kräften, was sie am Vortag gelernt haben. Ich fühle mich zwar nicht besonders, bin aber voll motiviert, alles so gut wie möglich nachzulernen. Als der Meister auftaucht, mustert er mich besorgt und fragt, ob alles wieder in Ordnung sei. Ich sage, dass ich zumindest versuchen würde, am Training teilzunehmen, was er mit einem Nicken zur Kenntnis nimmt.

Dann geht es zur Holzpuppe. Christoph und Eric versuchen sich am Übungsgerät, was vom Meister mit „Oöi, oöi" kommentiert wird, wodurch es jedes Mal zum vorzeitigen Abbruch der jeweiligen Performance kommt. Ich weiß, dass Sifu Lin sehr streng ist, um uns zum Üben zu motivieren, aber gleichzeitig ist auch klar, dass noch nicht einmal der Ablauf sitzen dürfte. Also seien wir jetzt wieder an der Reihe zu üben, meint er und verschwindet, um unsere Kalligraphie abzuholen. Wie lange wir selbst üben sollen, wissen wir also nicht, doch mein Gefühl sagt mir, dass wir jede Menge Zeit haben werden. Daher begebe ich mich als Erste zur Holzpuppe, wo Christoph und Eric mit mir geduldig alle Passagen wiederholen, die neu für mich sind.

Als ich soweit bin, alles selbstständig durchführen zu können, taucht überraschenderweise der Meister wieder auf. In der Hand trägt er eine große Papierrolle, die er auf dem Fußboden des Hauptraums sorgfältig ausbreitet. Ich bin baff, denn mit so einer großen, schönen Kalligraphie habe ich nicht gerechnet.

Unsere strahlenden Gesichter animieren den Meister dazu, uns jedes einzelne Schriftzeichen der beiden Kalligraphien, die er bei sich hat, zu erklären. Sie könnten unterschiedlicher nicht sein: In einer geht es um die erste Form und darum, dass die Schüler:innen diese immer als ihr Fundament trainieren müssen. Die zweite Kalligraphie hat das chinesische Schriftzeichen für Zurückhaltung zum Inhalt, das als Metapher dafür steht, dass man sowohl im Leben als auch in der Kampfkunst tolerant sein solle und immer einen halben Schritt zurückweichen müsse, damit genug Platz für einen selbst und auch für die anderen bleibe. Das lasse Rauch und Wolken wie von selbst verschwinden.

Diese Texte hat der Meister in Anlehnung an eine Kalligraphie, die hier in der Schule hängt, für uns aufgesetzt und sowohl der Name des Kalligraphen als auch sein Name und unsere chinesischen Namen, also Kleiner und Großer Drache, sind genannt. Sifu Lin erklärt uns, dass er nun zur Arbeit müsse und wir alleine in der Schule bleiben sollen, um selbstständig weiter zu üben. Nachdem er uns verlassen hat, stehen wir wieder an der Holzpuppe und gehen abwechselnd den neuen Teil durch. Als wir zum Hotel zurück spazieren, bin ich zufrieden, denn das Blatt hat sich wider Erwarten gewendet: Es hätte für mich nicht besser laufen können, da ich genügend Zeit hatte, alles halbwegs nachzulernen.

Das Abendessen fällt karg für mich aus. Ein Teller Nudelsuppe ist das Einzige, was ich mir heute zumute. Beim Eingang zur Schule erblicken wir vor dem Abendtraining auf der Straße Ah Fei, der auf uns gewartet haben dürfte. Er überreicht jedem von uns ein Kuvert. Ich bin etwas irritiert, als ich den Briefumschlag öffne, da es sich um eine Weihnachtskarte handelt in der kein einziges Wort geschrieben steht. Ich sehe mir das Motiv genauer an, es ist sehr klassisch amerikanisch, so wie man sich Weihnachtskarten vorstellt, und die Oberfläche ist mit unterschiedlich farbigem Glitzer überzogen. Ah Fei erklärt mir stolz, dass er persönlich dafür zuständig sei, diese Motive auszuwählen, weil er in einer Papierfabrik arbeite. Ich bedanke mich bei unserem Kung-Fu-Bruder für das unerwartete Geschenk.

Gemeinsam hängen wir in vertrauter Runde in der Schule herum, und Ah Fei erzählt uns ein paar Details aus dem Trainingsalltag, bis Sifu Lin kommt. Als erstes diktiert der Meister uns einen Übungsplan für Wien, der wie immer mehr als ambitioniert ausfällt. Dann sprechen wir über Schrittarbeit, die er auch extra für uns erstmals in der Geschichte des Guo-lo-Wing-Chun auf einen Zettel notiert habe. Zwar in chinesischen Schriftzeichen, was uns begrenzt hilft, aber in diesem Fall zählt der Wille. Dann folgt ein einstündiger Vortrag über Holzpuppen-Hebel-Techniken, die an Eric demonstriert werden, indem dieser durch den Raum gezerrt wird. Dann verschwindet der ob seiner Darbietung gut gelaunte Meister mit den Worten „Weiter üben!" auch schon wieder.

Zu viert begeben wir uns in das Nebenzimmer: Ah Fei als stiller, geduldiger Beobachter und wir drei, um alles zu wiederholen. Christoph ist heute richtig unmotiviert und hat überhaupt keinen Nerv, ständig für mich an der Holzpuppe mitzudenken. Aber obwohl seine Hilfe ausbleibt, komme ich ganz gut zurecht.

Am Ende sitzen wir alle auf den Matten und keiner hat das Bedürfnis, noch weiter zu üben. Wir sind froh, als wir hören, dass am Abend nichts mehr auf dem Programm steht. Nach der herzlichen Verabschiedung von unserem Kung-Fu-Bruder, den wir heuer nicht mehr sehen werden, gehen wir zurück ins Hotel und treffen uns in Erics Zimmer zur Abwechslung mal nicht auf ein Bier, sondern auf eine Tasse Tee.

Sehr früh wache ich auf und bemerke sofort, dass ich mich heute besser fühle. Ist es deshalb, weil die Anspannung von mir abgefallen ist? Den Spaziergang durch den Park zum Haus des Meisters empfinde ich daher heute auch als besonders nett. Wie immer sind wir vor dem Meister auf der leeren Betonfläche, aber wir wissen, dass er anwesend ist, da er wie jeden Tag in der Früh am Balkon über uns geräuschvoll seinen Schleim aufzieht. Ich weiß genau, dass er uns von dort aus beobachtet, auch wenn wir ihn nicht sehen können. Wir wärmen uns selbstständig auf. Kurze Zeit später taucht er auf der Stiege auf und nickt uns motiviert zu. Eric übersetzt für uns, dass wir heute noch einmal die Partnersets durchgehen werden. Ich bin erfreut, denn das ist ganz in meinem Sinn, habe ich diese Bewegungen doch selbstständig ein Jahr lang täglich geübt. Sifu Lin deutet auf mich, und ehe ich mich versehe, beginnt der Meister mit mir eine neue Bewegung, die ab jetzt in unsere Sets eingebaut werden solle. Es ist alles andere als leicht, dem Ablauf zu folgen, und ich werde mit ein paar „Oöis" ausgebessert.

Sifu Lin geht mit mir nun jede einzelne Bewegung der Partnersets durch. Es ist sehr spannend und verwirrend gleichzeitig, die Übungen mit ihm auszuführen. Ich bin hochkonzentriert und versuche, seinen Druck zu erspüren und seine Verbesserungsvorschläge umzusetzen. Es bringt mir wahnsinnig viel, die zwölf Bewegungen direkt mit ihm zu üben, und es ist für mich ein ganz besonderes Training, da er normalerweise immer nur sehr kurz am Partner übt. Nachdem wir alle Bewegungen durchgegangen sind, wobei er ein paarmal ausbessernd und nicht gerade sanft auf meinen Ellbogen geschlagen hat, weil dieser zu hoch und damit zu steif gewesen sei, bin ich richtig stolz. Ich weiß, dass ich meine Sache nicht ganz schlecht gemacht habe, und gleichzeitig weiß ich, dass ich jetzt für mich erfassen konnte, wie die Partnersets auszuführen sind, da ich sie ja direkt am Meister erspüren konnte.

Am späten Vormittag geht es wie gewohnt zum Yam-Cha und ich bestelle vorsichtshalber noch einmal ein Congee, an dem ich langsam Gefallen finde. Dieses Mal ist das späte Frühstück äußerst amüsant, weil am Nachbartisch eine gesprächige Chinesin mit sehr lautem Organ sitzt, die unsere Anwesenheit im Lokal lauthals kommentiert. Eric wird von ihr in eine Unterhaltung verstrickt und von allen umliegenden Tischen dafür beneidet, dass er unserer Sprache mächtig ist. Am meisten sind die Leute daran interessiert, wo wir herkommen. Als die gesprächige Chinesin hört, das wir aus Österreich kommen, sagt sie, oooh, das sei ein schönes, reiches Land, also kein Wunder, dass wir so schön seien. Diese Feststellung amüsiert mich und Christoph sehr und zaubert ein peinlich berührtes Lächeln auf unsere Lippen.

Nun ist die Dame in ihrem Redefluss überhaupt nicht mehr zu stoppen und der arme Eric kann kaum noch übersetzen. Das Gespräch endet damit, dass sie meint, sie wolle uns nicht beim Essen stören und wir sollten es uns doch schmecken lassen. Eric wirkt erleichtert. Als wir uns vom Tisch erheben, verabschieden sich die Leute um unseren Tisch herum ganz begeistert von uns und winken uns zum Abschied zu.

Die Mittagszeit verbringen wir mit Sifu Lin in der Schule um unser Trainingsprogramm zu besprechen, das um ein paar Übungen erweitert wird.

Abends finden wir uns ein letztes Mal bei der Wohnung des Meisters ein. Zuvor hat Sifu Lin Eric telefonisch darüber informiert, dass wir uns erst um 20.15 Uhr und nicht wie ausgemacht um 20 Uhr treffen, was bedeutet, dass er endlich mal zur Kenntnis genommen hat, dass wir immer extrem pünktlich sind. Schon Ah Fei war total begeistert davon, wie pünktlich und motiviert wir immer sind. Unsere Trainingsmoral dürfte alle hier immer wieder aufs Neue beeindrucken, so viel steht fest. Vor der Haustür hupt uns ein Auto an und einer der beiden Köche winkt uns hinter der Autoscheibe freundlich entgegen. In der Wohnung des Meisters angelangt überreicht er jedem von uns einen großen Pu-Erh-Fladen. Sifu Lin erklärt uns, dass es ein besonderer Tee ist, da er nicht wie gewöhnlich fermentiert ist. Ich bewundere die schöne Verpackung und bin wieder mal ein bisschen gerührt. Wir selbst haben nichts, was wir zum Abschied schenken könnten. Schon gestern hat das zu einer peinlichen Situation geführt, als Eric Ah Fei zum Abschied zu einem Bier oder zu Süßigkeiten in sein Hotelzimmer einladen wollte. Da erklärte der Si Hing Eric in aller Freundschaft, dass wir nicht zu viel trinken sollten, und hat das Angebot natürlich abgeschlagen.

Im Wohnzimmer wird das alte Kräuterbuch des Sigungs aus einer Kommode hervorgekramt, und der Meister blättert die alten Kräuterrezepturen durch, weil er weiß, dass Eric am Knöchel immer wieder Schmerzen hat. Dann sprechen wir über einen möglichen Besuch bei uns in Österreich. Ich bin mir sicher, dass er unsere Einladung nach Wien sehr gerne annehmen würde, aber gleichzeitig weiß ich, dass er seine Prinzipien hat und es ernst zu nehmen ist, wenn er erklärt, dass er frühestens in sieben Jahren auf Besuch kommen könne, wenn seine Tochter die Schule verlassen habe und verheiratet sei.

Der nächste Tag beginnt entspannt beim Yam-Cha. Als wir das Lokal betreten, ist alles dunkel und ich bin mir nicht sicher, ob überhaupt schon geöffnet ist. Im Hauptraum sehe ich in der Dunkelheit allerdings bereits ein paar Leute an den Tischen sitzen, und eine Angestellte deutet uns, dass wir uns doch auch hinsetzen sollen. Es ist eine lustige Situation, weil die meisten Leute bereits etwas ungehalten auf das offizielle Aufsperren warten. Einige Minuten später gehen alle Lichter an, und auch Sifu Lin erscheint an unserem Tisch. Er organisiert uns gleich mal in seiner lässigen Art an der Theke ein Frühstück. Ich bestehe darauf, ein Congee zu bekommen, weil ich vermute, dass der Meister für uns ein deftiges Frühstück vorgesehen hat, mir aber genau das noch zu riskant erscheint. Dann beginnt er uns wieder einmal ins Gewissen zu reden, was das Training betrifft, um am Ende seines Redeschwalls zu bemerken, dass er für die australische Gruppe, die im Dezember gerne zu ihm gekommen wäre, nicht verfügbar sein werde. Es gebe hier seit dem Tod des Sigungs nichts mehr zu sehen, sagt er, was uns kurzfristig verstummen lässt, hatten wir ihm für den Besuch der Australier gestern Abend doch ein „Ja" abgerungen, das heute einfach so, ohne Grund, wieder zurückgenommen wird. Ich weiß, dass es ein unglaubliches Privileg ist, dass wir einerseits noch die Chance hatten, den Sigung vor seinem Tod persönlich kennenzulernen, und dass wir andererseits hier überhaupt vorstellig werden durften und in weiterer Folge in die Kung-Fu-Familie aufgenommen wurden.

Ich frage den Meister, ob wir uns zu Mittag noch einmal sehen werden. Etwas zugeknöpft gibt er mir zu verstehen, dass er es jetzt noch nicht weiß. Heißt das, dass wir uns hier und jetzt von ihm verabschieden? Auf dem Weg nach draußen bleibt er etwas abrupt in der Restaurantlobby stehen, sammelt uns um sich und erklärt uns aus heiterem Himmel etwas über Leute, die im Training möglicherweise aggressiv werden würden und dann unbedingt zum unteren Energiezentrum atmen sollten. Dann sagt er uns, dass er jetzt zur Arbeit fahren müsse und wir in die Schule gehen sollten, um zu trainieren. Zu Mittag habe er vor, Eric anzurufen, um mit uns Mittagessen zu gehen. Typisch Sifu Lin, das heißt also, dass wir ihn doch noch einmal sehen, geht mir durch den Kopf, und ich bin wie immer mehr amüsiert als verärgert.

Tatsächlich, zur Mittagszeit, läutet Eric's Handy und kurze Zeit später entdecken wir den Meister im Verkehrschaos vor unserem Hotel. Gemeinsam marschieren wir im Eilschritt durch die Straßen, und ich kann kaum mit den anderen Schritt halten. „Wo bringt er uns jetzt hin?", frage ich Christoph leicht verwundert. „Keine Ahnung", ist seine Antwort. „Aber ich hoffe, wir gehen jetzt nicht zu weit, damit wir den Bus nicht versäumen", fügt er etwas besorgt hinzu.

Lange Minuten der Ungewissheit später steuert der Meister ein Lokal an, das nach außen hin offen ist und für uns wie eine Art Imbiss aussieht. Es stellt sich heraus, dass die Besitzer:innen ihre Dim-Sum noch in Handarbeit machen, und tatsächlich, in einer Ecke sitzen zwei Frauen, die aus einer großen Teig- und Fleischmasse die Teigwaren frisch herstellen.

Sifu Lin bestellt für uns das Essen und ich weiß bereits, dass das Mahl nicht zu knapp ausfallen wird, wenn er das in die Hand nimmt. Wenige Minuten später bekommen wir je zwei Schüsseln voller Suppe und Dim-Sum serviert. Es sieht total gut aus und schmeckt fantastisch. Schade, dass er uns erst jetzt hierhergebracht hat. Als ich den Preis der Speisen erfahre, finde ich es gleich doppelt schade.

Wir hetzen aus dem Lokal, und Christoph scheint erleichtert, da es sich nun zeitlich mit unserer Abreise ausgehen sollte. Aber statt direkt zurück zum Hotel zu gehen, legt der Meister einen Zwischenstopp bei einem Kräuterfachgeschäft ein. Wir haben keine Ahnung, was er hier braucht, aber er diskutiert ganz angeregt mit den Verkäuferinnen. Große Kräuterschränke werden geöffnet und die Laden mit getrockneten Wurzeln zur

Ansicht unter unsere Nasen gehalten. Sifu Lin entscheidet sich für eine mir unbekannte getrocknete Wurzel, die es anscheinend in Europa nicht geben dürfte, da es Eric unmöglich ist, eine passende Übersetzung dafür zu finden. Er lässt für jeden von uns einen Plastiksack voll davon abfüllen und erklärt, dass wir diese Wurzel bei Bedarf, wenn wir zu viel trainiert hätten und unsere Gelenke spüren würden, in heißem Wasser ziehen lassen sollten. Sein Vorschlag, den Sud dann zu trinken, stößt auf wenig Begeisterung bei uns; die Idee, ein Fuß- oder Handbad bzw. Umschläge damit zu machen, finde ich schon eher durchführbar. Wir bedanken uns beim Sifu und eiligen Schrittes geht es mit den Kräutersackerln in der Hand zurück zum Hotel.

Ein letztes Mal spazieren wir mit all unserem Gepäck zu viert über die Brücke zur Bushaltestelle. Knapp vor dem Ziel deutet uns Sifu Lin, auf einer der Bänke am Wegesrand Platz zu nehmen. Es folgt eine Ermahnung, nicht aufs Üben zu vergessen. Wir müssten geduldig bleiben, auch als Lehrer. Es gebe Schüler:innen, die schnell verstehen und andere, die eine weniger schnelle Auffassungsgabe hätten. Bei dieser Passage zwinkert Eric mir zu: „Ich denke, damit sind wir gemeint." Ich muss schmunzeln, kann aber darauf nichts Ironisches erwidern, weil der Meister seine Gedanken weiter ausführt. Wenn jemand die richtige Einstellung mitbringe, müsse man der Person die Dinge immer wieder neu vermitteln, bis sie sie verstehe. Wenn die Einstellung nicht passe, dann sei es nicht unsere Sache. Wir seien nicht für den ausbleibenden Fortschritt verantwortlich. Wir könnten nun, wenn wir wollten, zu Hause beginnen, Trainierenden das Pin-San-Wing-Chun beizubringen.

Dann ermahnt er uns, dass wir die Holzpuppen-Form nicht öffentlich vorzeigen dürften, was er im nächsten Moment allerdings wieder relativiert: Gegen Bezahlung könne man als Trainer die Holzpuppe unterrichten, aber die wichtigen Details und die Basis dahinter müsse man dann auslassen. Ich verkneife mir bei dieser Aussage eine süffisante Bemerkung und möchte nicht mit ihm noch einmal über Moral diskutieren, weil ich weiß, dass es in der chinesischen Kultur diesbezüglich andere Denkweisen und Einstellungen gibt. Ich sage stattdessen mit Blickkontakt zu Christoph: „Wir werden noch nicht unterrichten, weil wir noch eine Zeit lang für uns üben wollen." Der Meister nimmt das mit einem Nicken zur Kenntnis. Ich weiß, dass Christoph und ich uns indirekt verpflichtet dazu haben, die Kampfkunst weiterzugeben, aber unser beider Gefühl sagt uns in diesem Moment, dass wir nichts überstürzen sollten. Wie gut wir beide werden, liege ab jetzt an uns und unserer Trainingsmotivation, betont der Meister, wir müssten täglich üben, ist das Letzte, was er uns in seiner strengen Art als Lehrer mit auf den Weg gibt.

Es ist Zeit, uns zu verabschieden. Ich bedanke mich für alles, was uns Sifu Lin ermöglicht hat, und bringe zum Ausdruck, dass ich damit nicht nur das Training meine, sondern auch die vielen Gelegenheiten, bei denen wir mit seinen Freunden und der Kung-Fu-Familie beisammen waren. Christoph pflichtet mir bei und ich sehe, dass der Meister gerührt ist. Er nickt und blickt gleichzeitig zu Boden, um dann festzustellen, dass es Zeit sei zu gehen. Vor dem Bus schüttle ich ihm ganz förmlich die Hand und bringe ein leises „Doze Sifu" über die Lippen, was so viel wie Danke bedeutet. Er blickt mich an, nickt mir noch einmal zu und ich steige die Stufen hinauf in den Bus.

In Hong Kong steht noch ein letztes Treffen mit Sifu Kong auf dem Programm. Der Meister und seine Frau sind heute sehr leger gekleidet, und man merkt an ihrem Outfit, dass der Samstag ihr freier und gemütlicher Tag sein dürfte. In der Hotelbar trinken wir gemeinsam Tee und sprechen über dieses und jenes. Plötzlich zieht Sifu Kong eine Papierrolle hervor und breitet sie vor uns aus. „Ich habe euch aus China eine Kalligraphie für eure Schule mitgebracht, die ein Wing Chun Meister angefertigt hat", erklärt er uns. Ich blicke Christoph an und muss schmunzeln. Jetzt haben wir auch für den großen Drachen eine Kalligraphie.

Die Gespräche kreisen noch eine Zeit lang um Wing-Chun und seine Geschichte, und dann wird vereinbart, dass der Meister, sollte er im nächsten Jahr im Herbst nach Italien fahren, auch zu uns in die Schule kommen wird. Wir umarmen uns zum Abschied und es ist klar, dass es kein Abschied für lange sein wird, da der Meister wahrscheinlich bereits im Frühling wieder in Europa sein wird, um ein Seminar in Schweden zu geben.

Als wir spätabends den Flughafen erreichen, sperren dort in der Stadt, die niemals schläft, überraschenderweise gerade alle Lokale zu, und so bleibt uns nichts anderes übrig, als im Wartebereich herumzuhängen. Im Flugzeug sind wir beide total erledigt und ein unruhiger Schlaf hilft mir dabei, die mir endlos lang erscheinenden Stunden totzuschlagen.

Als wir in Helsinki landen, bin ich erleichtert. „Geschafft!", seufze ich, und mit einem leichten Anflug neuer Motivation schlendern wir frühmorgens auf der Suche nach einem Lokal durch die Flughafenhalle. Bei einem Frühstückstee finden wir die Kraft, ein paar Worte miteinander zu wechseln. „Wie, findest du, ist es heuer gelaufen?", frage ich Christoph neugierig. Er blickt mich an und sagt eine Zeit lang gar nichts. Dann kommt seine Antwort, die ich in diesem Moment genauso gegeben hätte: „Ich weiß es nicht, es war alles ein bisschen zu viel, ich glaube ich muss jetzt erst einmal alle Eindrücke verarbeiten." Aufgrund dieser Feststellung muss ich, obwohl ich selbst komplett erledigt bin, lachen und weiß genau, dass ich jetzt mit der richtigen Person am richtigen Ort bin.

Im Flugzeug nach Wien bin ich über mich selbst überrascht, weil bei mir weder Unruhe noch Nervosität aufkommen, obwohl wir wegen einer Kompasspanne ewig nicht starten können. Was soll mir jetzt noch passieren, geht mir durch den Kopf, es ist auf dieser Reise schon alles passiert. Mit diesen Gedanken falle ich in einen tiefen Schlaf, den ich mir zuvor beim Langstreckenflug gewünscht hätte.

DIE VORWEIHNACHTSZEIT in Wien hat für mich auf einmal etwas Ruhiges an sich. Ich schlendere durch die breiten, gepflegten Straßen und blicke in den blauen Himmel. Obwohl viele Leute unterwegs sind, gibt es so viel Platz, und auch die Unterhaltungen überschreiten einen gewissen Lärmpegel nicht. Keine schrill blinkenden Anzeigetafeln, keine Verkäufer:innen, die am Eingang auf Kund:innen lauern und mit ihren Rufen in Geschäfte locken wollen, kaum Essensgerüche von offenen Imbissläden und wenig Verkehrslärm. Alles ist so relativ. Als ich vor Jahren nach Wien gekommen bin, war alles laut und hektisch für mich und ich bin beinahe untergegangen im Strom der durchs Leben eilenden Menschen. Nun, nach einem weiteren Aufenthalt in Hongkong und China, erscheint mir alles so friedlich hier, und doch vermisse ich auch das pulsierende Leben und das Recht, laut zu sein. Alle Vorzüge gleichzeitig zu haben, ist nicht möglich, und im Moment bin ich froh über die zurückgewonnene Ruhe und darüber, dass ich mich einfach für ein paar Stunden in ein kleines Kaffeehaus setzen kann, um die Seele baumeln zu lassen.

Obwohl es so viel Platz gibt, scheint es doch in unserer Mentalität zu liegen, das Gegenüber zu meiden. Man setzt sich so weit wie möglich von den anderen weg und will ja nicht gestört werden. Ich muss an das Yam-Cha-Restaurant in China denken, wo gerade die Option auf ein Gespräch die Leute in das Lokal treibt, und ich erinnere mich gerne daran, wie schon zum Frühstück lauthals über die Tische miteinander kommuniziert wurde und das ohne jeglichen Alkoholeinfluss. Sind wir überhaupt glücklicher hier, frage ich mich. Wir hätten alles, um glücklich sein zu können, blauen Himmel, gute Luft, ein funktionierendes soziales System und doch, die sorgenvollen Gesichter um mich herum, die vielen Probleme, die aus einer Überfülle, die das Leben zu bieten hat, resultieren, drängen all das Gute, das uns täglich wie selbstverständlich umgibt und das wir gar nicht mehr sehen können, in den Hintergrund.

Im Supermarkt spaziere ich an den Kühlregalen entlang. Es gibt keinen penetranten Geruch nach getrocknetem Fisch oder Fleisch. Alles ist steril und sauber. Man kann sich ein portioniertes, abgepacktes Stück Fleisch nehmen und wenn man es dann einfach im Kühlschrank zu Hause vergisst, weil man ja so beschäftigt ist, plagt einen nicht einmal ein schlechtes Gewissen. Das Nahrungsmittel war nie lebendig in unserer Realität und ich sehe die Marktstände in China vor mir, an denen die Tiere vor den Augen des Konsumenten geschlachtet werden, und höre die mahnende Stimme von Sifu Lin mit der Aufforderung, alles was frisch sei, vor allem das Fleisch, immer aufzuessen. Haben wir den Bezug zur Realität verloren? Ist das alles hier eine große Luftblase, in der wir uns sicheren Schrittes bewegen und in der wir nur das sehen, was wir sehen wollen?

Im Training ist es auf einmal die Unterrichtsweise, die mir mehr und mehr missfällt. Auch hier habe ich das Gefühl, dass alles weit weg ist vom Ursprünglichen. Unnötige Hierarchien, die durch Prüfungsprogramme und bunte Gürtel geschaffen werden, ein Nachahmen von Techniken, die zu keinem tiefen Verständnis beitragen, und das Forcieren eines abwechslungsreichen, bunten Programmes, um keine Langeweile aufkommen zu lassen und den Teilnehmer:innen das Gefühl zu geben, bereits die tollsten Partnerübungen machen zu können.

Im Wasserdrachen leben wir unsere Visionen im kleinen Rahmen aus. Von Anfang an gibt es hier die Bestrebung, Ideen, die wir in China kennen- und schätzen gelernt haben, ohne Kompromisse umzusetzen. Es ist immer leichter, etwas Neuem eine gewünschte Richtung zu geben, als etwas Altes reformieren zu wollen. Was festgefahren ist, widersetzt sich hartnäckig allen Veränderungsversuchen, das werde ich noch leidvoll feststellen müssen.

LOSLASSEN

Wien – Münster – Stockholm

DAS NEUE JAHR beginnt damit, dass mich eine hartnäckige Verkühlung aus dem Trainingsalltag reißt. In diesen Tagen habe ich Zeit, über mich und meine Bedürfnisse nachzudenken. Es geht mir nicht aus dem Kopf, dass sich mein Körper von selbst bewegen möchte, sobald ich mich in eine tiefe Ruhe begebe, wie es bei den Standübungen der Fall ist. Wenn ich es zulasse, mache ich ohne Plan und Ziel spontane Bewegungen, Dehnungsübungen und Verrenkungen. Damit nicht genug, ich beginne auch ohne Grund zu weinen, was darauf schließen lässt, dass der Zustand, in den ich da eintrete, sehr tiefgehend ist und verdrängte Emotionen an die Oberfläche bringt. Die Sache ist mir eigentlich unheimlich, aber seltsamerweise zieht es mich wie magisch zu diesen Bewegungen, weil sie mir einfach gut tun.

Kurz vor der letzten Chinareise hatte ich mich ein weiteres Mal vor den Computer gesetzt, um den daoistischen Meister noch einmal aufzuspüren, der mir diesbezüglich möglicherweise weiterhelfen könnte, und tatsächlich hatte mich meine erneute Suche wieder zu ihm geführt mit der Zusatzinformation, dass er sich im Moment in Deutschland befinden würde, um ein Seminar abzuhalten. Das hätte vielleicht ein Zeichen sein sollen, um nun endlich Kontakt zu ihm aufzunehmen, aber die Chinareise hatte schließlich all meine Aufmerksamkeit auf sich gezogen und dann waren wieder Monate vergangen.

Nun scheint mir die Zeit reif dafür zu sein und ich nehme per E-Mail Kontakt zu einem deutschen Schüler auf, einem ehemaligen Universitätsprofessor, der polemische, aber durchaus tiefgründige philosophische Abhandlungen schreibt. Er erklärt mir, dass es die Möglichkeit gebe, Ende Februar ein Einführungsseminar in Münster zu besuchen, um besagten Lehrer dann später bei der nächsten Europareise treffen zu können.

Ein Seminar in Schweden mit Sifu Kong reißt mich aus diesen Überlegungen, und das trainingsintensive Wochenende in Stockholm, bei dem wir auch weitere Privatstunden erhalten, gibt uns im Wing-Chun wieder neue Übungsideen. Das gute Verhältnis zu Sifu Kong zeigt sich darin, dass wir unsere Freizeit mit ihm und seiner Frau verbringen und gemeinsam die Stadt erkunden. Als die beiden uns am Ende des Seminars eine Kalligraphie mit dem Namen unserer neuen Schule überreichen, die die Frau des Meisters extra für uns angefertigt hat, bin ich gerührt. Zurück in Wien findet sich schnell ein Platz für die Schriftrolle, auf der in alter chinesischer Schrift, die mehr an Ornamente als an Schriftzeichen erinnert, „Wasserdrache" geschrieben steht.

Ende April rückt Christophs Geburtstag näher, und wir beschließen, ein paar Tage ins Salzkammergut zu fahren. Zu meiner Überraschung macht er mir dort auf dem Balkon unseres Zimmers mit Blick auf den Wolfgangsee einen Heiratsantrag. Mir kommt als Antwort auf seine Frage ein wackeliges, aber durchaus zustimmendes „Ich glaube schon" über die Lippen.

Der Termin für die kleine, aber feine Hochzeit ist schnell gefunden, im Herbst vor der nächsten Chinareise soll es sein und es beginnt eine schöne, romantische Zeit. Eric sagt uns zu, mit seiner Frau aus Australien als Trauzeuge für die Hochzeit anzureisen, und es treffen unzählige Glückwünsche von Freund:innen, Bekannten und unseren Lehrern ein, die sich alle für uns freuen. Von Sifu Kong aus Hongkong erreicht uns ein überschwängliches „Congratulations" und von Sifu Lin zuerst ein schlichter „I like"-Icon und kurze Zeit später die Information, dass ein Hochzeitsgeschenk auf uns warten würde, was unglaublich viel Spielraum für Spekulationen zulässt. Ich bin mir sicher, dass er sich „Na endlich!" denkt und schon in den letzten Jahren kaum verstehen konnte, dass es nicht mein Herzenswunsch als über 30-jährige, durchaus sympathische Frau (so hoffe ich zumindest, dass er denkt) ist, verheiratet zu sein. In China ist es eine Katastrophe, wenn man als Frau nicht bis zu diesem Alter unter der Haube ist. Ist man noch dazu höher gebildet, sinkt die Wahrscheinlichkeit noch einen Mann zu finden gegen null. Chinesische Männer heiraten nicht gerne Frauen, die gebildeter sind als sie selbst.

Bis zu unserer Hochzeit sind es nur mehr einige Wochen, alles wäre perfekt, wenn nicht Christophs Mutter von einer schweren Krankheit gezeichnet wäre. So steht der Freude über das bevorstehende Fest die Sorge um ein Familienmitglied gegenüber.

Zum Glück sind es unsere Trauzeugen und Schüler:innen, die die Organisation der Festlichkeiten übernehmen, und es fällt der für mich lästige Teil des Planens gänzlich weg.

Eine andere Reise will geplant werden, unsere Hochzeitsreise im Herbst. Es ist klar, dass wir zuerst im Oktober für das Training nach China fahren werden, aber danach steht uns alles offen. Trotzdem verwerfen wir sämtliche Ideen von einsamen Inseln mit weißen Sandstränden und abgelegenen Buchten und entscheiden uns für eine Reise, die uns vom Süden Chinas in den Norden des Landes führen wird. Für die Durchquerung des Nordens ist der Reisezeitraum im November aufgrund der möglichen Kälte zwar nicht optimal, aber obwohl mir ein chinesisches Reisebüro vom Besuch der Wudang Berge, der Heimat der inneren Kampfkünste, abrät, geht mir doch der Gedanke durch den Kopf, auch ein paar Tage dort zu verbringen. Meine Recherchen ergeben, dass die Gegend nur so wimmelt von Kampfkunstschulen, und es liegt nahe, eine der Schulen zu besuchen. Es ist nicht einfach, etwas wirklich Interessantes zu finden, alles wirkt sehr kommerziell und am Ende kommt wieder nur ein Meister in Frage, zu dem ich Kontakt aufnehme. Ich erhalte prompt eine Antwort von einem seiner Schüler, der mich darüber informiert, dass der Meister im Juli in Köln ein großes Seminar abhält und dass ich dort direkt mit ihm in Kontakt treten könne. Das ergibt sich gut und so steht sehr schnell für den Sommer ein Plan fest: Es geht von Köln weiter nach Kiel, wo wir den daoistischen Stammhalter treffen können. Es handelt sich bei ihm um den aktuellen Stammhalter einer Jahrtausende alten daoistischen Schule. Wir machen uns also auf die Reise und betreten Neuland.

Köln ist eine Enttäuschung, obwohl alles sehr vielversprechend anfängt. Die Kurse finden in einer repräsentativen Aikido-Schule statt. Als wir dort ankommen, sind bereits viele Kursteilnehmer:innen anwesend, und am Ende wimmelt der große Raum nur so von Leuten, die extra aus ganz Deutschland angereist sind. Es sind hauptsächlich Teilnehmer:innen da, die bereits selbst in einem verwandten Bereich Kurse abhalten, und so passen wir ganz gut in die Gruppe.

Der Meister ist optisch ein Volltreffer: langes Haar in einem Knoten am Kopf drapiert, wallender Bart und puristische Baumwollkleidung im asiatischen Mönchsstil. Er lächelt viel, kalligraphiert in den Pausen, sitzt während des Unterrichtes stoisch in Meditationshaltung, zum Teil mit geschlossenen Augen, sich leicht wiegend, während seine Meisterschülerin aus Deutschland übersetzt. Das Thema des Kurses ist eine Übung, die Christoph und ich vor Jahren bei einer anderen Lehrerin schon einmal gelernt haben, ein Klassiker des inneren Qi-Gongs.

Zu Beginn verläuft alles durchaus gut. Nach einigen Stunden allerdings steigt ein Gefühl des Unwohlseins in mir auf. Ich fühle mich zunehmend blockiert, und die bewusst ausgeführte, tiefe Atmung wird mir zwischen all den anderen Leuten unangenehm. Es ist beinahe nicht auszuhalten, und mir wird richtig schlecht.

In der Pause suche ich das Gespräch mit dem Meister. Mir ist bewusst, dass dies normale Reaktionen sein können, aber in dieser Heftigkeit sind sie mir nicht bekannt und ich möchte wissen, was er dazu zu sagen hat. Seine freundliche, aber bestimmte Analyse der Situation überrascht mich: Ich müsse mehr Sport treiben, ist seine Expertise, und sicher wäre das Tai-Chi, das er übrigens ebenfalls unterrichte, gut für mich. Mit dieser Antwort bin ich mäßig zufrieden, ich will ihm jetzt nicht erklären, dass ich selbst Kung-Fu unterrichte, sondern ich nicke einfach freundlich und danke ihm für seine Zuwendung. Dann nehme ich weiter am Geschehen teil, aber das schlechte Gefühl bleibt und ich bin mir nun sicher, dass mir die Übungen in diesem Umfeld aus mir unbekannten Gründen einfach nicht gut tun. Daher ziehe ich mich frühzeitig in mein Zimmer in einer kleinen Pension in der Nähe des Kursortes zurück.

Trotzdem gehe ich am nächsten Tag noch einmal zum Seminar. Dieses Mal ist es so, dass der Meister sich unaufgefordert sofort um mich bemüht, er spricht während des Seminars mit mir, erklärt mir, dass er gestern ja auch Kopfschmerzen gehabt habe, und massiert meine Schläfen. Es beschleicht mich das Gefühl, dass er nicht nachvollziehen kann, was eigentlich in mir vorgeht. Etwas enttäuscht steigen wir ins Auto und ich bin nun verunsichert, was das Treffen mit dem daoistischen Stammhalter in Kiel betrifft. Wird es ähnlich ablaufen? Werde ich dort das finden können, was ich eigentlich suche?

In Kiel zeigt sich uns ein völlig anderes Bild. Ich erwarte mir eine große Halle mit mindestens doppelt so vielen Leuten wie in Köln, immerhin reist extra ein Stammhalter einer traditionsreichen daoistischen Schule an, was mich nicht gerade zuversichtlich stimmt, da ich große Menschenansammlungen normalerweise meide. Wir haben im Vorfeld die Adresse einer Tai-Chi-Schule erhalten, die wir nun in einem Vorort von Kiel zu finden versuchen. Es handelt sich um ein unscheinbares, freundliches Wohnhaus mit kleinem, aber feinem Garten. Im Wohnzimmer sitzen bereits der uns bekannte Universitätsprofessor und Buchautor und ein Ehepaar, das sich als Gastgeber zu erkennen gibt. Wir führen ein bisschen Smalltalk, bevor noch ein paar weitere Leute, die sich bereits untereinander kennen, eintreffen. Ich bin davon überzeugt, dass wir von hier gemeinsam zum Seminarort fahren werden, aber zu meiner Überraschung erklären uns die Gastgeber, dass die Kurse im ersten Stock des Hauses stattfinden werden. Dann kommt plötzlich Bewegung in die Gruppe, als es heißt, dass der Lehrer da sei. Ich bin völlig irritiert, wir sind gerade mal eine Handvoll Leute und ich kann nirgendwo einen Lehrer sehen. Also gehe ich neugierig in den ersten Stock und kaum betrete ich die Türschwelle, schüttelt mir ein lachender Chinese in Plateauschuhen, Glockenhose und schwarzem Ruderleiberl herzlich die Hand. Vielleicht ist das ein Assistent des Lehrers, geht mir durch den Kopf und tatsächlich sehe ich in der Ecke einen weiteren Chinesen mit Brille und Poloshirt, der auf uns zu warten scheint. Er wirkt sehr formell und erinnert mich eher an einen Professor als an einen daoistischen Lehrer, daher bin ich noch immer nicht sicher, ob der Lehrer überhaupt schon anwesend ist.

Der Raum füllt sich mit ein paar Teilnehmer:innen, alle suchen sich einen Sitzplatz, dann herrscht sofort völlige Ruhe. Ich überlege, ob wir nun auf den Lehrer warten, als der Chinese in der Glockenhose mit seiner leicht rauchigen Stimme das Wort ergreift und der andere mit Brille übersetzt. Ich bin überrascht, dass der Herr in dem ungewöhnlichen 70er-Jahre-Outfit der daoistische Meister ist, und noch überraschter bin ich darüber, dass alle Teilnehmer:innen völlig eingeschüchtert reagieren, als er eine Frage in die Runde stellt. Niemand meldet sich zu Wort, am liebsten würde ich die beinahe unangenehme Stille durchbrechen und etwas sagen, aber Christoph hält mich zurück und zischt mir zu, dass es eine Frage gewesen sei, die nicht an uns Anfänger:innen gestellt worden sei, sondern an die bereits fortgeschrittenen Schüler:innen. Somit lasse ich mich in meinen Sessel zurücksinken und warte ab, aber die Ehrfurcht, die im Raum liegt, weicht nur langsam durch ein paar vorsichtige Versuche einiger Teilnehmer:innen, sich zu Wort zu melden. Obwohl ich zuvor Sorge hatte, den theoretischen Ausführungen in Englisch nicht gut folgen zu können, erscheint es mir nun so, als würde ich jedes Wort verstehen und als wir dazu aufgefordert werden, zur Theorie ein paar Worte in Gedichtform zu finden, sprudelt es nur so aus mir heraus.

Dann heißt es plötzlich, dass geübt werden solle. Alle Sessel werden auf die Seite geschoben, der Lehrer erhebt sich, und ehe ich selbst zur Ruhe kommen kann, um mich in die Übung zu begeben, fangen die ersten Leute schon an, sich wild zu bewegen und verschiedene Laute von sich zu geben. Ich bin überrascht von den heftigen Reaktionen und dem Kontrollverlust der anderen. Wo bin ich da wieder hineingeraten, ist mein erster Gedanke. Will ich jetzt wirklich da sein und ein Teil davon sein, mein zweiter. Weil ich mit der Situation überfordert bin, steigen mir Tränen in die Augen, und ich überlege den Raum zu verlassen, aber in dem Moment, als ich hinausgehen möchte, besinne ich mich doch auf mich selbst. Ich vergesse alles um mich herum und gleite tiefer und tiefer in einen entspannten Zustand. So vergeht der Nachmittag mit Üben und Theorieunterricht. Am Abend bin ich sehr müde, beobachte von meinem Hotelzimmer die Möwen, die mit einer Leichtigkeit, die mir heute unbekannt scheint, über das Wasser segeln und weiß nicht, was ich von diesem ersten Seminartag halten soll.

Der nächste Tag beginnt, wie der erste geendet hat: mit Theorie und Üben. Eigentlich fühle ich mich nicht gut, aber ich möchte trotzdem dabei sein, wenn der Lehrer uns neuen Schüler:innen sein Wissen in Form einer energetischen Übertragung weitergibt, was in dieser Tradition am Beginn des Übungsweges üblich ist. Erstens bin ich neugierig und zweitens denke ich mir, pragmatisch wie ich bin, dass es nicht schaden kann, eine Information auf energetischer Ebene in Zukunft als eine Art „Kompass" in sich zu tragen.

Niemand weiß, wann der daoistische Meister den Zeitpunkt für gekommen hält, um diesen Akt durchzuführen, immer wieder ist er verschwunden und lässt uns stundenlang üben. Der Vormittag zieht sich zunehmend in die Länge, so wie es eben ist, wenn man auf etwas wartet. Irgendwann höre ich während des Übens ein Rascheln und schließe daraus, dass der Lehrer nun im Raum sein muss, da er immer ein Plastiksackerl mit einer Trinkflasche bei sich trägt, das er geräuschvoll in seiner Hand baumeln lässt. Ich höre noch einmal hin, vernehme Schritte und plötzlich erscheint es mir so, als könnte ich nichts mehr hören, alles ist still um mich herum, mein Hörsinn versagt, ich strenge mich an etwas wahrzunehmen, aber da ist nichts. Kurz kommt Panik in mir auf, ich überlege, das Üben zu beenden, aber ein Sog zieht mich tiefer in die absolute Ruhe und das Letzte, was ich denken kann ist: „Egal, lass es einfach so sein, wie es ist." Und ich falle und falle immer tiefer, in einen mir unbekannten Zustand, in dem ich nicht mehr bin, in dem ich mich völlig auflöse und gleichzeitig doch etwas existent ist, das mich ausmacht. Weit weg bin ich und doch völlig bei mir, Harmonie, vereint mit allem, eins sein und allein sein gleichzeitig, da beginnt mein Gehirn zu arbeiten, will einordnen, was nicht eingeordnet werden kann. Ein Hochgefühl stellt sich ein, dann Melancholie. Moment mal, ich höre mein Herz nicht schlagen, wieder versuche ich ganz genau hinzuhören, und schon breitet sich Panik in mir aus, beinahe Todesangst, und reißt mich für kurze Momente aus dem Zustand. Da erst merke ich, dass mein Körper sich wie von selbst dreht, und durch den Moment des Wiederkehrens in das mir Bekannte verliere ich beinahe die Balance. Ich rotiere um die eigene Achse, kann mich gerade noch vor dem Sturz fangen. Ich schalte das Denken wieder aus und schwebe erneut weit fort, irgendwohin, wo es keines Körpers bedarf.

Dann durchschneidet eine Stimme diesen Zustand. „Stop it now!", ist die harsche und bestimmte Aufforderung des Übersetzers, und ich bin plötzlich wieder da im Hier und Jetzt. Völlig benommen blicke ich dem Lehrer ins Gesicht und reagiere auf die Aufforderung, seinen Fingern, die sich vor unseren Gesichtern in unterschiedliche Richtungen bewegen, zu folgen. Er lächelt und fordert uns auf, uns hinzusetzen. Ich wanke zu meinem Sitzplatz und weiß nun, dass er der richtige Lehrer für mich ist, es bedarf keiner Fragen und Antworten mehr. Viel wird noch gesprochen werden, viele mir unbekannte und ungewöhnliche Dinge werden passieren in den nächsten sechs Jahren, in denen ich von ihm lernen darf, bevor er diese Welt verlässt.

An diesem Abend beobachte ich erneut die Möwen, wie sie über das Wasser segeln. Ich bin es selbst, die schwerelos zu sein scheint, Grenzen verschwimmen und zeigen sich dadurch auch gleichzeitig noch deutlicher, machen mir aber keine Angst mehr, im Gegenteil: Ein Urvertrauen erfüllt mich, das mich nie mehr verlassen kann, weil es einfach immer da ist, wenn ich mich nur darauf einlassen kann.

Zurück in Wien erscheint alles klarer als je zuvor, es gilt ein paar Schritte zu setzen, um sich von unnötigem Ballast zu befreien. Wir beschließen, unsere erste Schule, den Kleinen Drachen, zu schließen. Es geht alles sehr schnell und zu unserer Überraschung unproblematisch. Ein passender Nachmieter ist sofort gefunden, er möchte die Räumlichkeiten, so wie sie sind, übernehmen. Die Schüler:innen reagieren mit Verständnis, und wir versuchen, das Kursprogramm in unseren beiden anderen Schulen auszuweiten, um Kapazität zu schaffen.

In diese Phase der Neuorientierung fällt der Besuch von Meister Kong aus Hongkong. Er hatte sich, nachdem er bereits im Frühling nach seinem Aufenthalt in Schweden bei uns in Wien zu Gast war, für ein Seminar Ende September, knapp vor unserer geplanten Hochzeit, angekündigt. Nun ist es schon Routine, ihn in unserer Schule zu empfangen, und sein Aufenthalt verläuft sehr lehrreich und harmonisch. Der Besuch steht im Zeichen des Abschlusses der zweiten Form Chiam-Kiu. Wir müssen unter Beweis stellen, dass wir gewisse Grundprinzipien verinnerlichen konnten und mit offenen Angriffen kontrolliert und technisch sauber umgehen können.

Alles läuft gut und zufriedenstellend, bis auf eine Trainingssituation, die mir zu denken gibt und meinen Ehrgeiz hervor kitzelt: Bei den freien Anwendungen, bei denen man einen gegnerischen Angriff mit Schritttechnik auskontern soll, komme ich einmal ins Trudeln. Zugegebenermaßen bin ich überrascht davon, wie vehement und heftig mich der Meister mit einem mir völlig unbekannten Körpereinsatz angreift, so kenne ich ihn gar nicht. Er stürmt geradewegs auf mich zu, so dass ich zwar im letzten Moment noch zurückweichen und ihn abwehren kann, aber in keiner allzu stabilen Position lande. Ich ärgere mich darüber, dass ich nicht souverän genug agiert habe, und er muss mir erst gar nicht sagen, dass meine Schritttechnik noch fehleranfällig ist, das merke ich selbst. Die Aktion wäre also für mich beinahe schief gelaufen und die Situation geht mir so schnell nicht aus dem Kopf. Die Folge davon ist, dass ich wochenlang Rückwärtsschritte übe, und zwar so schnell und groß mir dies möglich ist, ohne dabei die optimale Körperposition zu verlieren. Wie immer hat der Lehrer das erreicht, was er erreichen wollte, er hat ein Feuer in mir entfacht. Ich will mich weiterentwickeln, um das nächste Mal noch souveräner zu bestehen. Schon Ende Oktober werden wir ihn wiedersehen in seiner Schule in Hongkong, und daher fällt uns der Abschied leicht.

Ein anderer Abschied fällt schwer. Knapp nach unserer Hochzeit, einem wunderschönen und gelungenen zweitägigen Fest, zu dem wir Eric als unseren Gast begrüßen dürfen, stirbt Christophs Mutter. Es ist schwer zu verstehen, dass Freude und Leid so nahe beieinander liegen. Die Hochzeit in St. Wolfgang mit unseren Trauzeugen, bei der Eric das erste Mal Schnee sieht, und die Wanderung am nächsten Tag durch den Wald zum Kahlenberger Dorf bei strahlendem Sonnenschein lassen uns die Freuden der Gegensätze und des Wandels spüren. Über dem kleinen familiären Fest liegt die Schwere der Abwesenheit von Christophs Mutter, die wir erst im Anschluss daran im Krankenhaus besuchen werden. Kaum verhallen die berührenden Momente der Trauung, legt sich wenige Tage später die Trauer über den Verlust eines lieb gewonnenen Menschen auf unsere Herzen.

Es ist geplant, dass wir unsere Reise in Hongkong mit einem privaten Treffen mit Sifu Kong beginnen und im Anschluss daran weiter nach Guolo reisen werden, um uns dort von Sifu Lin ein Feedback zu holen. Die Hochzeitsreise quer durch China soll im Anschluss an das Training in Guolo starten, in der Hoffnung, in Yuangshou endlich mal ein bisschen Natur genießen zu können, bevor wir weitere Großstädte besuchen wollen. In Guolo wollen wir Meister Lin alle Dinge, die wir in den Jahren zuvor gelernt haben, noch einmal zeigen, damit er mit seiner nötigen Strenge Fehler, die sich über ein weiteres Jahr des eigenständigen Übens eingeschlichen haben, ausbessert.

Die Antwort von Sifu Lin lässt nicht lange auf sich warten. Eric teilt uns mit, dass unser Vorschlag in Ordnung sei und dass der Lehrer für uns ein Hochzeitsessen organisieren würde, bei dem wir ihm und seiner Frau Tee reichen müssten, was zu diesem besonderen Anlass eine chinesische Tradition zwischen Lehrer und Schüler sei. Wenige Tage vor der Abreise erreicht uns dann über Eric eine weitere Nachricht aus Guolo, die mich vorweg amüsiert: Die Honeymoon-Suite sei nun für uns reserviert, lässt der Meister uns ohne weiteren Kommentar ausrichten. Wenige Tage später startet unsere Reise wie geplant.

China

EHE ICH MICH VERSEHE, sitze ich mit all den Eindrücken der letzten Wochen im Kopf wieder im Flugzeug von Helsinki nach Hongkong. Wie immer bin ich wegen der langen Anreise angespannt und versuche, die endlos langsam verstreichenden Stunden in allen möglichen Schlafstellungen tot-zuschlagen.

Hongkong entschädigt mich für alle Strapazen der Anreise. Allein das Betreten der vertrauten Hotellobby löst Hochgefühle in mir aus, und als ich dann das Zimmer mit besonders schönem Blick auf die Skyline der Stadt sehe, bin ich glücklich und zufrieden. Ich bin so kaputt, dass ich bereits früh ins Bett falle und erst am nächsten Morgen wieder aufwache.

Zu Mittag ist ein Treffen mit Sifu Kong in seiner Schule geplant, und so fahren wir mit der U-Bahn ein paar Stationen und stehen kurze Zeit spä-ter vor dem Haus, in dem sich die Trainingsräume befinden. Wir klopfen an die Tür der Schule, und ein strahlender und verschwitzter Sifu Kong öffnet uns und schüttelt uns sogleich die Hand. Das Training mit seinem Cheftrainer aus Schweden, dessen Anwesenheit man wegen des Klangs der Holzpuppe im Nebenzimmer nur vermuten kann, ist noch im Gange, und so nehmen wir auf den Holzhockern im Hauptraum Platz. Sifu Kong gesellt sich zu uns, nachdem er seinem Schüler ein paar Anweisungen gege-ben hat, und überreicht Christoph als Geschenk ein buddhistisches Buch mit chinesischen Schriftzeichen. Wir würden es zwar nicht verstehen, stellt er fest, es sei aber energetisch interessant. Während ich dieses ungewöhn-liche Geschenk von allen Seiten begutachte, taucht der blasse, nach Luft ringende schwedische Schüler auf, den wir mittlerweile schon gut kennen, und begrüßt uns freundlich. Er erzählt uns, dass er schon seit zwei Wochen hier in Hongkong sei und jeden Vormittag zum Training komme, weshalb er dementsprechend müde sei.

Nachdem sich die beiden umgezogen haben, spazieren wir zu einem Lokal, in dem wir gemeinsam brunchen werden. Es handelt sich um das Gebäude, in dem Sifu Kong noch vor kurzer Zeit gearbeitet hat. Wir fah-ren mit dem Lift nach oben und landen in einem großen Raum mit Buf-fet. Das Café ist im typischen Hongkong-Style eingerichtet, was bedeutet, dass die Atmosphäre sehr modern und durch das Neonlicht etwas steril wirkt.

Während wir am Buffet die Teller füllen, wartet der telefonierende Sifu Kong am Tisch auf uns und erzählt uns, dass ein weiterer Schüler, den wir vom Vorjahr kennen, auch kommen wird, aber im Moment keinen Parkplatz findet. Zu meiner Überraschung taucht er bereits wenige Minuten später auf und ist wie immer gut gelaunt und mitteilungsbedürftig. Wo er ist, da gibt es auch jede Menge skurriler Geschichten. So greift er das Thema der kranken Schwiegermutter des Schweden auf, die von China nach Hongkong ins Krankenhaus überstellt werden soll, und nährt damit meine latente Angst vor einer Erkrankung auf der bevorstehenden Reise. Wir dürften nicht vergessen, erklärt er uns, dass in Chinas Krankenhäusern andere Gesetze herrschen würden und jeder Hongkong-Chinese sofort zurück nach Hause kommen würde, wenn es ihm gesundheitlich schlecht ginge. Er kenne einen Mann, der in China krank geworden sei und dessen Leiden im Krankenhaus falsch als Lungenkrebs im späten Stadium diagnostiziert worden und somit falsch behandelt worden sei. Sein Zustand habe sich so schnell verschlechtert, dass wenige Zeit später seine Angehörigen gerufen worden seien, um sich von ihm verabschieden zu können. In letzter Not haben ihn die Verwandten allerdings nach Hongkong ins Krankenhaus überstellen lassen, und siehe da, ein paar Befunde und Behandlungen später sei er wieder geheilt gewesen. Und das sei nicht die einzige Geschichte dieser Art, gibt er uns zu verstehen, seinen Blick auf meine vor Furcht geweiteten Augen gerichtet. Er könnte mir nun jede Krankenrücktransportversicherung verkaufen, das Spiel mit der diffusen Angst, das die Politiker täglich mit Erfolg treiben, funktioniert einfach zu gut, denke ich und muss über meine surrealen Ängste dann doch schmunzeln.

Das gemütliche Beisammensein findet ein jähes Ende, als Sifu Kong und sein Hongkong-Schüler aufbrechen müssen. Der Meister erzählt uns, dass er sich ein kleines Büro in dem Gebäude, in dem der Schüler arbeite, gemietet habe, und so verschwinden die beiden nach einer herzlichen Verabschiedung im Verkehrsgewühl der Stadt.

Am Abend ist für mich das Highlight, dass uns in der Hotelbar die Musiker, die hier jedes Jahr Abend für Abend musizieren, zum Abschied zuwinken. Ich fühle mich wie zu Hause und bin beim Abendspaziergang begeistert davon, dass ich tatsächlich bei den Ausläufern des größten Nacht-Marktes in einer Seitenstraße die berüchtigten Wahrsager entdecke, deren Vögel für die Kundschaft Schicksalskarten mit dem Schnabel herauspicken. Eigentlich bin ich mit meinem Reiseführer in der Hand auf der Suche nach einem alten Hongkonger Café, um einen Ying-Yang-Kaffee zu kosten, aber wie so oft in Hongkong finden wir nur ein leeres, verfallen wirkendes Gebäude vor, das den Charme vergangener Zeiten nur mehr erahnen lässt.

Am nächsten Tag steht ein gemeinsames Abendessen mit der Familie von Meister Kong am Programm. Wie so oft, wenn wir zusammen sind, werden Pläne geschmiedet für ein mögliches Wiedersehen, und am Ende sind wir alle ziemlich euphorisch wegen der Möglichkeit, dass die gesamte Familie einen Teil des Sommers in Europa verbringt. Für uns würde das bedeuten, dass es möglich ist im Rahmen von Privatstunden intensiv weiterzulernen.

Der letzte Tag in Hongkong startet wie immer mit einem Training im Park. Heute ist Samstag und daher sind sehr viele Leute unterwegs. Ein älterer Mann kommentiert im Vorbeigehen Christophs Bewegungen mit „very good", und dann ist er auch schon wieder im nahe gelegenen U-Bahn-Eingang verschwunden. Hongkong am Wochenende ist immer etwas Besonderes für mich. Mittlerweile, nachdem ich zum vierten Mal hier bin, kommen mir die Wochentage manches Mal schon richtig ruhig vor, aber das Wochenende überrascht angesichts der Geschäftigkeit in den Straßen immer wieder aufs Neue. Es ist schwer, in den Lokalen einen Platz zu bekommen, und wir lassen uns vom Strom der Menschen ohne Ziel durch die pulsierenden Straßen ziehen. Ich freue mich sehr darauf, Eric wieder zu sehen, obwohl wir uns ja dieses Jahr erst vor kurzem in Wien getroffen haben. Aber immer, wenn Eric auftaucht, weiß ich, dass das gemeinsame Abenteuer so richtig losgeht.

Frühmorgens läutet unser Wecker und wir finden uns im Bus nach China wieder. Die Ankunft am Parkplatz vor dem Hotel ist wie immer in eine trostlose und gleichzeitig geschäftige Stimmung gehüllt. Neben uns kurven die Mopeds und Kleinwagen durch den Kreisverkehr, und auf der anderen Seite gibt der Durchgang zur Brücke den Blick auf das schmutzige Wasser des Bai-Hui-Sees frei. Aber Moment mal, wo ist denn das schlammige, grün-graue Wasser geblieben? Als wir uns der Brücke nähern, traue ich meinen Augen kaum, da der See nicht nur schmutzig, sondern dieses Jahr auch noch völlig ausgetrocknet ist.

Die Wasserlacke mit den darin schwimmenden Plastikabfällen wirkt sehr trostlos. Auch Eric ist irritiert, als wir durch den Geruchscocktail aus Urin, Schlamm und Abfall Richtung Hoteleingang stapfen.

Ich bin gespannt auf die vom Meister angekündigte Honeymoon-Suite und kann es kaum erwarten, endlich ins Zimmer zu kommen. Glücklicherweise wohnen wir wie jedes Jahr auch heuer trotz der besonderen Umstände Tür an Tür mit Eric, was die Kommunikation untereinander im Hotel um einiges erleichtern wird.

Als wir um die Ecke Richtung Stiegenhaus biegen, sticht mir sofort ins Auge, dass Teile der Tapete im Gang herunterhängen. Im ersten Stock erwartet mich der Anblick von aufgerissenen Zimmertüren, auf dem Boden liegenden Tapetenresten und sehr viel Staub. Eric erklärt, dass er in Erfahrung bringen konnte, dass die Brücke renoviert und daher der Bai-Hui-See abgepumpt werde. Teile des Hotels sollen ebenfalls neu gestaltet werden. Alles sehr seltsam, denke ich und bin erleichtert, als wir das richtige Stockwerk erreicht haben, das auf den ersten Blick in einem halbwegs ordentlichen Zustand zu sein scheint.

Das Zimmer wirkt im Gegensatz zu denen in den letzten Jahren allerdings noch eine Spur schmuddeliger: Der Teppich hat Brandlöcher, die Wände haben Wasserflecken und die Aussicht auf das schmutzige Gewässer lässt nicht unbedingt Urlaubsgefühle aufkommen.

Was ist mit diesem Hotel passiert? Ich erinnere mich noch gut daran, als wir vor drei Jahren das erste Mal hier genächtigt haben und ich es als ganz nett beschrieben hätte. Als ich ein zweites Mal durch das Zimmer wandle, sticht mir im Badezimmer neben der Dusche ein undefinierbares, vertrocknetes braunes Etwas ins Auge, das ich gar nicht näher inspizieren möchte. Ich begebe mich rasch zum Herzstück des Hauptraums, dem Bett, das der Honeymoon-Suite insofern gerecht wird, dass es ein echtes Doppelbett ist. Bevor ich mich ausruhe, möchte ich mein T-Shirt wechseln, und so krame ich in meinem kleinen Kleiderberg, der aus dem Ruck-sack herausquillt und überlege, was ich dem Anlass entsprechend anzie-hen könnte. Als nächster Programmpunkt ist ja das Hochzeitsessen mit Sifu Lin geplant, was kleidungstechnisch wahrscheinlich bedeutet, dass er selbst nicht wie sonst immer im Jogginganzug, sondern in Jeans und Poloshirt oder Hemd erscheinen wird. Plötzlich klopft es an unserer Tür. Zu meiner Überraschung steht nicht Eric, sondern Sifu Lin vor der Tür. Ich bin überrumpelt, da ich dachte, dass wir ihn erst am Abend treffen würden, aber er strahlt mich an, schüttelt meine Hand, klopft Christoph freundschaftlich auf die Schulter und stürzt in unser Zimmer. Ich folge ihm etwas verdutzt Richtung Doppelbett. Nun ist auch Eric hier und Sifu Lin stellt in seiner direkten Art fest, dass ich dünner und Eric dicker geworden sei, was ich so nicht gesehen hätte. Bevor wir diesem Thema weiter nachgehen können, erscheinen, mit einem breiten Grinsen auf den Lippen, Ah Wah, sowie die Frau von Sifu Lin und seine Tochter. Auch sie wirken aufgeregt und betrachten uns neugierig. Wir verteilen ein paar Süßigkeiten und schon kommt der nächste Gast, ein Freund des Meis-ters, und drückt uns eine Packung mit roten Kuverts in die Hand. Sifu Lin erklärt uns, dass wir jedes dieser Kuverts mit fünf Yuan füllen müss-ten, worauf uns sein Freund einige Fünf-Yuan-Scheine reicht. Der Meis-ter führt weiter aus, dass wir von unseren Kung-Fu-Brüdern als Geschenk rote Kuverts mit Geld erhalten würden und als Dank diese Kuverts retour-nieren müssten. „Aber auf keinen Fall die Kuverts verwechseln", schärft er mir ein und erklärt weiter, dass das die Frau machen müsse, da sie die Wächterin über das Geld sei. „Ich glaube, das schaffe ich gerade noch", flüstere ich Christoph etwas schnippisch in der allgemeinen Aufbruchs-stimmung zu.

Dann sitzen wir auch schon in einem Taxi und es geht Richtung Res-taurant, wobei ich die Vermutung habe, dass es das Restaurant des letzten

Jahres sein könnte, bei dem „das" Essen stattgefunden hat. Meine Vermutung bestätigt sich, und schon vor der Tür begrüßen uns die beiden Köche, Freunde und Tai-Chi-Partner von Sifu Lin. Angelangt im ersten Stock sehe ich, dass wir dieses Mal einen besonders großen Raum mit drei runden Esstischen bekommen haben.

Nach und nach tauchen mehr oder weniger bekannte Kung-Fu-Brüder auf, die alle jünger als wir sind und zumindest ein rotes Kuvert in der Hand halten, das uns nach der Reihe in die Hand gedrückt wird. Manche geben das Kuvert auch Christoph, was normalerweise bei diesem Anlass nicht üblich sein dürfte, aber es macht den Anschein, wie ich aus den schüchternen Blicken deuten kann, dass es weniger seltsam sein dürfte, es ihm zu überreichen als mir. Ich schaffe es, kein Kuvert zu verwechseln, was mir der Meister auch immer wieder aufs Neue einschärft.

Als einer der letzten kommt Ah Fei. Ich bin erfreut, ihn wieder zu sehen und überrascht darüber, dass er einerseits ohne seinen Cousin Ah Seng kommt (der uns aber ein Kuvert zukommen lässt) und andererseits einen schwarzen Anzug trägt. Später werde ich erfahren, dass er einen neuen Job hat und sich deshalb mit seiner Kleidung so von den anderen abhebt, die zumindest teilweise in Jeans und Hemd erschienen sind.

Dass das Fest nun beginnt, entnehme ich einem neuerlichen Aufruhr, der mit der angekündigten Überreichung des Tees einhergeht. Es werden zwei Sessel, die für Sifu Lin und seine Frau gedacht sind, in die Mitte des Raumes gestellt. Darauf folgt die Aufforderung, uns vor die beiden zu stellen, ich vor Sifu Lins Frau und Christoph vor ihn. Ich bin ein bisschen aufgeregt, weil alles auf einmal einen sehr offiziellen Charakter hat und noch dazu alle Augen und Kameras auf uns gerichtet sind. Dann reicht man uns je eine gefüllte Teeschale und Eric informiert uns, während er auf Anweisung des Meisters filmen muss, in welcher Reihenfolge wir die Schalen überreichen müssen. Christoph gibt seine zuerst Sifu Lin und ich meine seiner Frau, danach wird die Prozedur in umgekehrter Reihenfolge wiederholt. Jeder von uns erhält ein rotes Kuvert und die Frau des Meisters wünscht uns, wie Eric übersetzt, viele Kinder, was in China, wie ich weiß, der unerfüllte Wunsch vieler Familien ist. Danach überreicht uns Sifu Lin die Hochzeitskalligraphie, die ein Gedicht enthält, und eine weitere Kalligraphie, die es in doppelter Ausführung gibt und die Eric ebenfalls in die Hand gedrückt bekommt. Sie bedeutet so viel wie: Man muss darauf hören, was der Lehrer sagt. Typisch Sifu Lin, denke ich und bin amüsiert darüber, dass er seine Lehrerrolle so ernst nimmt.

Die Stimmung ist ausgelassen bis zu dem Zeitpunkt, an dem Sifu Lin beschließt, dass die Stimmung am Nachbartisch zu ausgelassen sei, und seinen Schülern eine Moralpredigt hält. Er erhebt seine Stimme, und bereits im nächsten Moment ist es sehr ruhig. Ich muss daran denken, dass der Meister hier ja tatsächlich eine Art Vaterrolle einnimmt.

Nach der kurzen Unterbrechung der Tischgespräche geht es nun, zumindest an unserem Tisch, mit Smalltalk weiter. Es wird darüber diskutiert, welchen Beruf die Tochter des Meisters ergreifen soll, und es sind sich alle einig darüber, dass es kein zu ausgefallener Beruf sein dürfe, da sie sonst niemals einen Mann finden würde. Sie selbst würde gerne Übersetzerin werden, aber die Mutter meint, es wäre doch besser, Lehrerin zu werden. Niemals würde ein Hochzeitsanwärter eine Frau ehelichen, die einen besseren Job habe als er selbst, erklärt sie aufgebracht. Ich halte mich zurück und übe mich in Selbstdisziplin, da ich gelernt habe, dass es keine Aussicht auf Erfolg hat, hier eine feministische Flammenrede zu halten. Ich möchte niemanden verletzen und plane deshalb, sie in einem ungestörten Moment in ihrem Entschluss zu ermutigen. Daher beteilige ich mich lieber am Gespräch zu dem Thema, wie man am besten Gewicht verliert, was indirekt mit der Hochzeitsthematik zusammenhängt. Ah Wah, der selbst nicht gerade gertenschlank ist, hat für seinen noch etwas korpulenteren männlichen Sitznachbarn Tipps wie spezielle Klopf-Massagen für die Bauchgegend im Repertoire. Ich kann aber trotz Erics Hilfe nicht herausfinden, ob Ah Wah diese Techniken praktiziert oder nicht. Es macht auf jeden Fall Spaß, seinen gestischen Ausführungen zu folgen. Nachdem wir einen Großteil der Teller gelehrt haben, ist es an der Zeit aufzubrechen. Kaum hat der Meister die Veranstaltung für beendet erklärt, sind auch schon alle seine Schüler verschwunden und wir machen uns auf den Weg zur Rezeption, um das Hochzeitsessen zu bezahlen. Dann geht es mit Ah Wahs Auto zu einer Fabrik eines Schülers von Sifu Lin. Ich frage Eric, was wir da machen werden, aber er sagt, dass er selbst keine Ahnung hat.

Nach ein paar Minuten Fahrzeit bleiben wir auf einem kleinen Parkplatz hinter einem hässlichen, mehrstöckigen Gebäude stehen. Wir betreten das Gebäude durch den Hintereingang. Im Lift erklärt uns Sifu Lin einen Code, den wir uns merken sollen. Durch einen unbelebten Gang geht es in die Tiefe des Gebäudes. Am Ende des langen Korridors öffnet Ah Wah eine Tür. Ich bin sehr überrascht, als ich in der Mitte des kahlen Raumes einen weißen Hund in einem winzigen Käfig erkennen kann. Bei unserem Anblick beginnt er wie wild zu bellen. „Egal, was passiert, ihr dürft den Hund nicht hinauslassen", sagt Sifu Lin etwas schroff. Ich wäre nie auf die Idee gekommen, den Käfig zu öffnen, da ich weiß, dass die Hunde hier ihre Wachaufgabe ziemlich ernst nehmen. Erst jetzt kapiere ich, dass sich hinter der Wand ein WC befindet und uns der Meister deshalb hierhergebracht hat. Nachdem ich mich umgesehen habe, folge ich der Gruppe, die sich bereits wieder in Bewegung gesetzt hat. Über Stiegen gelangen wir in das Dachgeschoss. Wieder wird eine Tür geöffnet, und dahinter verbirgt sich ein langgezogener Raum mit zwei Holzpuppen, der wie ein privater Trainingsraum wirkt. Diese Annahme bestätigt sich, als wir einen weiteren kleinen Raum sehen, der als Kraftkammer ausgestattet ist und in dem einige uralte Gewichte und Geräte herumliegen bzw. -stehen. Alles wirkt sehr schäbig und das Dröhnen der Autos, die an der Vorderseite des Gebäudes auf einer sehr belebten breiten Straße vorbeirauschen, bringt mich dazu, auf die Terrasse zu gehen, um die Umgebung besser überblicken zu können.

Ich kann mich nicht lange fragen, was wir hier eigentlich machen, weil der Meister uns nun zur Holzpuppe ruft und Christoph auffordert, die im Vorjahr gelernten Bewegungen vorzuzeigen. Der Arme, denke ich mir, ich möchte jetzt nicht mit ihm tauschen. Christoph beginnt mit dem Ablauf, und der Meister folgt mit stoischer Miene seinen Bewegungen, bis Christoph wieder zum Stillstand kommt. Statt irgendeinen Kommentar abzugeben, erhalten wir nun die Anweisung, die zwölf Bewegungen zu filmen. Wir begeben uns also in Film- und Fotoposition und ich bin ganz überrascht, dass wir die Erlaubnis erhalten, den Meister bei der Ausführung des Bewegungssets zu filmen. Vielleicht hat er anhand der Bewegungen an der Holzpuppe gesehen, dass wir die zwölf Bewegungen geübt haben?

Es geht nun gemeinsam zurück ins Hotel. Nachdem uns Ah Wah und Sifu Lin bis zu unserer Zimmertür begleitet haben und dann wortlos verschwunden sind, beschließe ich, nochmal auf einen Sprung zu Eric zu gehen und zu fragen, wann denn der nächste Treffpunkt sei. Er ist gerade dabei, sein Klimagerät im Zimmer zu regulieren, aber an seinem Unmut kann ich erkennen, dass es kein sehr erfolgsversprechendes Unterfangen sein dürfte. „Es ist so heiß hier", jammert er und fragt dann, ob ich schon die toten Fische im Wasser gesehen hätte. Durch das kaputte Insektengitter vor seinem Zimmerfenster kann ich deutlich die leblosen Fischkörper in der schmutzigen Wasserlacke an der Oberfläche treiben sehen, und der Anblick ekelt mich ein bisschen. Ich frage Eric, wann wir Sifu Lin wieder sehen würden und er erklärt mir, dass er und Ah Wah auf die Hotelterrasse verschwunden seien und uns in der Hotellobby wieder abholen würden.

Es bleibt Zeit, unsere roten Kuverts, die wir von unseren Kung-Fu-Brüdern überreicht bekommen haben, zu öffnen. Wie vom Meister angekündigt, befindet sich darin die Summe, die das Hochzeitsessen ausgemacht hat. Am Ende bleibt sogar noch ein wenig Geld über, was mir ein bisschen peinlich ist, da ich mir vorstellen kann, dass es für unsere Kung-Fu-Brüder nicht leicht gewesen ist, das Geld aufzutreiben. Zu unserer Erheiterung haben Sifu Lin und seine Frau Hongkong-Dollar in ihre Kuverts gelegt.

Ich überlege nun, was ich zum Treffen mit Sifu Lin mitnehmen soll, habe ich doch keine Ahnung, ob wir nun trainieren, wieder mal essen gehen oder gemeinsam herumhängen werden. Nach kurzer Rücksprache mit Christoph beschließe ich, mich nicht umzuziehen und davon auszugehen, dass heute kein Training mehr stattfinden wird. Eric hat sich anscheinend genau das Gegenteil gedacht und erscheint in Trainingskleidung. Wir werden sehen, wer recht behält. Als wir im Erdgeschoss um die Ecke biegen und ich Sifu Lin auf der Couch in der Hotellobby sitzen sehe, ist es so als wäre ich nie weg gewesen und mein Gefühl sagt mir, dass es nun so richtig losgeht, die Frage ist nur, in welcher Form.

Vor dem Hotel wartet Sifu Lins Frau auf uns, und gemeinsam mit ihr geht es im Laufschritt durch die belebten Straßen der Stadt. Wir machen Halt bei einem kleinen offenen Imbiss. Nachdem der Meister einen Tisch für uns ausgesucht hat, bestellt er für alle das Abendessen. Die Besitzerin des Imbisses, die sich bemüßigt fühlt uns zu erklären, dass hier täglich alles frisch zubereitet und gekocht werde, serviert Suppe, Congees mit Erdnüssen und Schweinefleisch und kleine gedämpfte Teigtaschen. Es sieht alles ganz gut aus und ich koste von allen Speisen bis auf die Teigtasche, die ein ungewöhnlich kleines, in die Füllung eingearbeitetes Ei enthält. Ich frage Eric über das Ei aus, werde aber nicht schlau aus der englischsprachigen, knapp gehaltenen Auskunft und bin mir auch nicht sicher, ob er selbst wirklich weiß, von welchem Tier das Ei stammt. Auch Christoph ist die Teigtasche suspekt und so fragt er mich, was Eric denn diesbezüglich gemeint hätte. Ich erkläre ihm etwas schnippisch, aber mit einem breiten Lächeln, dass das Ei von einem „disgusting animal" stamme, und schlage vor, dass er es doch essen solle, worauf er zu lachen beginnt. Der Meister verfolgt das Geschehen und es ist klar, dass nun einer von uns kosten muss. Also greift Eric beherzt zu und gibt zu verstehen, dass es ganz gut sei, was wenig glaubhaft erscheint. Unser Verhalten ist natürlich sehr kindisch, aber ich bekomme jetzt wirklich kein mir unbekanntes Tierei hinunter und so lehnen wir dankend ab und erklären, dass wir mit dem Essen fertig seien. Kaum hat Eric die letzten „Disgusting-animal"-Ei-Teigtaschen verdrückt, oder wurde besser gesagt dazu genötigt, sie aufzuessen, geht es wieder im Laufschritt durch die Straßen zum Wohnblock des Meisters.

Im Stiegenhaus stellt Sifu Lin fest, dass Christophs Hose etwas eng sei für das, was folgen würde. Christoph und ich sehen uns besorgt und gleichzeitig amüsiert an. Also doch Training, und ich bin gespannt darauf, bei welcher Art von Training die Weite der Hose eine Rolle spielt. Zunächst gibt es allerdings Tee. Sifu Lin zeigt uns verschiedene Teesorten und erklärt, wie er diese lagert. Am interessantesten finde ich die Lagermethode in einem Bananenblatt, aber bevor ich Näheres darüber erfahren kann, springt der Meister plötzlich auf und treibt uns mit Langstöcken in der Hand wieder die Stiegen hinunter auf die Betonfläche vor dem Haus. Nun seien wir an der Reihe, meint er. Wir sollten ihm einen Basisschritt, den er uns im Vorjahr beigebracht hat, vorzeigen. Obwohl ich diese Schrittübung in mein Trainingsprogramm aufgenommen habe, bin ich angespannt. Jeder von uns versucht zu vermitteln, den Schritt geübt zu haben, was uns im Ansatz tatsächlich zu gelingen scheint, da der Meister das Gesehene mit einem kurzen „Passt im Prinzip" kommentiert, was schon als Erfolg zu werten ist.

Wir würden nun eine Variation dieses Schrittes lernen, erklärt er und zeigt uns eine neue Schrittfolge vor. Es ist schwierig, das Gesehene nachzumachen, und es fühlt sich alles noch sehr ungewohnt und etwas holprig an. Sifu Lin verbessert uns ein paar Mal und drückt uns dann die langen Stöcke in die Hand. Es ist eine Herausforderung, den Stock richtig zu führen. Zuerst halte ich ihn zu weit vorne, dann schaffe ich es wegen des schweren Gewichtes nicht, meinen vorderen Arm zu entspannen und gleichzeitig den hinteren Arm richtig rotieren zu lassen. Der Meister demonstriert uns die Kraft, die sich aus der richtigen Handhabung entfalten kann, an einer Betonwand auf der Terrasse. Der wuchtige Aufprall lässt mich ein wenig erschaudern und es bleiben keine Fragen offen. Ich komme mir bei meinen holprigen Versuchen, den Stock zu bewegen, wie ein Baby vor, das noch nicht einmal stehen kann und schon versuchen soll zu laufen.

Die Trainingssequenz endet damit, dass Sifu Lin sich seinen Stock schnappt und eine Form durchläuft. Staunend verfolgen wir seine präzisen und anmutigen Bewegungen. Sein Körper verschmilzt mit der Waffe und jede Bewegung fließt in einem Wechselspiel aus Weichheit und Kraft in die nächste.

Das Training verlagert sich in die Wohnung, wo wir Übungen mit den Holzsitzhockern machen, bei denen wir mit geradem Rücken möglichst tief nach unten absinken müssen, um uns dann mit unserer Beinkraft wieder nach oben zu drücken. Ein kleines Gewicht am Kopf erschwert die Übung und verbessert die Haltung. Wie immer geht es um die Körperstruktur und um die Kraft, die aus dem richtigen Stand, der festen Basis, kommen kann. Der Meister schnappt sich zwei große Wasserkanister, die im Wohnzimmer herumstehen, und schwingt sie durch die Luft. Ich bin ähnlich überrascht wie am Vormittag, als er mit seiner Urgewalt im Trainingsraum in der Fabrik mit riesigen Metallscheiben ganz locker und lässig hantiert hat. Ich verstehe, dass es nicht darum geht, uns zu einem klassischen Krafttraining zu motivieren, sondern darum, uns die Übertragung der Kraft vom Stand auf die Arme zu verdeutlichen.

Bei einer weiteren Tasse Tee ermahnt uns der Meister, dass wir uns alles merken sollten, was wir heute gelernt haben. Ich bin schon ziemlich erschöpft, und auch die beiden anderen wirken müde, nur Sifu Lin sprüht nach wie vor vor Energie. Als wir uns verabschieden, spricht er davon, dass wir uns im Park nicht zu fürchten bräuchten. Auch er hätte gedacht, dass es dort einen Geist geben würde. Ich sehe ihn etwas verwirrt an, worauf er erzählt, dass er einmal, als er alleine dort war, um zu trainieren, ein Rascheln im Gebüsch gehört habe. Es habe sich aber herausgestellt, dass es nur eine Prostituierte gewesen sei. Die Geschichte erscheint mir seltsam, da der Meister normalerweise alles andere als ängstlich ist. Bevor wir auf dem Heimweg den Park betreten, frage ich bei Eric und Christoph nach, ob sie die Kernaussage der Geschichte verstanden hätten. Alle drei müssen wir lachen, und trotzdem habe ich ein mulmiges Gefühl, als wir spätabends den beinahe menschenleeren, dunklen Park durchqueren.

Mein Schlaf ist sehr unruhig, immer wieder höre ich Schritte, Stimmen und undefinierbare Geräusche. Ich frage mich, welche Leute wohl mitten in der Nacht in den Gängen herumgeistern. Tagsüber war das Hotel wie ausgestorben und wir hatten den Eindruck, die einzigen Gäste zu sein, was auch schon eigenartig war, aber jetzt in der Nacht scheint das Gebäude bevölkert von Menschen zu sein. Trotzdem schlafe ich irgendwann ein.

Am nächsten Morgen erzählt mir Eric, dass es in der Nacht einen Stromausfall gegeben habe. Das erklärt zumindest einen Teil der nächtlichen Aufruhr, aber nicht alles. Als wir das Hotel verlassen und uns ein beinahe blauer Himmel und Sonnenschein begrüßen, hebt sich meine Stimmung.

Nach dem Frühstück schnappen wir uns ein Taxi und lassen uns durch das Verkehrsgewirr zum Trainingsraum in der Fabrik bringen.

Es ist ungewohnt, ohne Sifu Lin hier zu sein. Alles wirkt noch einmal unbelebter und düsterer als gestern und ich reiße als erstes alle Fenster und Türen auf, um zumindest die alte, abgestandene Luft zu vertreiben. Wie schade, dass wir nicht mehr in der Schule des Großmeisters direkt im Zentrum trainieren, denke ich und beobachte für kurze Zeit vom Balkon aus, den Verkehr auf der Schnellstraße. Dann habe ich mich wohl oder übel hier seelisch eingefunden und bin bereit, selbstständig an einer der Holzpuppen zu üben. Das Klack, Klack, Klack ist ein vertrauter, angenehmer Klang und ich vergesse beinahe die Umgebung, die wegen ihrer Düsterheit, der schlechten Luft und des Lärms definitiv in keiner romantischen Vorstellung von „Wir trainieren in China" vorkommen würde.

Ein Anruf des Meisters reißt uns aus dem selbstständigen Training. Er komme jetzt, sagt Eric knapp. Heute muss ich an der Holzpuppe etwas vorzeigen und ich bin überrascht davon, wie verhältnismäßig gut alles abläuft. Leider habe ich mir das Stück, das der Meister gestern in einer neuen Variation vorgezeigt hat, nicht merken können und so bin ich am Ende doch etwas verwirrt, obwohl der Meister durchaus geduldig versucht, es ein weiteres Mal zu erklären.

Dann fordert uns Sifu Lin dazu auf, Matten aufzulegen, die wir mit schweren, runden Metallscheiben an den Ecken beschweren, um ein mögliches Verrutschen zu verhindern.

Ich bin sehr gespannt, was nun passieren wird. Eric ist wie so oft das Vorzeigeobjekt. Wie immer muss er den Gegner mimen, weil er als einziger die chinesischen Anweisungen des Meisters versteht und zeitgleich übersetzen kann. Es ist lustig anzusehen, wie er immer wieder durch die Luft gehebelt wird und mit einem lauten Knall auf die Matte prallt. Natürlich tut er mir auch ein bisschen leid, aber die Freude darüber, den Meister beim Ausführen seiner, wie es den Eindruck macht, Lieblingstechniken zu beobachten, überwiegt.

So geht das Schauspiel eine Zeit lang und ich kann kaum allen Erklärungen folgen, bis Sifu Lin von einem Moment auf den anderen seine Vorführung abbricht und zu verstehen gibt, dass er nun gehen müsse. „Ihr sollt das Gesehene selbstständig durchgehen und weiter üben", übersetzt Eric für uns. „Und du?", frage ich verwirrt. „Ich muss den Meister begleiten, damit wir den Weg zu Fuß zum Hotel zurückfinden", erklärt er hastig und schon sind beide verschwunden. So bleibt uns nichts anderes übrig, als jene Fragmente der Hebeltechniken durchzugehen, die wir uns gemerkt haben. Eine Zeit lang versuchen wir, das Gesehene zu rekonstruieren, aber es ist nicht ganz einfach. Dann beginnen wir uns darüber zu wundern, wo denn Eric bleibt. Es wird uns klar, dass wir ohne ihn keine Chance hätten, wieder zurück zur Stadt zu finden, da ja kein Mensch hier Englisch spricht und wir weder ein Handy noch eine Adresse bei uns haben, die wir einem Taxifahrer unter die Nase halten könnten.

Glücklicherweise taucht Eric kurze Zeit später wieder auf. Er wirkt etwas außer Atem und wir wollen von ihm wissen, wo er denn so lange gewesen sei. Bevor er diese Frage beantwortet, teilt er uns mit, dass der Meister gemeint habe, dass wir nun doch nicht selbst auf den Matten trainieren dürften, und zwar wegen der Metallscheiben, an denen wir uns verletzen könnten. Ich hatte mich zuvor schon gewundert, wie knapp Erics Kopf das eine oder andere Mal neben den Metallscheiben gelandet ist, aber anscheinend meinte Sifu Lin, alles unter Kontrolle zu haben.

Dann erzählt uns Eric von seiner abenteuerlichen Reise auf Sifu Lins Moped: Sie seien in hohem Tempo durch die Stadt gefahren und an jeder Ecke habe Sifu Lin Eric ermahnt: „Vergiss nicht, dich an diese und jene Abzweigung zu erinnern." Dann habe er ihn in der Nähe des Hotels abgesetzt und gemeint, dass er ja nun den Weg zurückfinden würde. Wir müssen alle lachen, und ich versuche mich in die Lage von Eric zu versetzen, der irgendwo abgesetzt wurde, sich den Weg einprägen und zu Fuß zurückgehen musste, damit er nun gemeinsam mit uns wiederum zum Ausgangspunkt zurückgehen kann. Amüsiert machen wir uns also auf den Weg und keine halbe Stunde später sind wir durch Erics Anleitung sicher beim Hotel angekommen.

In der Hotellobby herrscht reges Treiben und es scheint so, als wäre im ersten Stock die Zimmerrenovierung in vollem Gang. Zwei Arbeiter in blauen Overalls kommen uns entgegen, und die Rezeptionistinnen, die in der Früh noch Tapetenreste von der Wand im Gang entfernt haben, stehen nun wieder an der Rezeption und grüßen uns freundlich.

Am späten Nachmittag wartet heute hier die Frau von Sifu Lin auf uns. Ich schließe daraus, dass der Meister noch bei der Arbeit ist. Wir fahren mit dem Taxi gemeinsam zu einem Restaurant, das wir bisher noch nie besucht haben. Es besteht aus zwei Gebäuden und liegt in einer ruhigen Seitengasse. Es ist noch so früh, dass außer uns keine Gäste da sind und wir uns einen der runden Tische aussuchen können. Die Frau des Meisters unterhält uns mit Smalltalk und es ist nett, wie sehr sie bemüht ist, uns in ein Gespräch zu verwickeln, um uns die Wartezeit zu vertreiben.

Nachdem wir bestellt haben, taucht der Meister auf. Ich erblicke ihn von meinem Sitzplatz aus durch das Fenster, wie er schwungvoll auf dem Moped um die Ecke biegt. Kaum sitzt er an unserem Tisch, werden die ersten Speisen serviert. Es gibt Congee mit Rindfleisch, verschiedene Reiskuchen und süße und pikante Dim-Sum. Während des Essens ist Sifu

Lin auf einmal verschwunden und ich sehe durchs Fenster, dass er das Nebengebäude, das auch zum Restaurant gehört, ansteuert. Vor der Tür sitzen ein paar Frauen, die Grünpflanzen sortieren. Wenige Minuten später erscheint der Meister wieder mit ein paar Blättern in der Hand und der Frage, was denn das für eine Pflanze sei. Ich drehe und wende ein Blatt in meinen Händen und rieche daran, aber der Geruch ist mir nicht bekannt und so schüttle ich den Kopf. Einer der Reiskuchen sei aus diesen Blättern gemacht worden, erklärt er uns. Auch den dezenten, bitteren Geschmack des grünen Klümpchens, das ich nun verkoste, kann ich nichts Bekanntem zuordnen, und auch Eric kann mit keiner brauchbaren Übersetzung weiterhelfen.

Nun erkundigt sich der Meister bei seiner Frau, was wir denn sonst bestellt hätten. Kaum hat er gehört, dass wir auf ein Nudelgericht warten, ruft er etwas quer durch den Raum zur Kellnerin. Sie kommt daraufhin aufgeregt gestikulierend zu unserem Tisch und es folgt eine kurze angeregte Diskussion, die uns Eric folgendermaßen zusammenfasst: Sifu Lin habe der Kellnerin gesagt, dass wir das Nudelgericht abbestellen wollten, worauf die Kellnerin gemeint habe, dass es nicht mehr möglich sei, die Nudeln abzubestellen, weil sie fast fertig seien. Worauf der Meister das Gespräch mit einem fordernden „Dann zeig sie uns!" beendet habe. Tatsächlich steht das Gericht kurze Zeit später auf unserem Tisch und Sifu Lin erklärt uns, dass dieses Lokal nicht auf Nudeln spezialisiert sei und wir daher das nächste Mal besser keine bestellen sollten. Trotzdem greifen wir nun alle, inklusive ihm, zu und ich finde, dass es gar nicht mal so schlecht schmeckt.

Wir haben nun ein wenig Zeit zu verdauen, dann spazieren wir zu dritt zur Wohnung des Meisters. Sifu Lin sitzt am Wohnzimmertisch und bereitet Tee für uns zu. Ich sehe den Zeitpunkt gekommen, um ihm eine CD mit klassischer Musik aus Wien zu überreichen, die er zum Anlass nimmt, seine Tai-Chi-Musik aufzudrehen. So sitzen wir beim Tee und reden über dies und das, während die Musik nicht als Untermalung fungiert, sondern aufgrund der Lautstärke als Härtetest für unsere Ohren. Ich kann mich kaum auf das Gespräch konzentrieren und nach ein paar Minuten bin ich mir nicht sicher, ob ich die Musik noch länger ertragen kann. Ich begegne Christophs Blicken und muss mich zurückhalten, um nicht laut loszulachen, da es für uns dermaßen ungewohnt ist, bei dieser Lautstärke ein normales Gespräch zu führen. Eric verzieht wie immer in solchen Situationen keine Miene und der Meister selbst scheint bester Stimmung zu sein. Dann fordert er uns auf aufzustehen. Wir sind erlöst von den Klängen, die Nachbarn übrigens auch. „Nun seid ihr an der Reihe", sagt der Meister und möchte die zwölf Bewegungen sehen. Es bleibt keine Zeit, nervös zu werden, wir legen gleich mit dem ersten Partnerset los.

Nach ein paar Wiederholungen bricht Sifu Lin überraschenderweise noch während der ersten Bewegung ab, gestikuliert wild und verschwindet mit den Worten, dass Eric filmen solle, ins Nebenzimmer. Ich bin ziemlich verblüfft als er in einer schwarzen Tai-Chi-Jacke wieder im Wohnzimmer auftaucht. Noch überraschter bin ich, als er sich selbst hinstellt und Eric instruiert, wo er was filmen soll. „Schaut genau zu!", weist er uns an und beginnt die zwölf Bewegungen, die erste Form Nim-Tao und den Stand vorzuzeigen. Ich mache sicherheitshalber ein paar Fotos und werde von ihm auch genau instruiert, aus welchem Winkel die Fotos gemacht werden sollen. Es hat alles einen sehr offiziellen Charakter und es ist nicht ganz klar, für wen diese Aufnahmen gedacht sein sollen. Erst später verstehe ich, dass es Videos für uns und in weiterer Folge unsere Schüler:innen sein sollen.

Die angespannte Stimmung weicht einer familiären Atmosphäre, als wir die richtige An- und Entspannung von Sifu Lins Muskeln erfühlen sollen. Ich betaste also seine Oberschenkelmuskeln, um zu fühlen, wie sich die Kraft von unten nach oben entfaltet.

Dann machen wir eine Atemübung, bei der wir auf den kleinen Holzhockern sitzen und uns auf das untere Energiezentrum konzentrieren sollen. Damit wir es lokalisieren können, drückt der Meister Eric einen spitzen Gegenstand in den Bauch, was ihn zusammenzucken und mich, nachdem der Meister wieder einmal verschwunden ist, amüsiert grinsen lässt. Zu meiner Verwunderung kehrt Sifu Lin wenig später wieder mit einem eisgekühlten Apfel zurück, den er zuerst Eric, dann Christoph auf das Energiezentrum hält, was bei ihnen nicht gerade Freude auslöst. Sehr spät brechen wir vom Wohnhaus auf und wandern durch den finsteren Park, in dem nur mehr vereinzelt Leute unterwegs sind, zurück zum Hotel. Bei einem Bier besprechen wir noch kurz, dass morgen ein spezielles Abendessen stattfinden wird, bei dem es frisch geschlachtetes Rindfleisch geben soll. Ich bin etwas skeptisch, was die „Rindergaudi", wie ich das Event ab nun betitle, betrifft. Aber man kann sich das Ganze ja mal anschauen, sozusagen „open minded" sein, wie es Sifu Kong in Hongkong in jedem erdenklichen Zusammenhang zu nennen pflegt. Mit diesen Gedanken im Kopf schlafe ich sofort ein.

Heute bin ich richtig müde. Wir frühstücken wie immer auswärts und fahren mit dem Taxi zur Fabrik. Es ist unklar, ob der Meister zu Mittag kommen kann, da er versuchen wird, für uns morgen einen Tag frei zu nehmen. Während wir Sequenzen der Holzpuppe am Spiegel üben, taucht er ganz überraschend auf und kündigt an, dass die Holzpuppen-Form heute fertig besprochen werde. Christoph muss etwas vorzeigen. Immer wieder unterbricht Sifu Lin ihn und läuft selbst Sequenzen ab. Am Ende sind wir alle verwirrt. Auch der Meister wirkt heute müde und zieht sich für einen kurzen Mittagsschlaf auf eines der Trainingsgeräte zurück. Danach muss ich eine Sequenz vorzeigen, die von ihm wiederum korrigiert wird. Wir üben selbstständig weiter, denn er muss zurück zur Arbeit.

Das angekündigte Abendessen rückt näher. Der Meister schwirrt heute Abend in einer ärmellosen, khakifarbenen Jacke mit großen Taschen, einem „Ranger-Outfit", wie ich es bezeichnen würde, aufgeregt in der Wohnung herum. Während nun nach und nach mir nur teilweise bekannte Männer eintrudeln, wirkt der Meister angespannt, läuft herum und telefoniert.

Als er fertig telefoniert hat, setzt er sich hin und Christoph muss aufstehen und einen Teil der Holzpuppe vorzeigen. Ich bin froh, dass ich es nicht bin, da ich die Übung vor den Augen der anderen sicher nicht so abgeliefert hätte wie Christoph. Trotzdem wird er mehrmals ausgebessert, und auch meine Holzpuppen-Sequenz wird nun noch einmal vor den Augen der anderen besprochen. Es ist dem Meister völlig egal, dass er Gäste hat, doch mich irritiert die unruhige Situation.

Die Trainingssequenz ist beendet, als alle der Reihe nach beschließen, aufs Klo zu gehen, was in meinen Augen nur bedeuten kann, dass wir nun losfahren werden.

Eric erklärt uns, dass wir nun zu einem Ort namens Gao-Ming fahren würden, wo täglich um 22 Uhr frisches Rindfleisch serviert werde. Das Besondere dabei sei, dass das Fleisch nicht wie sonst üblich bereits in Wasser eingelegt worden, sondern absolut frisch sei. Die Reste dieses Fleisches würden dann am nächsten Tag verkauft werden. Ich beobachte den Meister, der am Steuer des Autos sitzt und gekonnt ignoriert, dass immer wieder ein Blitz die Dunkelheit durchzuckt. Ich frage ihn, warum es ständig blitze und er gibt etwas wortkarg zu verstehen, dass überprüft werde, ob man angeschnallt sei, was er natürlich nicht ist.

Nachdem wir eine Zeit lang auf der Landstraße durch die Dunkelheit gerast sind, erreichen wir die angekündigte Stadt. Dort parken wir und sehen schon aus der Ferne ein offenes Lokal mit einem großen Werbeschild, auf dem Rinder abgebildet sind. Als wir uns nähern, kann ich erkennen, dass viele der runden Tische bereits besetzt sind. Alle Gäste scheinen auf das Eintreffen des Fleisches zu warten.

Auch wir setzen uns an einen der Tische mit integrierter Gas-Feuerstelle. Wie immer wird sofort Tee serviert, dazu dieses Mal eine Art chinesischer Donut, so zumindest die Übersetzung des runden, vor Fett triefenden Etwas. Ah Wah taucht wie immer mit einem breiten Grinsen auf den Lippen und einem weiteren Mann im Schlepptau auf und setzt sich zu unserer Runde. Auf einmal liegt eine spezielle Aufregung in der Luft und irgendwann macht die frohe Botschaft die Runde, dass das Rindfleisch nun hier sei. Es werden Sojasauce und Chili serviert und kurze Zeit später kommt ein Teller mit undefinierbaren weißen Fleischteilen. Eric erklärt uns, dass es sich dabei um Teile des Darms handelt. Ich bin wenig begeistert und beschließe, davon definitiv nicht zu kosten, auch wenn das sicher sehr unhöflich ist. Interessanterweise wird der Teller kurze Zeit später wieder abserviert und an den Nachbartisch gebracht. Ich bin erleichtert und beobachte, wie das Wasser mit den Ingwerstreifen im Topf auf unserer Feuerstelle köchelt und dampft.

Nun wird ein neuer Teller serviert, Rinderzunge, wie ich von Eric erfahre. Besser als Darm, denke ich, aber nicht viel besser, und ich bin nicht sehr motiviert etwas zu kosten. Trotzdem beobachte ich interessiert, wie die Fleischstreifen ins kochende Wasser gekippt werden und zu meiner Überraschung bereits nach nicht einmal einer Minute Kochzeit wieder mit einem Schöpflöffel von Ah Wah herausgehoben werden. Wir lehnen dankend ab, aber Sifu Lin lässt uns nicht so leicht davonkommen und legt uns jedem ein Stück mit den Worten „Jeder eins" in die Schüssel.

Auf die Zunge folgen vertrauenerweckendere Fleischstücke, die ebenfalls sehr kurz gekocht werden und daher sehr zäh sind. Wir wollen also nicht unbedingt viel davon essen, was die anderen Anwesenden, für die das Fleisch eine wohlschmeckende Spezialität zu sein scheint, sehr erheitert. Ich schäme mich ein bisschen und wünsche mir, beim Essen flexibler zu sein, aber allein der Anblick der halbrohen Fleischstücke ekelt mich, da ich schon als Kind nur sehr wenig Fleisch gegessen habe.

Der Meister ist um unser Wohl besorgt und fragt, ob wir nicht doch noch etwas anderes, zum Beispiel Nudeln, bestellen wollten. Wir lehnen dankend ab, da wir ja in Wirklichkeit gar nicht hungrig sind. Interessanterweise kommt aber nun ein Teller mit Gemüsestücken, die ins Wasser geworfen werden, was mich insgesamt zuversichtlicher stimmt. Kurze Zeit später werden doch auch noch Reisnudeln serviert. Anscheinend dürften diese Gerichte als Art zweiter Gang, den man nach der Hauptspeise isst, gedacht sein. Sifu Lin stellt Christoph eine Schüssel mit Nudeln hin und gibt einen Schöpfer der Suppe aus dem großen Wok darüber. Wir kosten davon und sind beide begeistert, wie gut es schmeckt. Jetzt nehme auch ich mir eine Schüssel und würze die Suppe noch mit Sojasauce. Die Anwesenden lachen und beobachten, wie wir die Nudelsuppe genüsslich auslöffeln, sie schmeckt fantastisch. Ich bin überrascht, dass sich sonst niemand etwas davon nimmt, und daher frage ich in die Runde, ob nicht jemand etwas von der Suppe haben möchte. Die Männer winken ab und Ah Wah erklärt, dass die Suppe sehr nahrhaft sei und sie alle so spät nichts so Schweres essen wollten. Dabei gestikuliert er und deutet mir, Angst davor zu haben, dass sich sein Bauchumfang durch den Genuss der Suppe vergrößern könnte. Dann holt er einen Schnaps hervor und verteilt ihn unter den Anwesenden, wobei Sifu Lin natürlich abwinkt.

Auf der Fahrt zurück ist der Meister noch wortkarger als zuvor. Hat er noch am Hinweg aus dem Nichts heraus davon gesprochen, dass wir zu Hause Guolo-Pin-San-Wing-Chun unterrichten sollten, ist er nun ungewöhnlich ruhig. Am Eingang des Parks lässt er uns aussteigen. Auf dem Heimweg erklärt uns Eric, dass der Meister gesagt habe, dass wir uns morgen zu Mittag in der Fabrik treffen würden, um Dinge zu filmen. Danach würden wir das Haus von Leung Jan besuchen. Leung Jan ist der chinesische Arzt und legendäre Meister, in dem sich unterschiedliche Wing-Chun-Stile vereinen. Ich bin mehr als überrascht von dieser Nachricht, da wir Sifu Lin gestern am Abend gefragt hatten, ob es möglich sei, das Haus zu besuchen, und er diese Anfrage sofort im Keim erstickt hatte, da es dort nichts zu sehen gebe. Umso erfreuter sind wir jetzt über diese gute Nachricht. In Erics Zimmer lassen wir den Tag ausklingen und sitzen bis tief in die Nacht zusammen.

Das Frühstück im Restaurant ist heute sehr amüsant, da uns einige Leute aus dem Vorjahr erkennen und unsere Anwesenheit in voller Lautstärke kommentieren. Eine Frau lässt mir über Eric ausrichten, dass ich dünner geworden sei. Es ist interessant, dass dieses Thema hier omnipräsent zu sein scheint. Ich habe aber noch nicht verstanden, ob es nun gut oder schlecht ist, wenn man dünner geworden ist. Wie immer gibt es im Tagesablauf eine Planänderung, denn Sifu Lin möchte, dass wir zur Mittagszeit zu seinem Wohnhaus kommen. Zuvor haben wir allerdings noch ein bisschen Freizeit und daher beschließen wir, gemütlich in die Stadt zu spazieren, um ein paar Dinge zu erledigen.

Auf dem Weg zum Supermarkt sehen wir neben der Straße einen alten Mann sitzen, der Hornissen aus einem Netz holt und mit einer gekonnten Handbewegung in einen Kübel voller Alkohol wirft. Ich beobachte das Spektakel, bei dem keine einzige der Hornissen entkommt, beeindruckt und will über Eric wissen, warum der Mann dies denn mache.

Die umstehenden Leute bringen sich sofort in das Gespräch ein und meinen, dass der alte Mann ein Meister in dieser Tätigkeit sei, was ich durchaus nachvollziehen kann. Er selbst lacht nur und erklärt uns, dass er den Schnaps in Flaschen abgefüllt verkauft und der Genuss des Getränks bei Männern die Potenz fördere. Trotz dieser Information wollen Christoph und Eric keine Flasche kaufen und so begeben wir uns auf die Suche nach einer Telefonwertkarte für Eric, die wir bis zum Schluss unseres Einkaufs-bummels nicht finden werden. Da es in China unüblich ist zu sagen, dass man etwas nicht hat, heißt es immer wieder, dass die Wertkarte gerade nicht lagernd sei.

Etwas ermüdet kehren wir zum Hotel zurück und treffen uns wenig später in Erics Zimmer. Ich bin motiviert und wiederhole die Holzpuppe in der Luft. Eric beobachtet von seinem Fenster aus, wie die letzten Fische mit Elektroschocks getötet und aus dem vertrockneten See geholt werden.

Als wir durch den Park gehen ist sogar ein wenig Blau am Himmel zu erkennen und meine Stimmung steigt. Zu unserer Überraschung ist die Wohnungstür des Meisters heute verschlossen und so läuten wir. Als sich nichts rührt, klopfen wir noch einmal laut an die Tür. Nun hören wir Schritte und kurze Zeit später öffnet der Meister. Als wir nach unten gehen, setzt er bereits im Stiegenhaus eine Sonnenbrille auf, was mir sehr unge-wöhnlich erscheint, da ich ihn noch nie mit Sonnenbrille gesehen habe. Im Auto ist der Meister sehr gesprächig und erzählt uns von seinem Lehrer und von einer Zeit, in der jener giftige Schlangen von hier nach Hongkong brachte, um damit ein bisschen Geld zu verdienen.

Ich bin nun schon gespannt darauf, erneut das Dorf Guolo zu sehen, in dem sich das Wohnhaus von Leung Jan befindet. Das alte Dorf ist wie ein kleiner Vorort der Stadt, in der wir untergebracht sind und mit Sifu Lin trai-nieren. Das letzte Mal waren wir dort, als der Großmeister noch gelebt und uns mit der australischen Gruppe bei sich zu Hause empfangen hat. Nun fragt uns Sifu Lin, ob wir das Grab seines Lehrers besuchen wollten, was wir natürlich bejahen. Wir bleiben also stehen und plötzlich taucht wie aus dem Nichts ein weiteres Auto auf, das etwas hinter uns ebenfalls neben der Straße stehenbleibt. Aus der Ferne erkenne ich die beiden Köche, die uns zuwinken. Wir steuern allerdings nicht das Auto mit den bekannten Gesichtern an, sondern bahnen uns den Weg durch das Gestrüpp neben einer Müllhalde.

Ich kann keinen Friedhof erkennen, sondern nur eine ungepflegte hügelige Landschaft. Ganz in der Ferne sehe ich ein Wohnhaus und davor einen Hund, der wie wild zu bellen beginnt, als er uns bemerkt. Ich werde ziemlich nervös, da ich in China keine guten Erfahrungen mit herumlaufenden Hunden gemacht habe und sie mich bisher oft von ihren Qualitäten als Wächter überzeugen konnten. Daher flüstere ich Christoph zu, dass ich etwas angespannt sei, woraufhin er meint, dass er mehr Angst vor den Giftschlangen habe, die hier möglicherweise zwischen den hohen Grasbüscheln lauern. Er treibt mich an, schneller zu gehen, um mit Sifu Lin Schritt zu halten, dem wir beide zutrauen, angreifende Tiere elegant zu beseitigen.

Obwohl ich mich bemühe, schneller durch das kniehohe Gras und Gestrüpp voranzukommen, ist es mir unmöglich, Sifu Lin zu folgen. Er wetzt von Hügel zu Hügel, blickt unter Grasbüschel, unter denen sich kleine schmucklose Steine verbergen, auf denen etwas graviert ist, und stellt nach einiger Zeit fest, dass er das Grab einfach nicht finden kann. Er selbst sei nur einmal im Jahr, an einem speziellen Totengedenktag hier und dafür sei das Gelände im Vorfeld so hergerichtet worden, dass die Gräber frei zugänglich seien. Obwohl wir das Grab nicht finden und nur erahnen, wo es ungefähr ist, hat sich der Ausflug trotzdem gelohnt. Ich kann nun besser verstehen, dass es hier ungewöhnlich ist, ein Grab besuchen zu wollen.

Ich bin froh, als wir wieder im Auto sitzen und die Fahrt weitergeht. Nach ein paar Minuten parken wir vor dem Dorfeingang, der durch einen großen Stein, eine gravierte Tafel und einen malerischen Torbogen markiert ist. Das Dorf ist genauso, wie ich es in Erinnerung habe: menschenleer, ohne Verkehr, unberührt, ein malerischer Straßenzug, in dem sich ein schmuckloses Steinhaus an das andere reiht. Wir gehen ein paar Schritte und bleiben dann abrupt vor einem der Steinhäuser stehen. Dieses Haus zeichnet sich durch eine schwere Holzeingangstür mit den üblichen roten Schriftbändern links und rechts und schöne Ornamente im Eingangsbereich aus.

Sifu Lin drückt die Tür auf, und wir betreten den Vorhof. Wir könnten nun Fotos machen, sagt er gut versteckt hinter seiner Sonnenbrille. Ich bin mir nicht sicher, ob wir hier legal eingedrungen sind oder nicht. Ich kann nicht länger darüber nachdenken, da nun von den anderen ein paar Fotos geschossen werden, weil sie selbst zuvor nie hier gewesen seien, was doppelt seltsam für mich ist. Sifu Lin wirkt zunehmend entspannt und zeigt uns, hinter welcher Tür sich der Trainingsraum des bekannten Wing-Chun-Meisters verborgen hält, um dann hinzuzufügen, dass die originalen Trainingsgeräte nicht mehr vorhanden seien. Dann fordert er uns auf, das Gelände wieder zu verlassen und schließt hinter uns behutsam die große Holztür.

Es sei nun an der Zeit zurückzufahren, beschließt der Meister, und so landen wir nach ein paar weiteren Erinnerungsfotos wieder im Auto und genießen die Fahrt zurück.

Sifu Lin verschwindet in seine Wohnung und wir stehen im Hof und wissen nicht, was als nächstes geplant ist. Nach einiger Zeit taucht er wieder auf und vermittelt uns auf einem Wiesenstück das Gefühl, das man haben soll, wenn man Schrittarbeit übt. Mir gefällt die Idee, den Schritt an den Grashalmen zu erspüren und den Fuß vorsichtig über die Halme zu führen. Ich versuche mich darin, bis neben uns ein Auto anhält, in dem Ah Wah sitzt und uns zuwinkt. Also geht's wieder rein ins Auto und Eric erklärt uns, dass wir nun zur Fabrik fahren würden, um den restlichen Nachmittag an der Holzpuppe zu üben.

Der restliche Nachmittag ist dem Training an der Holzpuppe gewidmet.

Am nächsten Tag beginnt das Training frühmorgens zur Abwechslung in Erics Zimmer. Wir sollen die zwölf Bewegungen durchgehen. Sifu Lins Kommentar „Viel besser als letztes Jahr" lässt hoffen. Ich weiß aber, dass alles relativ ist, und kann mir nun vorstellen, wie es letztes Jahr ausgesehen haben muss. Schließlich zeigt Sifu Lin uns eine einhändige Gefühlsübung, die er abwechselnd mit Christoph und mir durchführt. Immer wieder redet er uns ins Gewissen und ermahnt uns, weil wir nach wie vor unser Handgelenk zu viel einsetzen würden und die Bewegung somit zu wenig aus dem ganzen Körper komme. Wir müssten die Kraft des Gegners noch mehr erspüren und vorbeileiten, ist seine Anweisung.

Eine Bewegungssequenz, die er in der Früh bei uns korrigiert hat, ist uns nach wie vor unklar und so stolpern wir darüber. Ich werde aufgefordert, die Bewegung ohne Partner vorzuzeigen, was den Meister jedoch nicht zufriedenstellt. Ich muss mich also setzen, da ich nicht gut aufgepasst hätte, wie er etwas erzürnt feststellt. Auch ich bin verärgert darüber, dass er nicht verstehen kann, dass ich diese Bewegung einfach noch nicht verstanden habe. Aber ich weiß, dass es nichts bringt, darüber zu diskutieren. Warum kann ich Kritik nicht einfach dankbar annehmen und nehme es noch immer persönlich?

Nach einer kurzen Teepause werde ich dazu aufgefordert, mit der neuen Bewegung die Kraft des Meisters vorbeizuleiten. Er spürt den kleinsten Widerstand und schlägt mir immer wieder sehr unfreundlich auf den seiner Meinung nach zu steifen Arm. Wir müssten das Konzept von Guolo-Wing-Chun verstehen, stellt er forsch fest und lässt diese Worte im Raum stehen. Ich denke daran, wie streng sein Lehrer mit ihm gewesen sein muss, und das tröstet mich über seine harten Worte hinweg. Kaum ist das Training beendet, ist er wie ausgewechselt und schenkt uns beim Gehen sogenannte Hochzeitskekse, die er selbst ja erst in sechs bis acht Jahren brauchen werde, wenn seine Tochter heirate, stellt er schmunzelnd fest. Dann flitzt er winkend auf dem Moped an uns vorbei zur Arbeit.

An diesem Abend beschließen wir, zeitig schlafen zu gehen, da wir alle drei müde sind und wissen, dass wir morgen sehr früh aufstehen müssen. Kaum bin ich in meinem Zimmer im Pyjama, klopft es an der Tür. Ich möchte Eric öffnen und bin mehr als verwundert und irritiert, als Sifu Lin vor mir steht. Er hält eine Papierrolle in der Hand und wirkt aufgeregt.

Anscheinend hat er auch an die gegenüberliegende Tür von Erics Zimmer geklopft, da auch dieser seinen Kopf aus der Tür steckt. Sifu Lin habe ein Geschenk für uns, übersetzt Eric und ich rufe nach Christoph, der sich hinter der Wand versteckt, da er keine Hose anhat. Das hilft jetzt aber alles nichts, da Sifu Lin ungeduldig in unser Zimmer drängt und Christoph somit etwas beschämt in Boxershorts an ihm vorbei huschen muss, was der Meister gekonnt ignoriert. Zielstrebig legt er das Papierstück auf den kleinen Teeplatz und öffnet mit einem Handgriff die Papierrolle. Es handelt sich um eine Kalligraphie für unsere Schule mit den seiner Meinung nach „richtigen" Wing-Chun-Schriftzeichen. Ganz frisch vom „leader" geschrieben, der anscheinend sein Chef sein dürfte, wie er stolz feststellt. Es sei wichtig, die Papierstreifen hier am Teeplatz zum Trocknen liegen zu lassen, schärft er uns ein. Dann scheint seine Mission erfüllt zu sein, da er sich von uns verabschiedet und im nächsten Moment ohne weitere Erklärungen verschwunden ist.

Wir sind alle drei ziemlich amüsiert und Eric erzählt uns, dass ihn der Meister noch gefragt habe, ob wir ein Bier getrunken hätten. Also stellen wir uns in unserer Phantasie vor, wie der Meister uns in der Karaoke-Bar nebenan empört aufgabelt, da wir uns dort unerlaubter Weise die Nacht mit Bier, Weib und Gesang um die Ohren schlagen. Im Anschluss können wir alle drei wegen der Unruhe, die im Hotel herrscht, nicht gut schlafen. Vielleicht wäre es doch besser gewesen, wenn wir noch die Karaoke-Bar aufgesucht hätten.

In der Früh fühle ich mich erstmals wirklich nicht gut und habe Bauchweh. Trotzdem möchte ich das Frühtraining nicht ausfallen lassen und gehe leicht verspätet in Erics Zimmer hinüber. Christoph und ich werden auf den Teeplatz geschickt, um etwas vorzuzeigen. Der Meister bessert schon bei der ersten Bewegung unglaublich viel aus. Dann bekomme ich mit Eric einen neuen Partner zugeteilt, der eher meiner Größe entspricht, und bin abwechselnd Angreiferin und Verteidigerin, während Sifu Lin mit Christoph die Bewegungen durchführt. Es geht wie immer darum, die eigene Struktur zu behalten, aber keinen unnötigen Druck aufzubauen. Die ersten zwei Bewegungen seien die wichtigsten, betont der Meister und verbessert gleich auch noch einmal die Schlagtechnik. Schließlich zeigt er mir eine neue Übung, bei der ich mit einem zusätzlichen Schritt ausweichen muss. Im ersten Moment bin ich wie üblich etwas verwirrt, was undefinierbare Unmutslaute seinerseits zur Folge hat. Danach wird er handgreiflich und schlägt immer wieder meinen falschen Arm nach unten, was mich dazu zwingt, besser darauf aufzupassen, mit welcher Seite ich den Schritt beginne. „Du musst mit dem Kopf ausweichen", sagt er immer wieder mit resignierendem Kopfschütteln. Nach einiger Zeit funktioniert es tatsächlich besser, ich bin total verschwitzt, es war ein gutes Training und mein Bauchweh ist wie durch ein Wunder verschwunden.

Ein weiteres Wunder ereignet sich am Nachmittag nach dem Mittagessen. Als wir ein Taxi suchen, das uns zur Fabrik bringen kann, entdecke ich am Ende in einer kleinen Seitengasse den „red paper man", den ich seit der ersten Chinareise verzweifelt gesucht habe.

Wir nähern uns seinem Verkaufsstand und er scheint überrascht, dass es heute so eine ungewöhnliche Kundschaft gibt. Eric übersetzt für ihn, dass wir gerne eine Kalligraphie hätten, worauf der alte Mann uns erklären lässt, dass wir uns überlegen müssten, was er schreiben solle. Ich würde alles nehmen, gebe ich Eric zu verstehen, aber der „red paper man" schüttelt den Kopf: Nein, nein, wir müssten uns genau überlegen, was wir wollten, so und so viele Zeichen sollten wir uns ausdenken. Das überfordert uns jetzt etwas. „Wir kommen wieder", sage ich hastig, da die Zeit drängt und wir nun zur Fabrik müssen.

Nach der Übungseinheit lassen wir uns von einem Taxi zurück ins Hotel bringen. Christoph und ich sind voller Tatendrang: Wir wollen ein paar Tees und Kleinigkeiten nach Österreich schicken, um nicht die gesamte restliche Reise unnötigen Ballast mitzuschleppen. Also gehen wir mit zwei Plastiksackerln voller Krimskrams und Eric im Schlepptau zur Post. Wir haben uns bereits genau erkundigt, was wir nach Hause schicken dürfen, und leeren voller Zuversicht den Inhalt des Pakets auf dem Schalter aus. Ich befürchte, dass wir nicht so viel Tee ausführen dürfen, aber zu unserer Überraschung scheint dies kein Problem darzustellen. Die kleinen Teeschälchen aus Glas dürfen allerdings nicht mit ins Paket, und als die Postangestellte weitere Tonschalen sieht, die wir vorsorglich in Zeitungspapier gewickelt haben, schüttelt sie den Kopf und erklärt Eric ganz aufgeregt, dass es nicht möglich sei, das zu verschicken. Ich schließe daraus, dass die Tonschalen vielleicht zu zerbrechlich sind, bis sie erklärt, dass kein Zeitungspapier China verlassen dürfe. Ich bin kurz baff, beschließe aber, diese Tatsache einfach so hinzunehmen, und stecke die Tonschalen in das Paket. Die Postangestellte entfernt das Zeitungspapier diskret. Das weitere Prozedere inkludiert, dass Eric ein Formular ausfüllen muss, das am Ende noch einmal auszufüllen ist, weil er statt eines schwarzen Stiftes einen blauen verwendet hat.

Eine Ewigkeit später verlassen wir erleichtert die Post. Unser Weg führt uns nun voller Spannung zum „red paper man" zurück. Wir haben uns ein paar Schriftzeichen überlegt, die unserer Meinung nach alle von ihm genannten Kriterien erfüllen müssten. Schon von weitem nickt er uns zu und lässt Eric dieses Mal übersetzen, dass auch er sich für uns etwas überlegt hat, dass mit Kampfkunst zu tun habe. Gerne nehmen wir sein Angebot an und ich entscheide mich für eine goldene Schrift auf rotem Papier. Es ist so schön zu beobachten, wie er den Pinsel gekonnt und ohne zu zögern über das Papier führt, mit einem Lächeln auf den Lippen. Ich möchte von ihm wissen, wie lange er schon hier seinen Verkaufsplatz hat und er erzählt uns, dass er seit 40 Jahren dieser Tätigkeit nachgehe und den Leuten zu besonderen Anlässen und vor allem zu Neujahr seine Schriftbänder verkaufe. Wir bezahlen den, in meinen Augen viel zu geringen Betrag, den er von uns verlangt, und er bedankt sich überschwänglich.

Am Abend steht ein gemeinsames Abendessen mit Sifu Lin auf dem Programm. Kaum haben wir aufgegessen, geht es wieder mal durch die Straßen der Stadt. Christoph flüstert mir zu, dass er sich jetzt nach dem Essen nicht so gut fühle. Ich versuche dem Tempo des Meisters vorbei an Straßenmärkten zu folgen, um ihn in der Dunkelheit nicht aus den Augen zu verlieren. Die Straßen werden zunehmend unbelebter und wir kommen in eine Gegend, die etwas unheimlich wirkt. Es sind überhaupt keine Leute dort unterwegs und ich sehe beleuchtete kleine Fabriksgebäude, die beim Vorbeigehen durch die vergitterten Fenster Blicke auf Näher:innen zulassen. Es ist uns klar, dass wir uns in der Nähe des Trainingsraumes befinden müssen und wir versuchen weiterhin, mit Sifu Lin Schritt zu halten. Im Eingangsbereich der Fabrik treffen wir den Besitzer mitsamt seiner Familie. Zu unserer Überraschung gibt es neben seiner Frau drei Kinder, was in China eine Seltenheit ist. Alle haben die gleichen Jogginganzüge an, und er erklärt uns mit einem Grinsen und voller Stolz, dass er ja sogar noch ein weiteres Kind habe. Wir können uns vorstellen, welche Unsummen er für dieses Privileg bezahlt haben muss, und ich bin froh, als wir alle den Lift verlassen, weil er auf mich mit seiner überheblichen Art nur einen mäßig sympathischen Eindruck macht.

Im Trainingsraum angekommen gibt uns der Meister zu verstehen, dass wir uns nun ausruhen könnten, was Christoph nur recht ist. Ich habe keine Ahnung, was wir hier tun werden, und das permanente, laute und wenig freundlich wirkende Gebell des weißen, eingesperrten Hundes im Stock unter uns sowie die Tatsache, dass Christoph sich nicht so gut fühlt, belasten mich ein bisschen. Um auf andere Gedanken zu kommen, beginne ich am Spiegel zu trainieren, was mir Eric gleichtut. Sifu Lin läuft im Hauptraum auf und ab und ich werde das Gefühl nicht los, dass er auf jemanden oder etwas wartet. Irgendwann kommt er wieder zu uns und zeigt auf Christoph und sagt: „Wir filmen die zwölf Bewegungen." Christoph ist mäßig begeistert, begibt sich aber wie aufgefordert mit uns in den Hauptraum. Der Meister möchte, dass er seinen Pullover anzieht, da das ordentlicher aussehe. Dann geht es los, zweimal werden die Partnersets geübt und ich soll alles filmen. Nach dem ersten Durchgang möchte der Meister die Seite wechseln und beginnt, bei Christoph Bewegungen zu verbessern. In seiner gewohnt strengen Manier schlägt er immer wieder Christophs „falschen" Arm weg und erhebt dabei mehrmals seine Stimme. Auf der einen Seite tut mir Christoph, der alles stoisch über sich ergehen lässt, leid, auf der anderen Seite muss ich aufpassen, nicht laut loszulachen, weil die Situation so skurril ist. Ich atme tief durch, damit das mit dem unterdrückten Lachen einhergehende Schwanken meiner Hand nicht auf den Aufnahmen sichtbar ist.

Irgendwann ist dann alles zur Zufriedenheit aller im Kasten, aber Sifu Lin ist jetzt erst so richtig in Fahrt gekommen und es geht weiter mit Filmaufnahmen an der Holzpuppe, die jäh unterbrochen werden, als sein Handy läutet. Auf einmal wirkt er ganz ernst und erklärt uns dann sehr gefasst, dass gerade der Großvater seiner Frau gestorben sei. Kaum hat er das ausgesprochen, steht er schon wieder an der Holzpuppe und das Filmprojekt geht unverändert weiter.

Zu fortgeschrittener Uhrzeit legt Sifu Lin Matten auf und fordert uns dazu auf, die schweren Metallscheiben, die hier herumliegen, in den Hauptraum zu tragen. Als wir sie auf den Boden legen, beginnt er aufgeregt zu gestikulieren und lässt uns über Eric ausrichten, dass wir wegen der Nachbarn ganz leise sein müssten. Ich versuche also, die schweren Scheiben sanft aus meiner Hand auf die Matten gleiten zu lassen. Dann wird wieder gefilmt, wobei Eric als „instant victim" immer wieder mit einem lauten Aufprall zu Boden kracht. Dies geht eine Zeit lang so weiter und es scheint völlig vergessen worden zu sein, dass es ob der fortgeschrittenen Uhrzeit in Verbindung mit dem Lärm, den der unsanfte Aufprall von Eric verursacht, ungehaltene Nachbarn geben könnte.

Sehr spät verlassen wir fluchtartig den Trainingsraum und Sifu Lin winkt auf der Schnellstraße neben der Fabrik einem Taxi hinterher, das er dann im Laufschritt verfolgt, um es für uns aufzuhalten, was ihm tatsächlich gelingt. Zurück im Hotel sind wir fix und fertig.

Beim Frühstück sind wie jeden Tag alle Augen auf uns gerichtet. Wegen des Wochenendes ist das Lokal zu dieser frühen Uhrzeit noch voller als sonst. Als wir zurück ins Hotelzimmer kommen, sticht mir ein schwarzer Damenslip auf meinem Nachtkästchen ins Auge. Er ist definitiv nicht von mir, dafür fehlt eines meiner T-Shirts, kein guter Tausch, denke ich verärgert.

Heute Abend dürfen wir beim Training Fragen stellen. Auf meine Frage, ob es eine Übung gebe, mit der man Anwendungen aus der ersten Form üben könne, runzelt der Meister die Stirn und ich bin nicht sicher, ob er die Frage überhaupt verstanden hat. Zu meiner Überraschung folgt kurze Zeit später eine Antwort, mit der ich nicht gerechnet hätte: Eric wird hingestellt, eingerichtet und muss während einer gefühlten Ewigkeit reglos in der Position verharren, wobei er gleichzeitig für uns übersetzt, was recht lustig aussieht. Mir wird klar, dass meine Frage dermaßen im westlichen Denken verankert war, dass nur diese einfache und klare Antwort folgen konnte, die zusammengefasst lautet: Was sonst gibt es bei der ersten Form zu üben als den Stand?

Nach den Ausführungen zu Stand und Ellbogenhaltung sagt uns der Meister, dass wir zu einem frühen Mittagessen aufbrechen würden. Vor dem Hotel steht zu unserer Überraschung Sifu Lins Frau. Ich weiß, dass sie normalerweise nur einmal im Monat nach Hause kommt, aber sie scheint wegen des Todesfalls in der Familie extra von ihrer Arbeit zurück in die Stadt gefahren zu sein. Zu viert quetschen wir uns auf die viel zu kleine Rückbank eines Taxis. Der Meister fragt amüsiert, ob das bei uns zu Hause in den Taxis auch möglich sei.

Wie erwartet landen wir vor dem Restaurant, in dem seine Freunde arbeiten, und werden in ein Extrazimmer geführt. Kurze Zeit später kommen Sifu Lins Tochter in einem Jogginganzug ihrer Schule und sein Bruder mit seiner Ehefrau, die wir heute erstmals sehen. Im familiären Rahmen wird gespeist und ich bin zufrieden, weil der riesige gedämpfte Fisch ganz nach meinem Geschmack ist. Es ist für kurze Zeit richtig idyllisch und friedlich, würde nicht auf einmal das Thema auf den Elternsprechtag fallen. Anscheinend gibt es dazu viel zu sagen und zu ermahnen. Von Eric erfahren wir, dass es darum geht, dass die Tochter nicht zu viel im Internet surfen und keine Beziehungen zu Burschen pflegen soll. Ich muss schmunzeln, da das Mädchen einen dermaßen braven Eindruck auf mich macht, dass ich mir nicht vorstellen kann, dass sie in der wenigen Freizeit, die sie in der Ganztagsschule hat, irgendwelche verwerflichen Dinge macht. Von ganzem Herzen hoffe ich, dass sie es eines Tages wagt, Übersetzerin zu werden, und zwar trotz der Gefahr, aufgrund der zu hohen Qualifikation keinen Mann zu finden. Vielleicht findet sie ja auch einen, der mutig genug für eine derartige Beziehung ist.

Nachdem das Essen beendet ist, erklärt uns Sifu Lin zum wiederholten Mal den Guolo-Stammbaum mit der für uns neuen Information, dass wir nun die fünfte Generation seien und uns dessen immer bewusst sein sollten. Danach verschwindet er, um eine alte chinesische Waage zu organisieren. Er will uns damit zeigen, wie man sich die Kraftentwicklung in der Kampfkunst vorstellen kann. Tatsächlich kommt er mit einem verrosteten Metallgestell wieder und erklärt dessen Funktionsweise. Noch als wir zum Ausgang gehen, spricht er über die Kraft, die wir im Training entwickeln müssten, und die damit verbundene Schrittarbeit. Dann schüttelt er jedem die Hand und verabschiedet sich auf diese Art, ohne ein weiteres Wort zu verlieren und ohne große emotionale Regung. Als wir alleine in der ausladenden Lobby des Restaurants stehen, spüre ich, dass es sich so anfühlen muss, wenn man Teil der Familie hier ist, irgendwie unaufgeregt. Es herrscht ein Kommen und Gehen, ein ständiger Wandel, dem man in China einfach folgt, ohne wehmütig zu sein.

Nachdem wir ausgecheckt haben, drehen wir noch eine Runde durch die Stadt und besuchen das Teehaus, wo wir wieder einmal beim Essen stören, woraufhin die Besitzerin feststellt, dass wir ja keine normalen Kunden, sondern Freunde seien, jetzt, wo wir uns schon so lange kennen würden. Das bedeute, dass wir jederzeit kommen und uns am Teetisch einfach selbst bedienen könnten, auch wenn wir nichts kaufen wollten.

Auf dem Weg zurück durch den Park erzählt uns Eric lachend, dass es neue Schätzungen bezüglich der Körpergröße von Christoph unter den Parkbesucher:innen gegeben habe, wobei drei Meter doch mehr den durchaus liebenswerten Hang zur chinesischen Übertreibung widerspiegeln. Es gilt nun, sich von Eric zu verabschieden, der sich einen Sitzplatz in einem Bus nach Macau reserviert hat. Wir wissen, dass wir uns in dieser Konstellation an diesem Ort hier definitiv wiedersehen werden, und daher hat auch diese Verabschiedung eine gewisse Leichtigkeit.

In der Hotellobby muss ich an Sifu Lin denken, der wahrscheinlich gerade mit der Organisation des Begräbnisses beschäftigt ist, weil heute noch die Verbrennung des Leichnams vorgesehen ist. Mir wird bewusst, dass uns Welten trennen. Für ihn geht morgen das normale Leben in dieser Stadt weiter, vor uns liegt eine der aufregendsten und schönsten Reisen unseres Lebens, die uns quer durch China führen wird.

Diese Reise ist ein Kennenlernen von Land und Leuten, begleitet von einem Staunen über eine mir bis dato fremde Kultur. China, das Land der Gegensätze, offenbart sich uns auf dieser Reise in unterschiedlichen Facetten. Überfüllte, hochtechnisierte Großstädte neben menschenleeren Landstrichen, durch die moderne Hochgeschwindigkeitszüge rasen; Kommunismus neben Konsumwahnsinn; landschaftliche Schönheit, versunken in dicke Smogwolken, das alles und noch viel mehr erleben wir in den nächsten Tagen. Gerade im weniger touristisch erschlossenen Süden erregen wir Aufmerksamkeit und bei Touristenattraktionen, die hauptsächlich von Einheimischen besucht werden, sind wir die eigentliche Attraktion. Unzählige Fotos vor allem von Christoph werden geschossen und immer wieder erkundigt man sich mit ehrlichem Interesse nach dem Grund unserer Reise.

Ein Chinese, der das Privileg hatte, bereits in Europa gewesen zu sein, schüttelt ungläubig den Kopf, als er erfährt, dass wir eine Hochzeitsreise durch China machen. „Warum fahrt ihr nicht in ein schönes Land, warum bleibt ihr nicht in Europa?", fragt er. Diesen Kommentar kann ich lange nicht vergessen. Das Reich der Mitte, in denen die Einwohner:innen so stolz auf all seine Errungenschaften und seinen Fortschritt sind, hat auch ein anderes Gesicht, eines, das sich dem Westen zuneigt und sich alles einzuverleiben versucht, was kulturell interessant erscheint; ein Bestreben, das in seiner Kompromisslosigkeit und in seinem Mangel an Fingerspitzengefühl oft erschreckend wirkt.

Wien – Bodensee

WIEDER ANGEKOMMEN IN WIEN steht fest, dass es an der Zeit ist, das Pin-San-Wing-Chun-Kung-Fu, das wir bei Sifu Lin erlernen durften, als Testlauf einer kleinen Gruppe von Schüler:innen näherzubringen.

Im regulären Training erreicht unser Reformwille einen neuen Höhepunkt, der zum unausweichlichen und endgültigen Bruch mit einigen langjährigen Schüler:innen führt. Wir führen viele Gespräche und ermuntern einige auch dazu, ihren eigenen Weg zu gehen, niemand soll sich uns verpflichtet fühlen. Es ist klar, dass nicht jeder noch einmal mit Grundtechniken und dem Aufbau einer Körperstruktur wie von vorne beginnen möchte. Aber ein Sich–Messen und offene Partneranwendungen erscheinen uns nun erst dann möglich wenn eine gute Basis gelegt ist.

In diese persönliche Entwicklung fällt die endgültige Trennung von unserem ersten Lehrer, Meister Roy. Die vergangenen zwei Jahre waren geprägt von heftigen Diskussionen, von einem Ausloten der Schnittmenge zwischen dem, was wir in China gelernt haben, und Dingen, die wir seit mehr als zehn Jahren bei ihm erlernen durften. Die Wertschätzung seiner Person ist groß, vor allem Christoph fühlt sich ihm sehr verbunden und doch spüren beide Seiten, dass es an der Zeit ist, eigene Wege zu gehen. Der Abschied ist schleichend und schmerzhaft, bereits zerredet durch die unzähligen Diskussionen und wie in einer langjährigen Partnerschaft, die sich auflöst, ist auch hier allen Beteiligten klar, dass beide Seiten nun eine Zeit lang unabhängig voneinander agieren müssen.

Eine Auszeit kommt uns nun gerade gelegen: Es geht für uns, wie so oft in der Vergangenheit, an den Bodensee, um sich in dieser Umgebung zu erholen und ein bisschen zu trainieren. Schon längst haben wir dort unsere Qi–Gong–Ausbildung abgeschlossen, aber trotzdem verbringen wir rund um Ostern eine Woche bei einer Familie in einem abgeschiedenen Haus in Sipplingen. Wir bewohnen das obere Stockwerk, von dem aus man den See überblicken kann, und genießen die Ruhe in dem kleinen malerischen Ort. Am Ende unseres Aufenthaltes bittet uns das ältere Ehepaar zu einem Gespräch, in dem sich herausstellt, dass sie das Haus verkaufen wollen. Wehmütig geben sie uns zu verstehen, dass es möglicherweise das letzte Mal sein wird, dass wir herkommen können. Gerne würden sie das Haus an uns verkaufen, aber es befindet sich in allerbester Ruhelage und der Preis dafür sprengt unser Budget. Lange sitzen wir am Fuße des Sees und hängen unseren Gedanken nach. Wie schön wäre es doch, dieses Haus zumindest im Sommer bewohnen zu können, aber selbst wenn wir alles Geld zusammentragen würden, ginge es sich nicht aus und es bliebe noch dazu die große Distanz zwischen Wien und hier.

Wie so oft, wenn man an einem Endpunkt angelangt ist, tun sich neue Richtungen auf und führen zu einer Idee, die weitaus realistischer scheint: Warum suchen wir nicht ein Haus in Österreich, in einem kleinen Ort in der Nähe eines Sees in dem wir am Wochenende oder über den Sommer Zeit verbringen und für uns trainieren können. Das Seegrundstück scheitert an der Finanzierbarkeit, stattdessen sehe ich vor meinem inneren Auge einen alten Vierkanthof im Waldviertel auftauchen, den jemand um wenig Geld loswerden möchte und in dem man einen kleinen Trainings-raum schaffen könnte, um auch Schüler:innen einzuladen. Wir sind begeis-tert von der Idee eines Rückzugs- und Trainingsrefugiums am Land und mit diesen Gedanken im Kopf verabschieden wir uns vom Bodensee, von den Möwen, die über dem glitzernden Wasser ihre Runden drehen, und schließlich auch von unseren Gastgebern, die wir tatsächlich nicht mehr wiedersehen werden, mit denen uns aber bis heute eine Brieffreundschaft verbindet.

GEDULD

Strudengau – Wien – St. Wolfgang

BEREITS WENIGE TAGE SPÄTER stehen wir im Waldviertel vor einer ehemaligen Jugendherberge, die zum Verkauf steht. Es ist ein riesiger, komplett renovierungsbedürftiger Komplex, in dem wir uns aufgrund der vielen, verschachtelt angelegten Zimmer beinahe verirren. Wir drehen unsere Runden um das verwahrloste Gebäude, gefolgt von den Blicken der ortsansässigen Bäuer:innen in unmittelbarer Nachbarschaft, und ich weiß, dass es nicht das ist, was wir suchen. Ich versuche den Makler über andere Vierkanthöfe in der Gegend auszufragen, über solche, die vielleicht etwas heller und freundlicher sind. Aber er schüttelt nur den Kopf und gibt mir zu verstehen, dass „Vierkanthof" und „hell" ein Widerspruch in sich sind.

Auf der Autofahrt zurück sind wir wortkarg. Christoph scheint noch einen Funken von Motivation in sich zu spüren und erklärt mir, dass er die Gegend gar nicht so schlecht gefunden habe. Aber ich blocke ab, sehe Bilder meiner Kindheit vor meinem inneren Auge auftauchen, in der ich so gar nicht aufs Land zu meiner Verwandtschaft fahren wollte. Schon immer war ich ein Stadtkind, nur die Au in der Nähe unserer kleinen Wohnung konnte mich begeistern, die idyllische Ruhe und die unangetastete Natur zogen mich in ihrer Fremdartigkeit und gleichzeitigen Vertrautheit in ihren Bann. Viele Stunden konnte ich dort verbringen, mich in den Wiesen und Wäldern verlieren. Daneben die Landwirtschaft der Familie väterlicherseits, ein Alltag geprägt von harter Arbeit und in dieser Direktheit zu roh für mich als sensibles, kleines Kind. So zieht es mich in das künstlerisch-kleinstädtische Umfeld der Familie mütterlicherseits, in dem ich aufwachse und wo ich mich besser zurechtfinde. Doch tief in mir gab es immer ein Verlangen nach Natur und jetzt scheint der Zeitpunkt gekommen, dieser Sehnsucht nachzugehen.

Während der Autofahrt zurück nach Wien sage ich gereizt, dass es für mich unmöglich sei, zwischen Feldern und landwirtschaftlichen Betrieben zu wohnen. Ab diesem Zeitpunkt ist die Idee des Hauses am Land für mich gestorben. Christoph lässt nicht so leicht locker und möchte zumindest noch ein paar Immobilienanzeigen durchforsten. Aber auch er muss feststellen, dass es nicht so leicht ist, etwas zu finden, was unseren Vorstellungen entspricht.

Einzig eine Anzeige erweckt ernsthaft unser Interesse, ein Haus an der Donau, betitelt als Stadtvilla am Land, als lichtdurchflutetes Herrenhaus aus dem 17. Jahrhundert. Alles daran klingt toll, die Nähe zum Wasser, der Charme eines alten Gebäudes, aber die Entfernung zu Wien und die Tatsache, dass es keinen Garten hat, halten uns beinahe davon ab, überhaupt zu einem Besichtigungstermin zu fahren. Da die Maklerin, eine wortgewandte, gesprächige Frau mittleren Alters, durchaus flexibel zu sein scheint, willigen wir zu einem Besichtigungstermin ein. Ich bin überrascht, als plötzlich von einem ehemaligen Gasthaus die Rede ist. Aber dann sitzen wir schon im Auto, und als ich das Glitzern der Donau sehe und in der Ferne den malerischen, kleinen Ort, fühle ich mich irgendwie angekommen.

Das Haus liegt mitten im Ort, verschachtelt in das Nachbarhaus, das der Verkäuferin, einer Ärztin, die nicht anwesend ist, gehört. Der Glanz der vergangenen Jahre ist abgebröckelt und die vergilbte Biedermeierfassade erinnert an bessere Zeiten. Wir stehen an der Schwelle des Hauses und am liebsten würde ich gar nicht eintreten, um mir die Enttäuschung über eine alte Gaststube und vor allem eine in die Jahre gekommene schmuddelige Wirtshausküche, in der ich definitiv nicht wohnen möchte, zu ersparen. Aber als die Tür aufspringt, begrüßt uns ein völlig renovierter freundlicher

Raum mit Holzdecke. Ich blicke zu Christoph hinüber und weiß, dass er sich im gleichen Moment wie ich in dieses Haus verliebt hat.

Der Rundgang durch das Gebäude offenbart viele Mängel. Das obere Stockwerk hat weder Heizung noch Strom, die Fenster sind völlig desolat, es gibt keine Sanitäranlagen und in einem der Räume fehlt ein großes Stück des Fußbodens, so dass wir durch ein riesiges Loch vom ersten Stock in das Untergeschoss hinunter blicken.

Trotzdem unterzeichnen wir Ende Juni einen Vorvertrag. Der Umbau startet im Sommer. Wir lernen stemmen, ich bemale Fliesen und nach einigen Arbeitstagen verbringen wir die lauen Sommerabende auf der Terrasse der neuen Nachbarin, die uns Unterschlupf und einen Rückzugsort gewährt.

Dann reißt uns der Besuch des Meisters aus Hongkong aus der Baustelle. Er hat sich mit seiner Familie für die Sommerferien angekündigt und eingewilligt, mit uns eine Woche in einem Appartement am Wolfgangsee zu verbringen. An einem See fernab des Trubels von Hongkong zusammen zu sein, ist für uns eine tolle Chance, in entspannter Atmosphäre Privatstunden zu erhalten.

Das Salzkammergut ist ja bekannt dafür, dass es nicht so schnell aufhört zu regnen, wenn es sich einmal eingeregnet hat, und genauso ist es schließlich auch. Nicht ein einziges Mal ist es möglich, schwimmen zu gehen, stattdessen trainieren wir je nach Wetterlage am Steg oder unter dem Vordach des Hauses, in dem sich die Appartements befinden. In der Früh weckt uns ein Wetzgeräusch unter unserem Balkon, die Schrittarbeit des Lehrers, der für sich Formen durchläuft und zu dem wir uns hinzugesellen. Wir sind völlig ungestört und werden nur selten von anderen Feriengästen auf unser ungewöhnliches Tun angesprochen. Es ist eine intensive Woche, in der beinahe der ganze Tag gefüllt ist mit Training.

Auf dem Rückweg nach Wien führt uns ein Zwischenstop zu unserem neuen, alten Haus an der Donau. Es ist noch immer eine riesige Baustelle, der Charme des alten Gemäuers begeistert aber auch unsere Gäste und sie geben uns zu verstehen, dass sie gerne auch hier einmal ein paar Tage verbringen würden. Es wäre doch schön, abends den Mond zu beobachten, was bei der Lichtverschmutzung in Hongkong ja unmöglich sei. Dieses „Watching the moon" wird für uns in den nächsten Monaten zum geflügelten Wort, zum Synonym für die romantische Vorstellung, im Einklang und im Rhythmus mit der Natur zu leben, und immer wieder strapaziert, wenn wir an unseren Lehrer denken.

Thailand – Strudengau

Im Herbst, knapp vor Ende der Renovierungsarbeiten, fliegen Christoph und ich nach Thailand, um unseren daoistischen Lehrer zu treffen. Das Wing-Chun blenden wir für die zwei Wochen, die wir in einer kleinen Gruppe gemeinsam mit ihm verbringen, völlig aus und tauchen stattdessen in die faszinierende Welt des philosophischen Daoismus ein.

Nach der Reise ist vor der Reise: Kaum sind wir aus Thailand zurückgekehrt, konkretisieren sich bereits unsere Pläne für das kommende Jahr. Für Ostern kündigt sich der Meister aus Hongkong, Sifu Kong, für einen Besuch mit seiner Familie in unserem Haus an. Wir vereinbaren, in diesen gemeinsamen drei Wochen die dritte und letzte Faustform im Wing-Chun, genannt Bil-Chee, bekannt für Fingerstiche und Notfalltechniken, durchzunehmen.

Diese Ankündigung hat zur Folge, dass wir zu Beginn des Jahres noch einmal unser Trainingspensum erhöhen, um den Erwartungen des Lehrers gerecht zu werden. Es sind schöne und intensive Monate des Trainings, die wir zum Großteil bereits in unserem Haus verbringen. Es gibt nun einen eigenen Trainingsraum, den wir nach und nach mit Leben füllen. Im Februar laden wir erstmals unsere Schüler:innen für ein Wochenende zu uns ein, um gemeinsam zu trainieren, und auch der Gästetrakt des Hauses wird dadurch belebt.

Die Zeit um Ostern mit Sifu Kong führt mich an meine körperlichen Grenzen. Die täglichen Privatstunden, in denen wir die gesamte Form mit all ihren Anwendungen durchnehmen, fordern mich geistig sowie körperlich. Ich muss feststellen, dass es bei mir noch immer Schwachstellen physischer Art gibt, dass ich noch zu unbeweglich in der Hüfte bin, um meinen Körper so weit und richtig verdrehen zu können, wie es notwendig wäre, damit ich mit den Techniken den nötigen Druck aufbauen kann. Immer wieder muss ich mit meinem Oberkörper ein bisschen ausweichen, was zur Folge hat, dass ich entweder meine gute Struktur aufgebe und dadurch zu wenig Kraft nach vorne aufbauen kann oder dass ich meine Knie belaste, was zu einer unnötigen Abnutzung des Gelenks und in weiterer Folge zu Knieproblemen führen kann.

Es ist keine Seltenheit, dass Kampfkünstler:innen an Knieproblemen laborieren und auch ich spüre durch das stundenlange intensive Training, dass die Einheit von Knie und Hüfte noch nicht optimal von meinem Körper aufgebaut werden kann. Ich weiß, dass es gerade für mich als Frau wichtig ist, den Körper gut einzusetzen, da ich aufgrund meiner Größe und meines Gewichtes ohnehin genug Nachteile habe. Es ist nicht überraschend zu hören, dass es bei Sifu Kong bisher keine Schülerin gibt, die diese Hürde überspringen konnte. Gerade Frauen erkennen mit der Zeit, dass sie die Kraft über ihre gesamte Masse generieren müssen und resignieren nicht selten ob der körperlichen Unterlegenheit, die nur durch besonders saubere Technik und fehlerfreie Schrittarbeit auszugleichen wäre.

Die Bil-Chee begeistert mich wegen ihrer explosiven Dynamik und ihrer runden Bewegungen. Bisher wurde der Körper immer als Einheit eingesetzt, was nicht selten dazu geführt hat, dass ich mir wie ein Stück Holz vorkomme, das man zwar in unterschiedliche Richtungen durch den Raum bewegen kann, das aber keiner Verdrehung standhalten und daher sofort brechen würde. Jetzt auf einmal kann ich mich verdrehen, kann einzelne Körperteile isolieren und andere dafür befreien und unabhängig voneinander einsetzen, um Kraft zu generieren. Nun endlich macht es Sinn, auf engstem Raum zu kämpfen, was dem Wing-Chun als besondere Qualität nachgesagt wird. Es ist plötzlich so viel leichter, Kraft eines körperlich überlegenen Gegners vorbeizuleiten oder jemanden zu Fall zu bringen und Ellbogentechniken einzusetzen. Zusätzlich lernen wir aktiv Angriffe zu setzen und sich nicht mehr nur ausschließlich zu verteidigen. Ich habe dabei das „More aggressiv" des Lehrers im Ohr, mit dem er meint, dass ich noch kompromissloser den Weg Richtung Gegner suchen könne.

Die neuen Ideen und Denkansätze brechen über mich herein und ich kann mich unmöglich auf alles gleichzeitig konzentrieren. Besonders fordernd ist die Situation, wenn der Meister aufgrund derselben Körpergröße an mir die Bewegungsabläufe demonstriert und ich sie dann kurz darauf nachmachen muss. Ich kann nicht so wie Christoph zusehen, aber ich habe den Vorteil, den Bewegungsablauf erspüren zu können, was mir bei meiner Lernweise dann doch zugute kommt. Am Abend bin ich immer völlig kaputt und die Meditationstechniken, die mir der daoistische Lehrer beigebracht hat, helfen mir, mich rechtzeitig zu regenerieren, um am nächsten Tag wieder motiviert vor Sifu Kong stehen zu können.

Durch die gemeinsame Wohnsituation verbringen wir abseits des Trainings viel Zeit mit der Familie des Meisters. So erfahren wir Details über das Leben in Hongkong und über die Zeit von Sifu Kong bei seinem Lehrer und führen abends beim gemeinsamen Tee lange Gespräche. Drei Wochen sind eine lange und kurze Zeit gleichzeitig, und die Tage sind angefüllt mit Training, Essen kochen und selbstständigem Wiederholen des Gesehenen, um das Gelernte zu festigen und nicht gleich wieder zu vergessen.

Nachmittags erkunden wir auf Spaziergängen die nähere Umgebung, wobei der Wald hinter unserem Haus einen besonderen Anziehungspunkt für die Familie darstellt. Kaum haben wir die kleine, betonierte steile Straße verlassen und biegen in den Waldweg ein, ist die Begeisterung der Gäste groß. Ein Detail, das mir so noch nie aufgefallen ist, stößt auf besonderes Interesse, und zwar das Laub, auf dem wir gehen. Es löst bei unseren Besucher:innen eine ungeahnte Faszination aus. Nein, in Hongkong gebe es nicht so viel Laub am Boden und keinen weichen, bemoosten Waldweg, bei dem jeder Schritt von einem Rascheln und Einsinken begleitet wird. Die Vorstellung, dies nicht zu kennen, macht mich melancholisch. Wie glücklich sind wir hier und wissen es oft nicht zu schätzen? Bereitwillig zeige ich ihnen die ersten Frühlingsboten neben dem Waldweg und animiere die Frau des Meisters dazu, sich einen kleinen Strauß davon zu pflücken, den wir dann zu Hause in einer Vase kunstvoll drapieren.

Abends versuchen wir, die Fülle an Wing-Chun-Techniken, die tagsüber über uns niederprasseln, auf Video zu archivieren, um die Abläufe dann in der Abwesenheit des Lehrers besser abrufen zu können. Sifu Kong ist dabei immer sehr hilfsbereit, ermahnt uns aber, dass ein Archivieren der Bewegungsabläufe nicht ausreiche, wir müssten sie üben und verinnerlichen. Er erklärt uns, dass es in der heutigen Zeit selbst in China schwierig sei, Schüler:innen zu finden, die sich wirklich intensiv mit der Materie auseinandersetzen würden und die Zeit und Ausdauer hätten, sich länger mit einer Form und deren Anwendungen zu beschäftigen. Viele würden glauben, dass es reiche, etwas einmal gesehen zu haben und es auf Video aufgenommen zu haben. Aber echtes Können erreiche man nur durch harte Arbeit, dadurch, dass man sich Bewegungsabläufe aneigne, einverleibe, sie mit eigenem Leben fülle.

Nach drei Wochen intensiven Trainings haben wir es tatsächlich geschafft, die gesamte Form mit all ihren Techniken und Anwendungen so, wie Meister Kong sie interpretiert, durchgenommen zu haben. Wir müssten alles so schnell wie möglich wiederholen, aber das würden wir ohnehin wissen, sagt er beim Abschied schmunzelnd.

Nun haben wir neuen Boden betreten. Nach einer langen Durststrecke haben wir es geschafft, wir schreiten endlich voran und nicht mehr nur zurück, um unsere Defizite auszugleichen. Es ist befreiend zu erkennen, dass wir endlich das über Jahre Gelernte einfließen lassen können, ohne dass es hinderlich ist. Nun plötzlich ist der Fortschritt nicht mehr aufzuhalten, im Gegenteil, jetzt, wo es durch die Bil-Chee offener und bewegter wird, können wir erstmals punkten und die Erfahrung des letzten Jahrzehnts kommt uns zugute. Die kommenden Wochen und Monate sind geprägt davon, das Gesehene zu üben, so dass es tief in unseren Körper eindringen kann und ohne viel Nachdenken abrufbar wird.

Der Sommer ist anders als in den letzten Jahren. Wir sind in unserem Haus an der Donau und organisieren zum ersten Mal eine Sommertrainingswoche für unsere Schüler:innen. Die alten Gemäuer sind plötzlich durchdrungen von den Stimmen und den Stimmungen der Schüler:innen, die das große Haus mit ihrer Präsenz füllen. Es scheint so, als würde das Haus, in dem vor langer Zeit zahlreiche Feste und Gelage gefeiert wurden, wie wir aus Erzählungen unseres Nachbarn wissen, endlich wieder zu seiner Ursprungsbestimmung zurückgefunden haben.

Christoph beginnt Brot zu backen und erfährt, dass es tatsächlich genau hier, in unserem Trainingsraum, eine Bäckerei gegeben habe. Und ich bepflanze mit zunächst mäßigen Erfolg den kleinen Garten mit Küchenkräutern und höre von einer der älteren Einwohnerinnen des kleinen Ortes, dass die vorherige Hausherrin und Wirtin in diesem Teil des Gartens Gemüse gepflanzt habe. Das Haus zieht uns in seinen Bann und wir entwickeln durch das neue Umfeld neue Interessen und Vorlieben, denen wir widerstandslos folgen. Es zieht mich hinaus in die Natur, in den Wald, der mich schon von Kindheit an fasziniert hat. Endlich ist es möglich, nur ein paar Schritte vor die Haustür zu tun und sich in einer anderen Welt wiederzufinden. Die Zeit bis zur Chinareise im Herbst vergeht durch die Faszination, die das neue Umfeld mit sich bringt, wie im Flug.

Thailand – China

NACH EINEM ZWEIWÖCHIGEN AUFENTHALT in Thailand bei unserem daoistischen Lehrer, bei dem wir von früh bis spät in der Isolation unserer Hotelanlage durch die Übungspraxis in den Genuss von wenig äußeren Einflüssen gekommen sind, geht es für uns weiter nach Hongkong. Noch geistig mit der Verarbeitung der unzähligen Eindrücke, die unsere daoistische Praxis mit sich bringt, beschäftigt, versuche ich mich im Flugzeug mit aktueller „Action à la Hollywood" wieder ins bevorstehende pulsierende Leben Hongkongs einzuklinken. Die spektakulären Actionszenen holen mich mit ihrem großen Getöse zurück in die Realität.

Als erstes geht es in unser Hotel, dorthin also, wo vor fünf Jahren alles begonnen hat. Schon beim Verlassen der U-Bahn-Station stellt sich ein Hochgefühl ein und spätestens als ich in der geschäftigen Hotellobby stehe, fühle ich mich irgendwie zu Hause.

Nachdem wir unser Zimmer, das dieses Jahr noch weniger geräumig ausfällt als sonst, bezogen haben, zieht es uns sofort in die Hotel-Bar, um eine Kleinigkeit zu essen. Wir sind beide gespannt, ob die gleiche Band wie in den Vorjahren die gleichen Lieder wie jeden Abend zum Besten geben wird. Sie besteht aus einer adretten Sängerin im Abendkleid und einem optisch in den 80er-Jahren steckengebliebenen Keyboarder, der ihr Vater sein könnte. Schon aus der Ferne sehen wir, dass die Musiker ihren Platz im vorderen Bereich des Raumes bereits eingenommen haben, aber ich erkenne sofort, dass die Sängerin nicht mehr die Gleiche ist und bin fast ein bisschen enttäuscht. Christoph stellt fest, dass es schade sei, dass er die

Happy Hour nicht mehr nutzen kann, da wir beide seit einiger Zeit keinen Alkohol mehr trinken. Er bestellt schließlich ein Mineralwasser, worauf der überaus bemühte Kellner das Wasser der Marke „Evian" wie einen edlen Tropfen ankündigt, um danach zu fragen, ob es wohl recht und angenehm sei. Ich versuche eine der Umgebung angepasste „Ja-ein-Evian-ist-schon-eine-gute-Wahl"-Miene aufzusetzen, um die Bemühungen des Kellners zu honorieren.

Kaum ist unsere Bestellung aufgenommen, beginnt die musikalische Untermalung. Wir sind nun seelisch dazu bereit, der neuen Sängerin, die ihr mit Swarovski-Steinen besetztes, funkelndes Mikro schwungvoll in die Hand nimmt, eine Chance zu geben. Tatsächlich steigert sie sich in unseren Augen von Lied zu Lied, nicht zuletzt deshalb, weil nach einiger Zeit einer ihrer Bewunderer an einem der vorderen Tischen Platz nimmt, ihr schmachtende Blicke zuwirft und selig im Takt mitschwingt.

Nebenan, im großen Veranstaltungssaal, findet wie so oft in diesem Hotel ein Hochzeitsbankett statt und ich beobachte von meinem Sitzplatz aus die Reaktionen auf die Musik ebenso wie die der eintrudelnden Hochzeitsgäste. Es ist genau das, was ich an Hongkong so liebe: Man braucht sich nur umzublicken und es wird nie langweilig.

Nachdem wir uns am nächsten Tag durch die Straßen Hong Kong's haben treiben lassen, sind wir erschöpft. Von der Ruhe der Meditation in Thailand in den Lärm und die Menschenmenge hineingeworfen zu werden, mit der Mission, sich hier auf bekannten Pfaden neu orientieren zu müssen, ist doch etwas anstrengend und führt dazu, dass wir uns auf einer Parkbank wiederfinden. Lange sitzen wir da und jeder hängt seinen Gedanken nach. Kann es sein, dass Hongkong für uns nicht mehr das ist, was es früher einmal war? Ein Jahr nicht hier gewesen zu sein erfordert viel zusätzliche Energie in der Eroberung der Stadt, die man bereits so gut kannte, die sich aber ständig neu erfindet.

Umso mehr freut es mich, dass eine Konstante der vergangenen Jahre nun in Erscheinung tritt, unser Freund Eric, der angekündigt hat, uns in der Hotellobby zu einem gemeinsamen Drink abzuholen.

Gemeinsam gehen wir zu einer kleinen Seitengasse, in der es verschiedene Lokale zur Auswahl gibt. Ich mag dieses Viertel, weil es belebt ist und gleichzeitig etwas Charmantes an sich hat, wie sich die Lokale mit ihren überfüllten Gastgärten aneinanderreihen. Eric erzählt uns, dass Sifu Lin angekündigt habe, uns eine Stock-Form beizubringen. „Mir persönlich wäre es ja lieber, wenn wir die alten Dinge im Detail wiederholen könnten", sage ich, worauf die anderen beiden nicken und Eric mich mit einem „Sifu does what Sifu does" zum Lächeln bringt. Ich weiß genau, dass ich diesen Satz in den nächsten Tagen noch des Öfteren zu hören bekommen werde. Amüsiert von den Mutmaßungen darüber, was uns in Guolo erwarten könnte, brechen wir auf.

In der Früh bin ich ganz entspannt, weil ich weiß, dass ab nun Eric für uns zuständig ist, und tatsächlich dreht er beim Busbahnhof gleich die erste Runde, um sicher zu gehen, dass wir hier richtig stehen. Nach und nach kommen mehr Leute und Eric, der anscheinend so aussieht, als wüsste er alles, wird angequatscht und von den Einheimischen um Auskunft gebeten. Als er noch einmal eine Runde dreht, bin ich mir nicht sicher, ob er tatsächlich nach dem Bus Ausschau hält oder vor zwei älteren Damen flüchtet, die ihn in Beschlag genommen haben. Zu seinem Glück biegt nun tatsächlich ein Bus um die Ecke und nach etwas Aufruhr finden alle Personen den ihnen zugedachten Platz.

Als der Bus bei unserer Station hält, sind wir verwundert. Er bleibt nicht wie üblich direkt vor der Brücke, die zum Hotel führt, stehen, sondern auf der gegenüberliegenden Straßenseite. Wir wissen bald, warum: Das gesamte Gelände auf der künstlichen Insel ist mit Zäunen abgesperrt und es gibt keinen Durchgang zum Hotel. Wir blicken uns fragend an und ich fühle mich wie immer hier in einen Zustand versetzt, der zwischen leicht genervt und sehr amüsiert hin und her schwankt. Als wir die kleinere Brücke seitlich vom Hotel überqueren, stellen wir beruhigt fest, dass der ehemals trockengelegte See nun wieder Wasser enthält, was uns optimistisch stimmt. Weniger optimistisch stimmen mich ein Plakat in der Hotellobby mit einer spärlich bekleideten Dame, die angeblich für Massage wirbt, und die etwas seltsam wirkenden Männer, die auf der Couch im Eingangsbereich herumhängen und uns prüfend mustern. Noch bevor wir das Hotel betreten, winkt uns allerdings Sifu Lin aus der Ferne zu und eilt uns über die Brücke entgegen. Er sieht gut aus, ist sehr gut gelaunt und herzt uns zur Begrüßung. Ich bin ganz überrascht, dass er so locker rüberkommt, und seine positive Stimmung steckt mich an.

Gemeinsam geht es hinauf zu den Zimmern, vorneweg Sifu Lin, wie immer im Eilschritt. Er mustert erst Erics Zimmer prüfend, dann unseres. Während wir noch im Zimmer, das wie letztes Jahr desolat wirkt, herumgehen, ruft uns der Meister zu sich und zeigt uns ein anderes Zimmer, das auf der anderen Seite des Ganges liegt und über ein Doppelbett verfügt. Auf mich macht es generell einen freundlicheren Eindruck und als der Meister uns fragt, ob wir lieber dieses Zimmer hätten, nicken wir zustimmend. Er greift zum Telefon und ruft bei der Rezeption an. Das könne nur Sifu Lin machen, sagt Eric halb im Scherz.

Dann geht sofort der Unterricht in Eric's Zimmer los. Ich bin ziemlich überrascht, dass es jetzt vor dem Mittagessen noch eine Einheit gibt. Noch mehr wundere ich mich darüber, dass der Meister mich als erste dazu auffordert, zu ihm zu kommen, um seine Atemtechnik zu erfühlen. Normalerweise brauchen wir immer ein bisschen Zeit, um miteinander warm zu werden, da es für ihn jedes Jahr etwas gewöhnungsbedürftig ist, eine Frau zu unterrichten. Dieses Mal allerdings lässt er gar nicht mehr von mir ab, ich muss ihn noch dort und da berühren und er führt meine Hände zu allen Stellen, die seiner Meinung nach relevant sind, um die Verbindung zwischen Atmung und Kraftübertragung zu erspüren. Dabei soll ich meine Empfindungen in Worte fassen.

Sifu Lin ermahnt uns, seine Informationen nicht an jeden weiterzugeben, sondern nur an sehr gute und vertrauenswürdige Schüler. Ich nicke zustimmend. „Nicht herschenken", fügt er hinzu, ein Standardsatz, der es normalerweise rechtfertigt, dass man gewisse Informationen zumindest verkaufen darf. Mit dieser chinesischen Einstellung kann ich mich nach wie vor nur schwer anfreunden. Wenn man die Dinge falsch übe, könne man psychische Probleme bekommen, sagt der Meister so trocken und ohne jegliche weitere Erklärung, dass ich schmunzeln muss und denke: „Willkommen bei Sifu Lin und seiner Unterrichtsmethodik!"

Damit sind die Ausführungen über Atmung und Kraftübertragung beendet und es geht, nach einem gemeinsamen Essen mit einem mir unbekannten Schüler, zur neuen Schule. Ich bin schon sehr gespannt auf die Räumlichkeiten, von denen ich bisher nur ein Foto gesehen habe. Sifu Lin erklärt uns während der Autofahrt, dass seine Schüler den Raum extra für das Training gemietet hätten.

Hinter einem kleinen Teich bleiben wir vor ein paar unscheinbaren Häusern stehen. Ich bin noch dabei, die einfachen Steinhäuser auf mich wirken zu lassen, da macht uns Sifu Lin darauf aufmerksam, dass nebenan auf einer Steinbank gerade ein Hund geschlachtet werde. Diese Information lässt mich kurz erstarren. Das blutige Bein, das auf der Bank liegt, sieht für mich nicht gerade einladend aus. Ich nicke den Bewohner:innen der Steinhausanlage grüßend zu und staune über den großen Wok, der bereits neben der Steinbank aufgebaut wurde.

Wir betreten die Anlage und bleiben vor einer Garage stehen, deren Rollläden nun zur Hälfte aufgeschoben werden. Nachdem der Meister eingetreten ist, reißt er die vergitterten Fenster auf, damit frische Luft hereinkommen kann. Mein erster Eindruck vom Trainingsraum ist sehr gut, vor allem die kleine Sitzecke mit dem einfachen Holztisch und den Hockern finde ich sehr einladend. Während wir noch durch den Raum streifen, hat sich der Meister bereits gesetzt und damit begonnen, Tee zuzubereiten. Neben einem Vorhang, hinter dem sich anscheinend ein Loch für diverse große und kleine Verrichtungen im Boden verbirgt, sticht mir eine Holzpuppe ins Auge. Auffallend daran sind die rötliche Farbe des Holzes und eine chinesische Inschrift, die am Korpus angebracht ist. Sifu Lin folgt meinen Blicken und erklärt stolz, dass sie ein Geschenk seiner Schüler gewesen sei, was die Inschrift zu erkennen gebe. Die Holzpuppe sei aus Rosenholz, was die schöne Farbgebung erkläre.

Nach ein paar Schlucken Tee werden wir aufgefordert, die Wendung vorzuzeigen. Sie ist nach dem Stand ja das erste, was man hier lernt, und der Baustein, an dem man jahrelang feilen kann. Ich bin irritiert, weil am Boden Plastikauflagen liegen, die der Garage den Touch einer Sportstätte geben, aber den Nachteil haben, dass sie die Wendung noch schwieriger machen, weil man am Boden kleben bleibt. Es war klar, dass es einiges zu verbessern gibt, und der Meister redet auf uns ein, was damit endet, dass Christoph eine zusätzliche Schrittarbeitsübung machen muss, bei der er mich huckepack durch den Raum trägt, was ziemlich anstrengend aussieht und umgekehrt leider oder zum Glück für mich nicht durchführbar ist.

Danach sollen wir uns vor die Spiegelfläche stellen, um die erste Form vorzuzeigen. Ich bin überraschend wenig nervös, und tatsächlich gibt es seitens des Meisters nur wenig zu korrigieren. Zufrieden setze ich mich auf seine Aufforderung hin, trinke den Tee, den uns der Schüler in der Zwischenzeit nachgeschenkt hat, und versuche, die Verbesserungsvorschläge schriftlich festzuhalten.

Dann herrscht plötzlich Aufbruchsstimmung. Die Rollläden der Garage werden mit lautem Knarren hinuntergezogen, wir marschieren vorbei am dampfenden Hunde-Wok und werden zur meisterlichen Wohnung chauffiert, um dort, wie könnte es anders sein, Tee zu trinken. Wir wiederholen nun Übungen bei denen es darum geht, mehr Kraft aus den Beinen zu holen und nicht nur aus der Hüfte. Ziel ist, den Körper so einzusetzen, dass man die Kraft, die man über die richtige Beinspannung generiert, über die Hüfte in die Arme schicken kann. Um das zu verdeutlichen, zeigt uns Sifu Lin die Schritte, die wir heute in der Schule gelernt haben noch einmal vor und schleppt dabei einen großen Wasserkanister, der normalerweise im Wohnzimmer steht, durch die Gegend. Auch Christoph und ich dürfen uns darin versuchen, wobei es nicht so leicht ist, die Kraft immer nur aus den Beinen und nicht aus den Armen zu holen.

Danach wiederholen wir, wie in der Schule angekündigt, das erste Partnerset der zwölf Bewegungen, was von Sifu Lin sofort unterbrochen und besprochen wird. Ich weiß genau, dass dem Meister gerade das erste Set besonders wichtig ist, und daher versuche ich geduldig, alle Details, die er korrigiert, sofort umzusetzen.

Leider haben sich durch Missverständnisse und falsche Schlussfolgerungen im Zusammenhang mit einer anderen Übung, mit deren Hilfe man sensibler auf Druckrichtungen reagieren kann und die er uns letztes Mal gezeigt hat, falsche Bewegungsmuster im Körper gefestigt. Ich muss daher sehr aufpassen, um nicht einfach das Gewohnte abzuspulen. Das gehört für mich zum Lernen über große Distanz und ohne ständiges Feedback des Lehrers dazu: Viele Dinge verbessern sich im Laufe der Zeit, und auf den ersten Blick unüberwindbar wirkende Probleme lösen sich von selbst, aber andere Dinge entwickeln sich eben in eine falsche Richtung. Es gilt, sich nun möglichst schnell damit abzufinden, flexibel zu sein und die Bereitschaft zum Umlernen zu haben.

Trotz aller Bemühungen ist Sifu Lin mit dem Bewegungsablauf nicht restlos zufrieden und gibt uns zusätzliche Anweisungen. Wie immer beginnt nun die Phase, wo er einen mit seinem ständigen Kopfschütteln und seinen Unmutslauten richtig zermürbt. Nie darf man einfach üben, denn kaum setzt man die Bewegung an, wird man schon unterbrochen. Daher bin ich fast froh, als die Trainingseinheit beendet ist.

Im Stechschritt geht es in die Stadt. Vor einem kleinen Geschäft für Haushaltsartikel bleiben wir stehen. Alle möglichen Utensilien stehen in großen und kleinen Kisten auf Regalen, doch der Meister findet in dem Sammelsurium recht schnell das, was er eigentlich sucht: Er möchte, dass wir besonders lange Essstäbchen kaufen, die hier zum Grillen verwendet werden, damit wir mit deren Hilfe das kraftvolle Zugreifen besser üben könnten. Zehn Paar bräuchten wir, sagt er und beginnt, mit der Dame an der Kassa über den Preis zu verhandeln. Es ist wenig überraschend, dass er mit seiner bestimmten Art für uns einen besseren Preis aushandelt. Zufrieden ziehen wir mit einer Hand voller überdimensionaler Essstäbchen weiter.

Das nächste Ziel ist ein kleiner Imbiss und danach geht es zurück ins Hotel. Ich packe ein paar Dinge aus und wir machen es uns im Zimmer gemütlich. Alles wäre ganz gut abgelaufen, wenn nicht vor Aufbruch das Thema WC relevant geworden wäre. Zu unserer Erheiterung gibt es nicht nur in unserem Zimmer ein Problem mit der Spülung, sondern auch in Erics, was dieser feststellen muss, nachdem ich Christoph ins Nebenzimmer auf die Toilette geschickt hatte. Wir kommen gar nicht aus dem Lachen heraus, als Eric bei der Rezeption anrufen muss, um zu erklären, dass wir einen Hausarbeiter bräuchten. Shit happens.

In der Schule ist der Meister dabei, Tee zuzubereiten, aber ich habe mir vorgenommen, höflich abzulehnen. Als der Tee reihum eingeschenkt wird, verlange ich ganz bestimmt, wie es normalerweise die Art von Sifu Lin ist, eine Tasse heißes Wasser. Dem anwesenden Schüler, den ich nicht kenne, von dem ich allerdings erfahre, dass er mit Baggern und Zement arbeitet, was seinen Spitznamen „Cementman" erklärt, erzähle ich, dass ich heute schon zu viel Tee getrunken hätte, woraufhin darüber debattiert wird, dass ein Teerausch etwas durchaus Schlimmes wäre, ähnlich wie ein durch Alkohol verursachter oder sogar noch schlimmer. Zum Glück habe ich diese Erfahrung, was den Tee betrifft, noch nie gemacht und bin nun bereit für ein weiteres Training.

Während wir eine Gefühlsübung, die hier als „Rollende Hände" bezeichnet wird, ausführen, kommen zwei weitere Schüler, von denen einer Ah Seng sein könnte, den wir vor drei Jahren kennengelernt haben und der mir damals an der Holzpuppe beigestanden ist. Allerdings bin ich mir bis zum Ende des Trainings nicht sicher, ob er es tatsächlich ist. Unsere einzige Kommunikation besteht darin, dass er meint, es sei so schade, dass es bei ihnen keine Frauen im Training gebe. Der andere Schüler, der sich geduldig alleine beschäftigt, wirkt sehr jung und wir hören von Sifu Lin, dass er viel Kraft besitze, sie aber nicht einzusetzen wisse. Eine typische, trockene Aussage und Analyse des Meisters.

Das Gefühlstraining ist, weil ich den Ablauf noch nicht verinnerlicht habe, geistig sehr fordernd und so bin ich ganz auf die Sache konzentriert. Natürlich stimmt dies und jenes nicht und wir werden für zu weit nach innen gepresste Ellenbögen gerügt, weshalb wir in Sifu Lins Augen zu verkrampft in der Schulterpartie sind. Die zu weit nach innen gepressten Ellenbögen könnten aber auch die Folge einer verspannten Schulter sein, je nachdem, aus welchem Blickwinkel man das sehen möchte. Der Meister weiß das gut nachzuäffen und ist dabei schonungslos ehrlich.

Das zweite Partnerset, das wir vorzeigen müssen, wird dann vor den Augen der anderen von Sifu Lin kommentiert. Jedes Jahr gehört es dazu, dass wir vor anderen Schülern oder Gästen des Meisters verbessert oder, wie ich es nenne, vorgeführt werden. Das ist sehr nervig, aber auch lehrreich, was den Umgang mit dieser Situation betrifft. Zu später Stunde, nach einem so anstrengenden Tag, habe ich keine so dicke Haut mehr. Auch Christoph wirkt ermattet und Sifu Lin stellt fest, dass wir müde seien und es nun reiche.

Als wir nach einem Fußmarsch durch den menschenleeren Park im Hotelzimmer ankommen, bin ich überrascht. Es ist nach 23 Uhr und ich höre Leute unglaublich schlecht in der Karaoke-Bar nebenan in unverschämter Lautstärke singen. Wir überlegen, ob wir abwarten, beschließen dann aber doch, an Erics Zimmertür gegenüber zu klopfen. Er muss wieder mal für uns bei der Rezeption vorsprechen, da ja niemand hier Englisch spricht. Das Telefonat ergibt, dass die Karaoke-Bar bis drei Uhr früh in Betrieb sei. Ich bin etwas ungehalten. Unser Stockwerk sei angeblich ausgebucht, übersetzt Eric, als wir kurze Zeit später wegen eines anderen Zimmers persönlich an der Rezeption stehen. Das ist seltsam, weil ich tagsüber keine Hotelgäste gesehen habe. Immerhin bietet uns der Rezeptionist nach kurzem Überlegen ein

Zimmer auf der gegenüberliegenden Seite im darunter liegenden Stock an. Es dürfte unter Erics Zimmer liegen und hat die Fenster zum Park hinaus.

Zwei Zimmer später sind wir zufrieden, genießen die wiedergewonnene Ruhe und können schon wieder über die Geschehnisse des Tages lachen. Es ist unglaublich, dass wir noch nicht einmal einen Tag hier sind und so viel passiert ist, stellen wir fest.

In der Früh bin ich ziemlich kaputt, so kaputt, dass wir das Frühstück mit Eric absagen und stattdessen noch länger im Zimmer herumhängen. Als ich Eric in der Hotellobby sehe, weiß ich sofort, dass auch er nicht in Bestform ist, er wirkt müde. Zu dritt schleppen wir uns durch den Park zur Wohnung von Sifu Lin. „Heute trinke ich nur Wasser", gebe ich ihm gleich zu verstehen, als er meine Teetasse füllen möchte, was er mit einem Nicken zur Kenntnis nimmt. Kurze Zeit später werden wir aufgefordert, die erste Bewegung der zwölf Bewegungen, Dai-Lim-Tao, erneut vorzuzeigen. Der Meister ist sehr streng, und obwohl das letzte Mal, als wir das Partnerset präsentiert haben, nur wenige Details verbessert wurden, scheint heute wieder alles falsch zu sein. Es ist der Moment, in dem man das Gefühl hat, zehn Schritte zurückzugehen und keinen einzigen nach vorn.

Am späten Vormittag brechen wir zu einer Fischfarm auf. Ich frage mich, was wir dort machen werden, und vermute, dass es ein Mittagessen geben wird, aber dem ist nicht so. Im Auto stellt sich heraus, dass die Fischzucht einem Trainingspartner von Sifu Lin, also unserem Sisuk, gehört. Das geräumige Auto des Meisters führt uns hinaus aus der Stadt und ich hänge meinen Gedanken nach. Es hat sich unglaublich viel im Leben von Sifu Lin seit unserem ersten Aufenthalt in China verändert und ich sehe ihn in meiner Erinnerung neben dem vor zwei Jahren verstorbenen Großmeister stehen und unsere Frage in dessen Ohr schreien. Damals war es seine Hauptbeschäftigung, die rechte Hand, der Assistent des alten Meisters zu sein. Heute ist er selbst von Schülern umringt, hat seine eigene Schule, sein eigenes Auto, einen Job als Security für hochstehende Beamte und ist dadurch, wie wir erfahren haben, das erste Mal mit einem Flugzeug nach Peking geflogen. Er ist stolz auf all das, was er erreicht hat, das merkt man ihm an und ich bin glücklich für ihn. Aber ich vermisse auch den einfachen, bodenständigen Mann, der mit seinem Moped durch die Straßen seiner Heimatstadt flitzt. Heute ist alles anders, er ist nicht mehr angewiesen auf die Leihgabe der Autos seiner Schüler, um uns irgendwo hin bringen zu können, nein, er chauffiert uns, seine Gäste, in seinem eigenen, neuen Auto selbst.

Nach einer halbstündigen Fahrt durch die Peripherie halten wir vor einem landwirtschaftlichen Gebäude im Nirgendwo. Ein paar Hühner laufen durch die Gegend und die kleinen Wachhunde begrüßen uns wenig freundlich. Umso freundlicher fällt das Wiedersehen mit Sifu Lins Kung-Fu-Bruder aus, den wir bereits bei einem Essen am ersten Tag kurz kennenlernen durften. Auch er ist stolz auf das, was er besitzt, und führt uns sogleich über die Farm. Gefolgt von den Blicken der Familie, die unter einem offenen Dach zusammensitzt und uns beobachtet, umrunden wir große, runde Auffangbecken aus Beton, in denen es von farbenfrohen Fischen nur so wimmelt.

Es handelt sich um Koi, eine Art Zuchtkarpfen, die in Asien sehr beliebt sind und denen besondere Bedeutung zukommt. Beinahe in jeder Tempelanlage gibt es einen Teich, der von üppigen, zumeist überfütterten Koi-Fischen nur so wimmelt. Die Fische gelten als Statussymbole und der Sisuk klärt uns darüber auf, dass besondere Exemplare, die bei speziellen Zuchtwettbewerben gewinnen, einen fünfstelligen Euro-Betrag erzielen können. Er selbst habe einen Abkömmling eines Gewinnerfisches und hoffe auf einen zukünftigen Erfolg bei einem der Wettbewerbe, was ihn immer wieder dazu veranlasse, nach Japan zu reisen. Die getrockneten Chilis und Mandarinenschalen, die ebenfalls im Freien vor dem Gebäude gelagert werden, interessieren mich eigentlich mindestens genauso, aber sie sind neben den Kois völlig uninteressant für den Besitzer und finden deshalb keine Erwähnung.

Nach dem Rundgang werden wir zur Familie gebeten und trinken unter dem Bambusgestell, das uns Schatten spendet, gemeinsam grünen Tee. Es sind alle sehr freundlich und interessiert an uns, auch die Katzen, die um unsere Beine schleichen. Dann geht es weiter zu einem gemeinsamen Mittagessen, bei dem neben dem Sisuk, der passenderweise von jedem „Fishman" genannt wird, und seiner Frau auch Cementman und Ah Wah anwesend sind. Ich beobachte, wie Cementman für alle bezahlt und schließe daraus, dass er in der Hierarchie der Anwesenden die unterste Position einnimmt und sich daher gerne durch das Begleichen der offenen Kosten gegenüber den anderen als großzügig erweisen möchte.

Auf dem Weg nach Hause erklärt uns Sifu Lin, dass wir auf einen Sprung zu ihm in die Wohnung fahren würden und anschließend weiter zu seiner Frau in die Fabrik. Wir sind mäßig begeistert, da das bedeutet, dass wir nun über eineinhalb Stunden im Auto sitzen werden, aber wir wollen nicht unhöflich sein und das Vorhaben boykottieren.

Die Fabrik erschüttert mich. Sie ist eigentlich ein schäbiges, kleines, zum Teil verfallenes, offenes Wohnhaus, in dessen Garage drei Personen – die Familie von Sifu Lins Frau – zusammensitzen und Zippverschlüsse sortieren. Begleitet wird die monotone Arbeit vom aufgeregten Bellen eines kleinen Wachhundes, der an der Außenwand festgekettet ist.

Sifu Lins Frau wirkt erfreut über unsere Ankunft, zeigt mir voller Stolz die Zippverschlüsse und erklärt, dass sie an Firmen weiterverkauft werden, die ihre Kleidungsstücke und Accessoires damit versehen. Ich erfahre, dass die Familie im ersten Stock des Gebäudes wohnt und dass dies der Grund ist, warum sie nur am Wochenende bei ihrem Mann und ihrer Tochter sein kann. Sie habe es gut erwischt, die Fabrik gehöre ihnen, sie könnte genauso gut nur eine kleine Angestellte, die für einen Bruchteil des Lohnes arbeiten müsste, in einer der vielen Fabriken in der Umgebung sein, gibt sie mir zwischen den Zeilen zu verstehen. Ich bin froh, als wir den für mich bedrückenden Ort verlassen.

Geplant ist nun, gemeinsam ein Museum zu besuchen. Wir bleiben also auf einem großen Parkplatz vor einem repräsentativen Gebäude stehen, das einen sehr gepflegten, offiziellen Eindruck macht. Eric erklärt uns, dass es ein Wachsfiguren-Museum sei, in dem das Leben des sogenannten zweiten Sohn Gottes dargestellt werde. Zweiter Sohn Gottes? Wer soll das sein? Wie sich herausstellt, handelt es sich um den Anführer einer der blutigsten Bürgerkriege der Weltgeschichte, einen Provinzgelehrten, der meinte, ein christliches Himmelreich auf Erden errichten zu müssen. Ich bin gar nicht begeistert vom Inhalt, aber für unsere Mitreisenden spielt er keine Rolle, da sie ohnehin keinen Blick auf die vielen Texttafeln verschwenden, sondern stattdessen plan- und ziellos durchs Museum streifen, um vor den Wachsfiguren jede Menge Selfies zu schießen. Auch das ist China: Ein Museum legitimiert einen völlig Verrückten und die Einheimischen fotografieren sich gegenseitig vor dem Massenmörder, weil es gar keine Rolle spielt, was der eigentliche Inhalt ist. Vor allem die beiden Frauen können nicht genug Fotos mit dem Selfie-Stick schießen und werfen sich dabei in unterschiedliche Posen. Bei einer waghalsigen Aktion, bei der sie einer der Wachsfiguren zu nahe kommen, bricht beinahe der Finger des Anführers ab, aber zum Glück bleibt die Hand dann doch heil und wir verlassen schnell den Raum Richtung Ausgang.

Ich fühle mich nicht wohl hier und versuche nachzuvollziehen, dass es für die anderen ein toller Ausflug ist, der gerne auf den sozialen Netzwerken in Echtzeit geteilt wird. Aber klar, ich komme aus Wien, ich kenne zig Museen, ich arbeite nicht in einer trostlosen Fabrik oder einer Farm im Nirgendwo. Beinahe habe ich ein schlechtes Gewissen, weil ich nicht so glücklich und naiv den Ausflug genießen kann wie die anderen, die während der Fahrt nach Hause vor ihren Handys hängen und auf die Reaktionen ihrer Freunde warten. Fishmans Auto hat eine Panne, weshalb wir alle in einem kleinen Ort einen Zwischenstopp einlegen und eine Autowerkstatt suchen müssen. Zum Glück hat Fishman einen Ersatzreifen im Kofferraum liegen und so ist das Problem relativ schnell behoben.

Irgendwann brechen wir wieder auf, um Abendessen zu gehen. Die Art des Lokals ist mir bereits vertraut, ein Restaurant auf dem Land mit offenen Feuerstellen an jedem Tisch. Ich bin gespannt, was uns serviert wird, und als ein großer Wok kommt, in dem eine trübe, nach Suppe aussehende Flüssigkeit schwimmt, bin ich erleichtert. Interessiert beäuge ich die Brühe und überlege, mutig zu sein und davon zu kosten. Da warnt mich der Meister davor, nicht zu viel von der Flüssigkeit zu löffeln, da sie sehr fett und üppig sei. Sofort stoppe ich jeglichen Kostversuch und erkundige mich nach dem Inhalt. Als ich höre, dass es heißes Hühnerfett sei, bin ich abgeschreckt. Nichts könnte jetzt schlimmer für mich sein. Ich fühle mich in meine Kindheit zurückkatapultiert, wo wir zu jedem kirchlichen Feiertag bei meiner Verwandtschaft zu einem Sulmtaler Hendl eingeladen waren, das nur so vor Fett triefte und mich dazu veranlasste, für die nächsten Jahre kaum Fleisch zu essen. Hühnerstücke, die im Fett frittiert werden, stoßen mich ab. Die Abneigung dagegen ist tief in mir verankert, verdrängte Bilder tauchen in meinem Geist auf und mir wird übel, so wie damals, als der Besuch bei den durchaus bemühten Verwandten anstand. Der Streit mit dem Vater, der sich so sehr wünschte, dass die Tochter brav und folgsam ist; das überholte Rollenbild von Mann und Frau; die strenge Großmutter, die keinen Bezug zur Schwiegertochter und zur Enkelin finden konnte; das Vorurteil, ein heikles, schreckhaftes Stadtmädchen zu sein, all das schlägt mir wie damals auf den Magen.

Da kommt eine Ablenkung in Gestalt von Fishman gerade recht. Er möchte sich mit Christoph messen und beginnt, ihn im Sitzen anzugreifen, immerhin erst, nachdem er um Erlaubnis gefragt hat. Es geht ein bisschen hin und her, aber aufgrund der größeren Reichweite von Christoph verliert Fishman sehr schnell die Lust am freundschaftlichen Kräftemessen.

Der Meister beobachtet das Spektakel mit Interesse und stellt dazu später im Auto fest: „Ja, Fishman war schon immer etwas steif." Damit ist das Thema erledigt.

Am nächsten Tag in der Früh kaufen wir ein paar leere Brötchen, sogenannte Man-Taos, und ein paar Bananen auf dem Markt. Im Menschengetümmel treffen wir die Frau und die Tochter des Meisters, auch sie waren auf dem Markt und warten nun mit uns vor dem Hotel auf das Eintreffen des Lehrers. Nach ein paar Minuten erscheint er im Eilschritt und es geht sofort weiter zur Schule.

Auf dem Weg dorthin suche ich das Gespräch mit der Tochter. Sie spricht überraschend gut Englisch und erzählt mir, dass sie vor kurzem die Schule gewechselt habe und in der neuen Privatschule bei einer Art Schülerzeitung mitarbeite, wobei sie die Liebe zum Schreiben entdeckt habe. Vielleicht wolle sie Herausgeberin werden oder Übersetzerin, aber die Eltern dürften davon nichts wissen, schärft sie mir ein. Sie wollten lieber, dass sie als Lehrerin arbeite, damit sie einen Mann finden könne. Ich nicke wissend, habe ich dieses konfliktbeladene Thema zwischen Eltern und Tochter doch bereits beim letzten Besuch hautnah miterlebt. Sie hätte gerne einen eigenen Computer, erzählt sie weiter, denn wenn sie zu häufig in der Schule im Internet recherchiere, würden ihre Eltern von den Aufsichtslehrern darüber informiert und das sei genauso schlimm, wie wenn sie zu viel Zeit mit Jungs verbringe. „Du wirst deinen Weg machen", gebe ich der jungen Frau zu verstehen und bestärke sie in ihrem Vorhaben, sich aufzulehnen und das zu tun, was sie selbst glücklich macht. „Was, glaubst du, sagt mein Umfeld dazu, dass ich als Frau Wing Chun unterrichte?", führe ich weiter aus und sie schenkt mir ein verlegenes Lächeln. Sifu Lin marschiert vor uns weg und kann nichts von der kleinen Verschwörung hinter ihm ahnen, versteht er doch kein Wort Englisch. In diesem Moment wird mir bewusst, wie wichtig Bildung ist, um aus dem eigenen Umfeld ausbrechen zu können.

Würde die junge Frau kein Englisch gelernt haben, dann könnten wir hier und heute nicht so miteinander sprechen.

In der Schule werde ich zur Holzpuppe geschickt, um die Übung der Rollenden Hände zu üben, die wir gestern am Abend besprochen haben. Christoph wiederholt in der Zwischenzeit eine Partnerübung. Die Tochter des Meisters wäscht für alle die Teetassen aus, was damit endet, dass sie diese, nachdem sie sie bereits auf den Tisch gestellt hat, wieder abräumen muss, da sie in den Augen des Vaters nicht gut genug abgewaschen waren. Ich bekomme mit, dass in diesem Zusammenhang davon gesprochen wird, dass sie faul sei, was natürlich reine Schikane ist, aber sie verzieht keine Miene. Unsere Blicke treffen sich und ich weiß genau, dass sie durch solche Aussagen noch einmal darin bestärkt wird, aus diesem Umfeld auszubrechen. Auch ich verziehe keine Miene an der Holzpuppe, sondern mache einfach die Übung, die mir zugedacht wurde. Irgendwie sind wir Verbündete, Sifu Lins Tochter und ich.

Dann werden wir alle zusammengetrommelt und der Lehrer möchte eine weitere der zwölf Bewegungen im Detail besprechen. Es geht um eine Übung, bei der man den gegnerischen Angriff an sich selbst vorbeileitet und gleichzeitig mit einem Schlag, der sich versteckt unter dem Abwehrarm hervor schiebt, die Mitte des Gegners attackiert. Nun ist die Tochter an der Reihe, das Gesagte zu übersetzen, und plötzlich sieht man den Stolz in den Augen des Vaters aufblitzen. Jetzt ist er plötzlich auf ihr Können angewiesen, so schnell wendet sich das Blatt. Nach der fachmännischen Übersetzung; zu dem Zeitpunkt, als wir bereits selbstständig am Spiegel üben, sehe ich sie mit Cementman aus der Schule verschwinden und vermute, dass sie auf dem Weg nach Hause ist, um der Mutter beim Kochen zu helfen.

Für uns geht es nun weiter mit dem Drei-Sterne-Schlag, einer Schlagkombination: Nachdem man den Kopf attackiert hat, lässt man den Arm fallen und wehrt sich mit abgewinkeltem Handgelenk und nach unten gerichtetem Handknöchel gegen einen Beinangriff, um dann noch, zum Abschluss, auf Rippenhöhe aufzutreffen. Die Kombination ist sehr kniff-lig, wie es Sifu Lin immer wieder gerne betont. Er liebt es, mich in regel-mäßigen Abständen zu fragen, ob ich nicht den Eindruck hätte, dass das Wing-Chun, so wie es hier praktiziert werde, besonders „tricky" sei, worauf ich normalerweise standhaft schweige. Das veranlasst ihn dazu, diese Ein-schätzung der Lage bei jeder Gelegenheit in den Raum zu werfen. Würde ich einfach einmal sagen „Ja, Sifu Lin, so ist es", wäre der Spuk beendet, aber dafür sind wir beide zu stur und so ist es ein kleines Spiel zwischen uns.

In der Zwischenzeit ist Fishman eingetroffen und beobachtet interessiert meine Bemühungen, den Arm im richtigen Winkel von oben nach unten fallen zu lassen. Sifu Lin schüttelt ein paar Mal den Kopf und holt eine Schlagpratze für uns, damit wir mit Widerstand üben können. Fishman umrundet das Geschehen und pflanzt sich nach ein paar Runden direkt vor mir auf, dann beginnt er zu erklären und zeigt den Schlag noch ein-mal an der Pratze vor. Ab nun ist er der Assistenztrainer von Sifu Lin, um einiges redseliger als der Meister, was zur Folge hat, dass er uns bei einem weiteren Schlag ebenfalls unterstützend zur Seite steht. Es wird am Spiegel geübt, dass die gedrehte Faust mit der Unterseite wie ein Hammer auf die Weichteile des Gegners trifft, Tigerschwanz genannt, wie Eric übersetzt. „Ihr dürft den Arm nicht schwingen", sagt Sifu Lin, wobei er uns nachäfft: „Der Schlag darf nicht zurück federn, ihr dürft den Arm nicht zurück-ziehen, er muss direkt nach vorne auftreffen, ohne dass die Kraft verloren geht!" Gerne demonstriert uns Fishman das Gesagte an der Pratze und drischt mit voller Kraft gegen das geduldige Leder. Wie sehr Sifu Lin von dieser Demonstration begeistert ist, weiß ich nicht, jedenfalls verzieht er keine Miene, sondern lässt den Kung-Fu-Bruder gewähren. Auch wir ver-suchen uns nun am Widerstand, aber etwas gemäßigter, damit nicht der Vorwurf kommt, dass wir zu viel Muskelkraft einsetzen und damit steif agieren würden. Am Ende der Übungseinheit scheint der Meister halbwegs zufrieden zu sein und auch Fishman wirkt selig. Wie wir später erfahren werden, hat er sich extra die gesamte Woche frei genommen, um uns, die ausländischen Schüler:innen des Kung-Fu-Bruders, inspizieren zu können.

Zufrieden spazieren wir zurück in Sifu Lins Wohnung, wo bereits ein Essen für uns vorbereitet wurde. Heute gibt es für alle selbstgemachte Dim-Sum, die von der Mutter, der Tochter und Cementman schön geformt wurden. Ich bewundere die kleinen Kunstwerke und beobachte, wie der Meister mit den Tellern in die Küche verschwindet. Das Kochen der Teigwaren übernimmt er höchstpersönlich. In der Zwischenzeit wird im Wohnzimmer der kleine Tisch ausgezogen, damit alle Platz finden. Das Essen ist ausgezeichnet und die beengte Situation am Tisch sehr familiär. Nach dem Mahl sind alle rundum satt und zufrieden und unsere Stimmung hebt sich noch einmal, als Sifu Lin ankündigt, dass wir nun eine Stunde Pause hätten und ins Hotel zurückgehen könnten. Gesagt, getan, rasch ziehen wir uns zurück und erholen uns ein bisschen im Hotelzimmer.

Beim Nachmittagstraining feilen wir mit Cementman und Fishman weiter an der Schlagtechnik. Dieses Mal steht der Rückhandschlag im Fokus, den wir bereits sehr gut kennen, und somit ist es ausnahmsweise ein leichtes Unterfangen, in den Augen der anderen zu punkten. Der Nachmittag geht unbemerkt in den Abend über und nach und nach tauchen ein paar Schüler auf. Heute ist Cementman an der Reihe, etwas vorzuzeigen, das von allen anderen Anwesenden beim Teetrinken kommentiert wird. Danach trifft es einen Jungen, von dem ich nur weiß, dass er zwar Kraft habe, sie aber nicht einzusetzen wisse, wie Sifu Lin es ausdrückt. Er scheint recht neu hier zu sein und ist nicht glücklich darüber, dass er die erste Form vor uns allen präsentieren soll, das sehe ich an seiner Reaktion, aber ich weiß auch, dass es für ihn kein Entkommen gibt. Es ist hier so üblich, der Aufforderung des Meisters Folge zu leisten, wenn man etwas lernen möchte.

Nach einem langen Tag landen wir im Auto von Sifu Lin und da ich müde bin, hoffe ich, dass er uns zum Park vor dem Hotel bringen wird. Tatsächlich halten wir nicht wie üblich bei seiner Wohnung, um uns dort ein bisschen zu entspannen, wie er das gemeinsame Herumhängen nennt, sondern er bringt uns zum Eingang des Parks.

Obwohl wir alle drei ziemlich kaputt sind, beschließen wir, noch in die Stadt zu gehen, um ein paar warme, mit Vanillecreme gefüllte Bällchen zu essen. Ich muss daran denken, dass jetzt eigentlich Sapa-Zeit ist und der Meister uns erzählt hat, dass früher häufig zum besseren Verdauen zu dieser Uhrzeit Congee gegessen wurde, was in der heutigen Zeit durch Tee ersetzt wird. Die süßen Bällchen haben zwar sicher keine gute Wirkung auf unsere Verdauung, aber, da sind Christoph und ich uns einig, eine gute Wirkung auf unsere Psyche.

Heute ist Sonntag, ein spezieller Tag, weil wie bei uns auch hier alle Leute Zeit haben, was bedeutet, dass wir heute sicher nicht mit Sifu Lin alleine trainieren werden, sondern verschiedene Schüler im Laufe des Tages kommen und gehen werden. Eric hat extra einen Schlüssel für die Schule erhalten, damit wir selbstständig aufsperren können, um dann alle, die kommen, hereinzulassen.

Der Meister hat bereits gestern Abend angekündigt, dass wir heute das Grab unseres Sigungs, des Großmeisters, besuchen würden. Beim letzten Mal sind wir ja beim Versuch, das Grab auf einer verwilderten Brachfläche zu finden, gescheitert. Dieses Jahr scheint alles besser organisiert zu sein. Schon gestern hat der Meister von uns ein wenig Geld für Blumen eingesammelt, ich bin also zuversichtlich, dass es heuer klappt.

Gemeinsam fahren wir zu einem Gelände, das an einem kleinen See liegt. Mehrere Autos folgen uns und wir parken alle am Fuß des Sees. Über eine kleine notdürftige Brücke führt der Weg durch eine Horde von winzigen Fliegen auf die Brachfläche, die viel gepflegter wirkt als das Jahr zuvor, weil das Fest, zu dem die Gräber herausgeputzt werden, noch nicht lange zurückliegt. Im Gänsemarsch nähern wir uns dem Grab, und als wir dort angekommen sind, drückt mir der Lehrer einen Strauß Blumen in die Hand. Nach der Reihe verbeugt sich jeder einzeln vor dem Grabstein und ich lege die Blumen auf der Wiese davor ab. Es ist ein besinnlicher Moment, in dem keiner ein Wort spricht.

Das nächste Ziel des Sonntagsausfluges ist ein „Adventure-Park", eine neue Attraktion, die es erst seit ein paar Monaten geben dürfte. Ich frage mich, ob in der Nähe des alten Dorfes irgendein Vergnügungspark eröffnet wurde, und auch Christoph hat keine Ahnung, was man sich unter einem Adventure-Park vorstellen darf. Da fällt mir ein, dass Sifu Lin uns Wochen vor unserer Ankunft ein Foto geschickt hat, auf dem eine große Leung-Jan-Statue auf einer Freifläche aufgestellt wird. Vielleicht hat diese Statue irgendetwas damit zu tun? Zu Hause in Wien konnte ich nicht nachvollziehen, wo und warum diese Statue aufgestellt wurde, jetzt erschließt sich mir nach und nach die ganze Tragödie.

Wir halten auf einem großen, leeren Parkplatz, von dem aus man die Skulptur sehen kann, dahinter das mir bekannte farbenfrohe Eingangsportal, das ins Dorf führt. Als wir aussteigen, sehe ich, dass in unmittelbarer Umgebung der Statuen Holzpuppen aufgestellt wurden, bei denen man trainieren oder posieren kann, wobei letzteres sicher die wichtigere Funktion für die Besucher:innen sein dürfte. Ich bin überrascht von der großen Freifläche, auf der wir parken, und von jener, auf der wir jetzt gerade vor der Statue stehen. Ich kann mich nicht daran erinnern, dass es diese ausladenden Freiflächen früher hier gegeben hat. Also frage ich nach, wie es dazu gekommen ist, dass das Dorf so großflächig verändert wurde, und die anderen erklären mir, dass die chinesische Regierung viel Geld in das Projekt gesteckt habe, um die Region für den Tourismus anzukurbeln.

Was das konkret bedeutet, wird mir bewusst, als wir das alte Dorf durch das Portal betreten. Viele Häuser stehen leer, Leute wurden ausgesiedelt, das ehemalige Haus von Leung Jan, das wir vor nicht allzu langer Zeit mit Sifu Lin besucht haben, wurde renoviert und aufgemotzt. Im Hof stehen jetzt Statuen, streng geordnet nach den beiden Hauptstilrichtungen im Wing-Chun, die sich vom Arzt und legendärem Kampfkünstler als Bindeglied ableiten.

Die Yip-Man-Seite wird von unserer Gruppe ignoriert. Die Pin-San-Seite beginnt beim Lehrer des Lehrers von Sifu Lin und zeigt in der Mitte den verstorbenen Großmeister, vor dem sich nun alle in Pose werfen. Eine Statue auf „unserer" Seite, die letzte in der Reihe, ist mir völlig unbekannt. Sie scheint das Gegenstück zu Bruce Lee auf der gegenüberliegenden Stammbaumseite zu sein. Von Sifu Lin erfahren wir, dass es sich um einen Schüler und Verwandten des verstorbenen Großmeisters handle, dessen Sohn noch heute in Guolo unterrichte. Das Ansehen dieses Meisters dürfte allerdings durch dessen zwielichtige Vergangenheit gelitten haben, und so ist er unter dem Spitznamen „der Unruhestifter" bekannt. Ursprünglich bei der Polizei beschäftigt, sei er drogensüchtig geworden, weil er - so die Erzählung - immer wieder aufgespürte Drogen habe testen müssen. Seine Antriebsfeder auf seinem Weg durch China sei es gewesen, sich mit anderen messen zu können. Dafür habe er sich in unterschiedliche Wing-Chun-Schulen eingeschrieben, überall die Meister herausgefordert und alle besiegt. Dann habe er sein Geld, das er für die Aufnahme in die jeweiligen Schulen bezahlt hatte, wieder zurückhaben wollen.

Bevor wir weiter über die Vergangenheit des „Unruhestifters" sprechen können, stehen wir plötzlich im Inneren des Wohnhauses von Leung Jan, und Sifu Lin erklärt, dass dies der Hauptraum gewesen sei, in dem früher trainiert wurde. Heute stehen hier ein paar repräsentative Möbelstücke und in der Mitte einer Wand hängt ein Ölgemälde des Meisters. In einem Nebengebäude findet man eine lebensgroße Wachsfigur, die den Meister, um den sich viele heldenhafte Legenden ranken, als Arzt darstellt. Hier in diesem Dorf, in das er im hohen Alter zurückkehrte, war er ein angesehener Mann. Auf Bitte der Dorfbewohner unterrichtete er die Dorfjugend in seinem weichen Kung-Fu-Stil.

Unrühmlich war allerdings sein Ende. Der genaue Hergang ist, wie in so vielen Legenden in China, in unterschiedlichen Schilderungen überliefert. Sifu Lin erzählt uns folgende Version: In einem Kampf hat Leung Jan einen Mann getötet. Dieser hatte einen Sohn, der, um den Tod des Vaters zu rächen, täglich eine einzige Schlagtechnik übte, mit der er den Meister niederstrecken wollte. Eines Tages ging der alte Leung Jan in ein Teehaus, um Freunde zu treffen. Ein Angestellter näherte sich sogleich, um dem Meister den Tee einzuschenken, worauf dieser die Teeschale mit beiden Händen, wie in China üblich, hinhielt. In diesem völlig ungeschützten Moment schlug der Angestellte, der der Sohn des Ermordeten war, mit voller Wucht zu. Man ist sich einig darüber, dass Leung Jan hätte überleben können, wäre er nur nach Hause gegangen und hätte sich verarzten lassen. Aber dieser, stur wie er ist, blieb sitzen und ließ sich nichts anmerken, um sein Gesicht zu wahren. An den Folgen des Schlages starb er dann. Dieses vermeintlich ehrenhafte Ende veranlasst mich dazu, wenig verständnisvoll den Kopf zu schütteln, was Sifu Lin gekonnt ignoriert.

„Genug der Geschichten", meint nun Sifu Lin und wendet seinem Blick wieder der Wachsfigur von Leung Jan zu. Sie sitzt edel und erhaben vor einigen Wachs-Patient:innen, deren Puls sie misst, und meine Kung-Fu-Brüder sind sichtlich stolz auf die kunstvoll ausgeführte Szenerie. Ich bin davon unbeeindruckt, im Gegenteil sogar leicht verärgert darüber, weil ich an die Bewohner:innen des Hauses denke, die dafür aus ihrem Heim vertrieben wurden.

Generell kann ich die Begeisterung für alles Neue und Artifizielle nicht teilen. In unserer Kultur versucht man das historisch Wertvolle zu bewahren, hier versucht man es häufig durch etwas in den Augen der Auftraggeber:innen Größeres, Tolleres, Schöneres zu ersetzen. Wahrscheinlich ist jedes Extrem nicht gut: Festhalten am Alten kann das Neue verhindern, die Veränderung bringt alles in Fluss. Aber warum verstehen die Leute hier nicht, dass ich lieber einen alten, versteckten daoistischen Tempel aufsuche, der als Wiege des „Dao de jing" gilt, um mich inspirieren zu lassen, als einen neuen großen Tempel am Fuße desselben Berges unterhalb des alten Tempels, der dem Gott des Geldes gewidmet ist und in dem sich Menschenmassen drängen.

Auch in unserer Kultur wurde manches auf brutale Art und Weise eliminiert und verdrängt. Wie mühselig ist es oft, diese Fragmente neu auszuheben, die so tief unter der Oberfläche verborgen liegen. Hier in China kann ich die Misere ganz deutlich sehen, da ich Außenstehende bin. Ich bemitleide ein Volk, das den bedingungslosen Fortschrittsglauben von oben herab indoktriniert bekommt und diesen freudig aufnimmt. Wie schade ist es, dass das alte malerische Dorf Guolo einem Themenpark weichen musste. Meiner Überzeugung nach hätte man das mit mehr Fingerspitzengefühl machen können. Der Charme des Dorfes ist für mich verloren gegangen und ob der von der Regierung propagierte Tourismus hier an diesem entlegenen Ort je einkehren wird, bleibt fraglich. Es ist somit schwer, ehrliche Begeisterung für das Gesehene zu empfinden, auch wenn ich verstehe, dass meine Begleiter:innen die Hoffnung hegen, dass Fortschritt und Wohlstand auch in ihrem Dorf und ihrem Leben Einzug halten werden.

Für einen kurzen Moment bin ich amüsiert, als wir in einem leeren Raum vor einer Serie von Bildern stehen, die den Umriss eines Mannes erkennen lassen, der verschiedene Wing-Chun-Bewegungen demonstriert. Der Protagonist ist einer, den ich bereits aus Geschichten kenne und der „Der Panzer" genannt wird. Interessanterweise kenne ich über ihn Erzählungen sowohl von Sifu Lin als auch von Sifu Kong. Das resultiert daraus, dass besagter Meister sein Unwesen sowohl in Guolo als auch in Hongkong getrieben hat. Sifu Lin erzählt uns nun die Guolo-Version der Geschichte: Eines Tages kam ein Meister eines harten Stils und prahlte, jemand aus dem Dorf solle ihn schlagen, wohin er wolle, nur nicht auf den Kopf oder in die Weichteile, er würde das aushalten. Der Panzer setzte einen Schlag und einen Monat später war der Meister tot. Die Erklärung dafür ist, dass die weiche Kraft direkt nach innen geht und nicht an der Außenseite bleibt. Im gleichen Atemzug stellt Sifu Lin allerdings mahnend fest, dass der Panzer eher ein hartes Pin-San-Wing-Chun betrieben habe und in den 1970er Jahren weiter nach Hongkong gezogen sei. Da er dort keine Arbeit gefunden habe, habe er an vielen illegalen Kämpfen teilgenommen, was sein Wing-Chun nicht unbedingt weicher habe werden lassen.

Als wir am Nachmittag wieder in der Schule erscheinen, ist das Training im vollen Gange und wir werden sofort dazu aufgefordert mitzumachen. Wieder einmal sind die Rollenden Hände an der Reihe. Wir arbeiten zu zweit und versuchen, mit den Armen einen großen Kreis zu ziehen, an dem der Partner klebt. Natürlich werden wir sofort vom Meister verbessert, aber nach einiger Zeit scheint unsere Ausführung in Ordnung zu sein, da wir nun freier agieren dürfen.

Wir bekommen von Sifu Lin einen neuen, sehr geduldigen Trainingspartner zugeteilt, der unsere Winkel testen soll. Wir führen zunächst die gelernte Grundübung durch und unser Partner versucht, die Kreisbewegung durch Schrittarbeit zu durchbrechen. Ich kann mir vorstellen, dass dies der Übergang zu einer sehr offenen Übung sein könnte. Es ist für den Schüler besonders bei Christoph mit seiner Reichweite nicht ganz leicht, sich vernünftig anzunähern. Das veranlasst Sifu Lin dazu, uns allen zu erklären, wie man die Distanz zu einem größeren Gegner verringern könne. Christoph erhält Denkanstöße, wie er seinen Sicherheitsabstand, den er sich durch seine Reichweite automatisch schafft, aufgeben kann, um den Gegner vorerst in seinen Bereich zu lassen und ihn dann in weiterer Folge noch besser vorbeileiten zu können.

Es kommt zu einer Diskussion über die Unterschiede zwischen dem Yip-Man-Stil und dem Pin-San-Wing-Chun. Da wir beide Zugänge kennen und uns nicht auf eine Seite schlagen wollen, ist es schwierig zu diskutieren. Immer wieder kommt es vor, dass der jeweilige Lehrer uns von den Vorzügen des Stils, den er selbst praktiziert, überzeugen möchte. So auch Sifu Lin, der Schwachstellen des Yip-Man-Stils aufzuzeigen versucht. Da wir diese Stilrichtung allerdings nicht nur vom Hörensagen oder Beobachten kennen, sondern selbst praktizieren, sind wir nicht so leicht von seinen Argumenten zu überzeugen. Sifu Lin weiß genau, dass wir auch bei Sifu Kong in Hongkong lernen und die Momente, in denen wir den anderen Lehrer und seine Unterrichtsweise in Schutz nehmen, tragen ein gewisses Konfliktpotenzial in sich. Immer wieder kommt es vor, dass uns einer der beiden Lehrer ein „Geheimnis" verrät, bei Sifu Kong mit dem Zusatz, dass der andere Lehrer diesen Aspekt nicht kennen würde, bei Sifu Lin mit der Aufforderung, es dem anderen ja nicht zu verraten. Nicht selten ist es allerdings so, dass trotz der prinzipiell vorhandenen gegenseitigen Wertschätzung der eine das Wissen des anderen unterschätzt und so die gleichen Informationen bei uns landen. Immer wieder müssen wir dann schmunzeln und uns in Zurückhaltung üben, um keinen der beiden mit der Aussage, dass der andere uns genau die gleiche Information bereits gegeben habe, vor den Kopf zu stoßen.

Heute ist wieder einmal so ein Tag, und wir sind erleichtert, als uns der Meister zur Holzpuppe schickt, nachdem er die Feststellung, dass das Pin-San-Wing-Chun schon sehr „tricky" sei, in den Raum gestellt hat.

Christoph soll nun die ersten zwei der zwölf Bewegungen an der Holzpuppe vorzeigen. Der Lehrer verbessert sofort bei der ersten Bewegung jede Menge Details. Immer wieder muss Christoph nach nur wenigen Sekunden von vorne beginnen. Gerade als ich mich frage, wie lange das Ganze dauern wird und mich auf eine längere Wartezeit einstelle, beginnt Christoph, nachdem er es immerhin ohne Unterbrechung bis zur zweiten Bewegung geschafft hat, wie wild auf das Trainingsgerät einzuschlagen. Das ist normalerweise so gar nicht seine Art, und mir stockt der Atem. Es ist so, als wenn jemand mehrmals mit angezogener Bremse auf das Gaspedal tritt, der Motor für einen kurzen Moment aufheult und dann abstirbt, aber sich dann plötzlich im richtigen Moment die Bremse löst und die Fahrt nicht mehr zu stoppen ist. Sifu Lin, Eric und ich starren auf die vibrierende Holzpuppe. Nachdem Christoph alle zwölf Bewegungen in Windeseile durchlaufen hat, erkennt der Meister sein Bemühen an indem er ihn als „Goldenes Kind" bezeichnet.

Nach dem Abendessen erklärt uns Sifu Lin, dass wir nun in der Schule mit Ah Seng „spielen" sollen, was in China eine Umschreibung für ein freies Training ist. Was das konkret bedeutet, wird mir klar, als in der Schule aus einem Beutel Schutzkleidung ausgepackt wird. Wir sitzen am Teetisch, während uns Fishman erklärt, dass keine Schläge an den Kopf und keine niederen Kicks erlaubt seien. Ich habe kein gutes Gefühl dabei. Die Diskussion darüber, welcher Stil besser sei, hängt noch in der Luft, die Stimmung ist emotional aufgeladen und mein Gefühl sagt mir, dass man in dieser Situation heute nur verlieren kann.

Die ersten zehn Jahre meines Trainings waren davon geprägt, sich gegebenenfalls auch miteinander zu messen, damit habe ich kein Problem, es gehört zu einer Kampfkunst dazu, lässt einen Sieg und Niederlage am eigenen Leib spüren und damit umgehen lernen. Ein Spiel könne es erst dann werden, wenn man alles soweit verinnerlicht habe, dass man nicht mehr darüber nachdenken müsse, geben Christoph und ich zu bedenken. Für eine offene Anwendung sei es heute in dieser Konstellation und unter diesen Umständen zu früh. Sifu Lin nickt und nimmt unsere Absage zum

Anlass, uns eine neue Schrittarbeit für die Übung der Rollenden Hände zu zeigen, die die Statik auflockern und die Übung freier gestalten könne. Der Ablauf fällt uns überraschend leicht und wir versuchen uns mit unterschiedlichen Partnern.

Dann herrscht Aufbruchsstimmung und wir landen auf der Betonfläche vor dem Wohnhaus des Meisters. Es ist bereits dunkel, aber die Kinder üben dort selbstständig Formen. Unsere Aufgabe ist es, die neue Schrittarbeit ohne Partner zu üben. Eigentlich bin ich schon müde, aber ich möchte jetzt keinesfalls frühzeitig aufgeben, gerade deshalb nicht, weil Sifu Lin immer wieder leicht süffisant nachfragt, ob unsere Schultern schon schmerzen würden. Irgendwann bricht er die monotone Übung ab, indem er sagt, dass wir heute spät ins Bett kommen würden, dafür aber morgen lange schlafen könnten. Er fordert uns auf, die anderen in den letzten Jahren gelernten Schritte vorzuzeigen. Zu unserer Erleichterung dürfte es so, wie wir es selbstständig zu Hause geübt haben, in Ordnung gewesen sein. Trotzdem wird jeder Schritt noch einmal verbessert und es entspinnt sich von Neuem eine Diskussion über Grundkonzepte im Wing-Chun.

Die Situation ist neu und ungewohnt, noch beim letzten Besuch wäre es mit unserem Wissensstand unmöglich gewesen, mit dem Lehrer zu diskutieren, aber wir sind in der Zwischenzeit selbstsicherer und erfahrener geworden und so können auch wir ihn argumentativ in die Enge treiben. Ich fühle mich an zu Hause erinnert, an unzählige Diskussionen mit meinem Vater und daran, dass es zur Entwicklung dazu gehört, irgendwann nicht mehr nur alles bewundernd hinzunehmen, sondern zu hinterfragen und sich gegebenenfalls aneinander zu reiben. Sifu Lin wiederum fühlt sich bemüßigt dazu, uns zu erklären, dass sein Lehrer noch viel strenger mit ihm gewesen sei, dass es gar keine hilfreichen Anweisungen gegeben habe und er sich alles selbstständig habe erarbeiten müssen, was ich ihm sofort glaube.

Ein Ortswechsel in die Wohnung des Meisters lockert die Situation auf. Kaum wurde von ihm Tee eingeschenkt, werde ich sofort aufgefordert, die erste Bewegung vorzuzeigen, dann die zweite und dann weiter bis hin zur zwölften. Alles wird noch einmal von Sifu Lin kommentiert und zum x-ten Mal korrigiert. Zu später Stunde bin ich völlig am Ende, was dem Meister nicht verborgen bleibt, da er betont, dass wir morgen ja ohnehin bis neun Uhr schlafen könnten. Wir erhalten noch Kekse und Tee und handeln aus, dass wir uns erst um zehn Uhr hier in der Wohnung treffen werden. Zufrieden und erleichtert ziehen wir ab.

Der nächste Tag beginnt wortkarg. Nachdem der Lehrer uns begrüßt hat, stellt er fest, dass ich heute hübsch aussehen würde. Das liegt wahrscheinlich daran, dass ich nicht im Trainingsgewand erschienen bin, sondern in Alltagskleidung und mit offenen Haaren. Trotzdem bin ich peinlich berührt und frage mich, warum ich ein Kompliment nicht einfach dankend und erfreut annehmen kann.

Das Mittagessen wird unser letztes gemeinsames sein. Heute gibt es in einem kleinen Imbiss selbstgemachte Nudelsuppe. Es schmeckt wirklich ausgezeichnet und es ist schade, dass wir dieses Lokal noch nie zuvor besucht haben. Vor dem Hotel kommt es zur Verabschiedung, die wie immer kurz und ohne Schnickschnack ausfällt. Zu meiner Überraschung gibt es keine ermahnenden Worte, sondern der Meister stellt fest, dass wir ja noch nicht wissen würden, wann wir wiederkommen könnten. Uns allen ist in diesem Moment bewusst, dass etwas zu Ende geht, dass sich der gemeinsame Weg in unterschiedliche Richtungen verzweigt. Ich bin dankbar für alles und gleichzeitig melancholisch, dann versuche ich, die bevorstehende Loslösung zu verzögern, indem ich Sifu Lin nach Wien einlade. Er lacht und sagt, dass er nicht so bald kommen könne, erst wenn seine Tochter verheiratet sei.

Das nächste Lebenszeichen von Sifu Lin erhalten wir, als wir im Bus sitzen, ein Icon, das so viel wie „Gute Reise!" bedeutet. Kurze Zeit später eine dringende Bitte: Wenn wir ein Buch mit den zahlreichen Fotos als Lern-unterlage machen würden, dann sollten wir ihm ein Exemplar zukommen lassen.

Kaum sind wir in Hongkong angekommen, da erreicht uns über Eric die Nachricht, dass Sifu Kong uns heute Abend zum Essen treffen möchte. Es ist ein schöner Ausklang der Reise und mit dem Meister aus Hongkong ist es natürlich um einiges einfacher, ein Wiedersehen zu vereinbaren. Die Familie von Sifu Kong möchte gern die Osterfeiertage bei uns im Haus an der Donau verbringen. China verlassen wir dankbar, aber ohne Wehmut, nicht ahnend, dass wir in den nächsten Jahren nicht wiederkehren werden.

Wien – Strudengau

DAS NEUE JAHR startet mit Schwierigkeiten. Der Große Drache bereitet uns Sorgen. Nachdem unsere Vermieterin das Objekt an einen Immobilien-hai verkauft hat, kommt heraus, dass wir über eine längere Zeitspanne zu wenig Heizkosten bezahlt hätten. Die Nachforderung in Höhe von ein paar tausend Euro kommt uns gerade jetzt nicht gelegen und lässt uns generell am Standort zweifeln. Ich bin wieder einmal diejenige, die sofort dazu bereit wäre zu handeln und alle Zelte abzubrechen. Warum nicht einfach ausziehen aus dem Großen Drachen und alles auf eine Schule, den Was-serdrachen, konzentrieren? Christoph findet diesen waghalsigen Vorschlag zwar interessant, aber im Moment nicht umsetzbar. Wohin mit all unseren Schüler:innen und wie soll es dann möglich sein, unser umfangreiches Pro-gramm aufrecht zu erhalten, noch dazu, wo wir erst vor kurzem die erste Schule aufgegeben haben? Ich habe auch keine Idee, wie wir eine große Schule in einer viel kleineren unterbringen könnten, ohne dass sie dabei all-zu großen Schaden davonträgt. Zusätzlich spüre ich, dass Christoph gerade jetzt nicht dazu bereit ist, sich ohne triftigen Grund noch weiter zurückzuziehen und zu verkleinern. Ich frage mich, ob es in unserer Gesellschaft ein Zeichen von Schwäche ist, wenn man dezimiert statt zu expandieren. Vielleicht könnten wir ja optimieren, das klingt gleich viel besser, aber in Wirklichkeit ist es eine Idee für die Zukunft, für eine Zeit, in der wir anders unterrichten und mit kleineren Gruppen arbeiten werden. Somit ist das Thema wieder vom Tisch und wir machen weiter wie immer. Aber irgendetwas liegt in der Luft, die Zeichen stehen auf Veränderung, oder ist es der Schimmel an den Wänden, der sich trotz der Renovierung vor nicht einmal einem Jahr plötzlich stärker ausbreitet und mich stutzig werden lässt?

Die Tage, die wir in unserem Haus an der Donau verbringen, sind geprägt vom eigenen Training. Die Ankunft des Meisters aus Hongkong und seiner Familie steht bevor und es gibt noch einiges zu festigen und zu wiederholen. Je näher der Tag der Anreise rückt, umso nervöser bin ich. Es steht im Raum, dass wir nun endlich die Holzpuppen-Form und zusätzlich eine Form auf einem Übungsgerät, das sich „Mu-Fa-Jong" nennt, lernen werden. Dafür hat uns der Meister im Vorfeld zwei Baupläne für die jeweiligen Übungsgeräte geschickt. Bei der Holzpuppe, einem Baumstamm, der mit gedrechselten Armen und einem Bein ausgestattet ist und die in ihrer Form den Gegner simuliert, ist es wichtig, dass die Länge der Arme und des Beines an die eigene Arm- und Beinlänge angepasst wird und somit die Abstände untereinander harmonisch sind, damit man sich keine falschen Winkel eintrainiert. Christoph braucht aufgrund seiner Größe eine andere Dimension als ich. Ich entspreche mit meiner Körpergröße der Hongkong-Standardgröße und somit dem Originalbauplan. Die Maße dafür stammen von einer Holzpuppe, die Yip Man dem Lehrer von Sifu Kong als Zeichen seiner Wertschätzung zur Eröffnung seiner Schule geschenkt hat.

Das zweite Trainingsgerät ist eine Platte, auf der man Schritttechniken übt. Dafür montiert man auf ihr fünf Baumstämme, die als Quadrat mit einem Zentrum angeordnet werden. Auch hier spielen der Durchmesser der Stämme und der Abstand eine Rolle und auch hier brauchen wir wegen unseres Größenunterschiedes zwei verschiedene Übungsgeräte, die ein Bekannter von uns anfertigt, der Hobbytischler ist.

Knapp vor der Ankunft des Meisters zu den Osterfeiertagen stehen beide Übungsgeräte bereits bei uns im Trainingsraum und wir sind voller Erwartung. Wie immer habe ich die übertriebene Sorge, die im Vorjahr gelernten Techniken noch nicht gut genug zu beherrschen. Das Gefühl verfolgt mich sehr hartnäckig und hat etwas mit Perfektionismus und mangelndem Selbstbewusstsein zu tun, wie ich schon in der Vergangenheit festgestellt habe. Immerhin erkenne ich das und trotzdem belastet mich eine mögliche Ablehnung durch mein Gegenüber, die ich wie von selbst heraufzubeschwören weiß.

Das Gefühl der Unsicherheit begleitet die Tage der Ankunft und ich weiß nicht, ob und was Sifu Kong von uns sehen wollen wird, um zu entscheiden, ob wir tatsächlich weiterlernen können. Es wäre eine Ehre, eine so fortgeschrittene Form, um die sich zig Geschichten ranken, von ihm lernen zu dürfen. Manche Leute meinen, man würde am Klang, den die Holzpuppe bei jeder Berührung von sich gibt, erkennen, wie gut und fließend der- oder diejenige die Bewegungsabläufe durchführen kann und dies wiederum gebe Aufschluss über das Niveau des oder der Trainierenden. Wie ein Maschinengewehr könne es klingen, ratternd, explosiv, ohne Unterbrechung, aber mit einem Maschinengewehr kann ich mich schwer identifizieren.

Eine andere Geschichte, die immer wieder erzählt wird, ist jene von Bruce Lee, wie er seinen damaligen Lehrer Yip Man aufsucht, um von ihm die Holzpuppe zu erlernen und dieser ihn wieder nach Hause schickt, da der Schüler in seinen Augen noch nicht so weit sei, diese Form zu erlernen, was in weiterer Folge zum Bruch zwischen Lehrer und Schüler führt. Obwohl man heute im Internet zig Holzpuppen-Videos findet und viele meinen, die Bewegungen, die auf den ersten Blick sehr einfach wirken, nachmachen zu können, haben tatsächlich die wenigsten Leute das Glück, von einem authentischen Lehrer in die Form mit all ihren Geheimnissen eingeweiht worden zu sein. Gerade viele chinesische Meister verkaufen die Form für Geld, geben aber das Hintergrundwissen nicht preis und so findet man selten Leute, die auf diesem Übungsgerät tatsächlich in die Tiefe tauchen konnten.

In der Tradition von Sifu Kong spielt die Holzpuppe eine zentrale Rolle, da sowohl Yip Man als auch der Lehrer von Sifu Kong sehr viel und intensiv mit ihr trainiert haben. So umrunde ich ehrfürchtig meine eigene, nagelneue Holzpuppe. In meinen Gedanken wirble ich schon um ihre Arme und höre deren Klack-Klack-Klack, das mir bereits aus Guolo vertraut ist.

Die drei Trainingswochen mit Sifu Kong beginnen anders als erwartet. Ich habe gewissenhaft die dritte und letzte Faustform, die wir im Vorjahr gelernt haben, mit all ihren Partneranwendungen vorbereitet und dann will sie der Meister gar nicht sehen. Stattdessen fordert Sifu Kong uns in der ersten Privatstunde auf, mit ihm die Übung der Klebenden Hände durchzuführen. Zuerst ist Christoph an der Reihe, der spontan frei Angriffe einbauen darf und seinerseits vom kleinen Hongkong- Chinesen attackiert wird. Während ich zuschaue, schwindet mein komplettes Selbstbewusstsein. Es überrascht mich nicht, dass Christoph wie üblich in solchen Situationen souverän sein Können abliefert. Jetzt muss ich nachlegen, von mir hängt es nun ab, ob wir weiterlernen werden oder möglicherweise alte Inhalte nachholen müssen.

Als ich an der Reihe bin, schiebe ich diese Gedanken beiseite. Zum Glück gibt es Momente, in denen ich mich einfach gehen lassen kann und mein Kämpferherz zum Vorschein kommt. Wenn ich meinen Kopf ausschalte, läuft alles ziemlich gut, und da ich die Angriffe, die der Meister setzt, ohnehin nicht im Vorhinein erkennen kann, ist es auch nicht möglich, zu viel darüber nachzudenken. Ich handle intuitiv und völlig spontan und weiß mich wie von selbst richtig zu bewegen und richtig zu agieren.

Die Übungseinheit endet damit, dass uns Sifu Kong, selbst außer Atem, zu verstehen gibt, dass wir das nun jeden Tag machen würden und er uns nun das erste Stück an der Holzpuppe zeigen werde. Wir sollten Stift und Zettel holen, da er uns eine kurze Einführung in die Theorie geben wolle. Die Blicke von Christoph und mir treffen sich, keine Frage, wir sind beide aufgekratzt und ein bisschen stolz ob der guten Nachricht.

Das Training an der Holzpuppe liegt mir, ich weiß nicht, ob der Grund dafür ist, dass ich bereits eine Form in Guolo bei Sifu Lin gelernt habe, oder ob es die Sympathie für den handgefertigten Gegenstand ist, dessen Holz bei meinen Angriffen vibriert und meine Kraft aufnimmt, ohne sich dabei zu verformen. Es ist so befreiend, einen Gegner zu haben, der unverletzbar scheint und die Kraft, die ich einsetze, einfach verschluckt und in sich aufsaugt. Das Holz gibt so wenig nach, das meine Arme mit der Zeit blau werden, wenn ich zu viel Armkraft einsetze. Somit bin ich gezwungen, meine ganze Struktur, die ich über die Jahre aufgebaut habe, in meine Bewegungen zu legen, um ja nicht steif zu werden und nur unkontrolliert auf das Holz zu dreschen. Es ist nicht das Ziel, das Trainingsgerät zu zerstören, sondern damit zu verschmelzen und die Kraft gezielt zu dosieren. Ich kann nicht bestätigen, dass die Holzpuppe vordergründig ein Gerät zur Abhärtung ist, ich kann nur sagen, dass dieses Übungsgerät, wenn man es richtig einzusetzen weiß, das Verständnis für Winkel und Schritttechniken und das Verständnis für den Einsatz der Körperstruktur maximiert.

Schritt für Schritt und Satz um Satz nähern wir uns über die Form dem Übungsgerät an, lernen zahlreiche Partneranwendungen und sind tagelang damit beschäftigt, uns die Bewegungsabläufe anzueignen. Immer wieder wird das Training an der Holzpuppe alternierend zu jenem am Mu-Fa-Jong bestritten. Nach einem Satz an der Holzpuppe nehmen wir einen Satz der

Mu-Fa-Jong-Form durch, die Sifu Kong selbst zusammengestellt hat. Dieses zweite Trainingsgerät mit den fünf Baumstämmen, bei dem man sich leichtfüßig in jede beliebige Richtung bewegen kann, bereichert die Schrittarbeit und die Kreativität, weil man sich nun mit neuen Schrittkombinationen in unterschiedlichen Winkeln bewegen kann. Das Stehen auf einem Bein fällt mir leicht, da ich schon in den letzten Jahren viele Kick-Techniken gelernt habe. Die ungewöhnlichen Kreuzschritte, mit denen man sich in alle Richtungen bewegt, sind dagegen Neuland für mich, und der fix definierte Abstand der Baumstämme, der zu überwinden ist, zwingt mich, meine Struktur richtig zu halten, um nicht instabil zu werden.

Auch für dieses Trainingsgerät lernen wir unterschiedliche Partneranwendungen und gemeinsam mit der Holzpuppe ergibt sich ein umfassendes Bild davon, wie man sich um einen Gegner herumbewegen kann und ihn bestmöglich attackiert. Ich muss daran denken, dass es in China üblich war, im Wing-Chun-Training monatelang nur zu stehen und Formen zu üben, bevor man mit der Übung der Klebenden Hände begonnen hat, bei der man kaum Anweisungen oder gar Anwendungen erklärt bekommen hat. Wie aufschlussreich muss es dann gewesen sein, wenn man sich nach Jahren des Trainings endlich an der Holzpuppe bewegen durfte und diese eine Flut an Ideen lieferte.

Heute ist alles anders. Ab der ersten Stunde stehen Partnerübungen auf dem Programm, sonst hätte man keine Schüler:innen, wie die chinesischen Lehrer selbst sagen. Die Zeiten haben sich geändert und die Holzpuppe hat einerseits an Bedeutung verloren, andererseits ist sie wegen der Klarheit, die sie bringt, und durch die Möglichkeit, die eigene Körperstruktur in der Bewegung zu überprüfen, von unschätzbarem Wert. Sie vermag es, das Gelernte zu vertiefen und das Verständnis für die Kampfkunst zu schärfen.

Das Training läuft gut, die Tage vergehen und neben dem körperlich anspruchsvollen Training bringt uns Sifu Kongs Frau die Grundlagen der chinesischen Kalligraphie bei. Es ist schwer, den Kopf frei zu bekommen und die statische Körperhaltung bzw. die nötige Konzentration, die man bei dieser meditativen Tätigkeit über einen längeren Zeitraum aufrechterhalten muss, mit der nötigen Konsequenz beizubehalten. Trotzdem bin ich fasziniert von den pechschwarzen Pinselstrichen, die wir auf das Papier zaubern. Die Frau des Meisters ist eine geduldige Lehrerin, sie hat ihr Handwerk über Jahre gelernt und ich kann mich bei den Grundübungen darin verlieren, zig gerade Striche hintereinander auf das filigrane Papier zu ziehen. Willig saugt das Trägermaterial die Tusche auf und wenn ich den Pinsel richtig zu führen weiß, bleiben die Konturen des Geschriebenen ganz klar und scharf.

Im Gegenzug zeigen wir der Familie die Gegend und unternehmen Ausflüge und Spaziergänge. Die Abgeschiedenheit unseres Hauses bringt es mit sich, dass die anderen in ihrer Mobilität eingeschränkt und von uns abhängig sind, und dies wiederum führt dazu, dass für uns kaum Zeit zum Ausruhen bleibt. Die Situation spitzt sich zu, als der Meister mehrere Male nach Wien zur iranischen Botschaft fahren muss, um ein Visum für seine Weiterreise in den Iran zu beantragen. Es ist ein langes Prozedere, immer wieder fehlt etwas bei den Formularen und man weiß nie genau, wie lang die Wartezeiten sein werden. So schlagen Christoph und ich Stunden in einem neben der Botschaft gelegenen Fast-Food-Restaurant tot, um die Familie dann wieder aufzulesen und nach Hause zu bringen.

Interessanterweise werden diese Freundschaftsdienste und die Tatsache, dass wir für alle täglich kochen, als selbstverständlich angesehen. Mir wird immer klarer, dass wir kein normales Gastgeber-Gast-Verhältnis haben oder gar ein Dienstleistungsverhältnis, bei dem wir einfach unsere Privatstunden zahlen und dann unsere Ruhe haben, sondern eines, das dem chinesischen Schüler-Lehrer-Verhältnis entspricht. Das Ganze erinnert mich an eine Kung-Fu-Serie, in der ein Schüler aus Dankbarkeit, dass er von seinem

Lehrer unterrichtet wird, diesen in seiner Freizeit in den Wald begleitet, um ihm beim Kräutersammeln zu helfen, da der Meister als chinesischer Arzt tätig ist. Der Schüler, dargestellt mit einem riesigen Weidenkorb am Rücken, begleitet also seinen Lehrer täglich demütig in gleißender Hitze und steht zu dessen Diensten.

Wenn ich an dieses Bild denke, muss ich schmunzeln. Natürlich ist es heute überholt, sich selbstlos aufzuopfern und völlig abhängig von der Gunst des Lehrers zu sein, aber Reste davon sind nach wie vor in der chinesischen Gesellschaft verankert und die Rechte und Pflichten der einzelnen Familienmitglieder sind viel strenger definiert als bei uns. So erzählt uns Sifu Kong, dass er noch heute an jedem einzelnen Feiertag als erstes seinen Lehrer besucht, um ihm seine Wertschätzung zu erweisen. Wir erweisen also ihm unsere Wertschätzung, indem wir unnötigerweise zig Male zwischen Wien und unserem Haus hin- und herpendeln und die mühsame Warterei mit stoischem Gleichmut ertragen.

Trotz der Zeit, die wir durch die Herumfahrerei verlieren, kommen wir überraschend schnell voran. Über Ostern gibt es eine kurze Pause, da ich in die Steiermark zu meiner Familie fahre. Sifu Kong kennt für sich keine Verschnaufpause und lässt kurzerhand einen seiner fortgeschrittenen Schüler aus Italien anreisen, um mit ihm Langstock-Anwendungen durchzugehen. Ich sehe Ausschnitte aus dem Training und ertappe mich dabei, mir zu wünschen, dass ich selbst bereits mit dem Stock arbeiten könnte. Es ist schon unverständlich: Wir lernen zwei sehr komplexe Formen parallel und trotzdem ist mein Geist schon wieder in Wünschen und in der Zukunft gefangen, statt sich über das zu freuen, was gerade jetzt Thema ist. Was treibt mich voran, kann ich denn nie im Hier und Jetzt glücklich und zufrieden sein?

Einige Tage vor dem Ende der gemeinsamen Zeit sind die geplanten Inhalte durchgenommen und wir haben es geschafft, die große Menge an neuen Informationen in unseren Körper und Geist aufzunehmen. Ich kann tatsächlich beide Formen selbstständig durchführen, auch wenn natürlich die Qualität der Ausführung nun im täglichen Training zu verbessern ist. Aufgrund der verbleibenden Zeit schlägt uns der Meister vor, dass wir auch noch eine Holzpuppen-Form mit speziellen Kicks durchnehmen könnten. Die Besonderheit liege darin, dass sie nur in unserer Stilrichtung zu finden sei, da dieses Übungsset von Yip Man speziell für seinen Lehrer erstellt worden sei. Die Hintergründe seien einfach erklärt, setzt er fort, sein Lehrer habe bei jeder Witterung an der Holzpuppe, die im Freien montiert war, trainiert. Der Boden sei moosig und bei Regen sehr rutschig gewesen, dadurch sei seine Schrittarbeit wirklich außerordentlich gut geworden. Weil Yip Man ihn darin weiter fördern wollte, habe er ihm, als er ihn eines Tages alleine in der Schule an der Holzpuppe angetroffen habe, den Tipp gegeben, zusätzliche Kicks in die Form einzubauen. Das sei für ihn aufgrund seiner Größe besonders wichtig, um gegen größere Gegner bestehen zu können. Daraus sei dann diese Form entstanden, die spezielle Kick-Techniken enthalte.

Bis zu diesem Zeitpunkt wusste ich nicht, dass es diese Form überhaupt gibt, und umso gespannter bin ich nun, als der Meister sie uns demonstriert. Die restlichen Tage sind wir also damit beschäftigt, dieses Übungsset zu erlernen. Am schwierigsten ist es, die beiden Holzpuppen-Formen nicht wegen des ähnlichen Ablaufs miteinander zu vermischen. Auch die korrekte Ausführung der körperlich sehr anspruchsvollen Kicks erweist sich als durchaus herausfordernd.

Am letzten Tag des Aufenthaltes der Familie von Sifu Kong sitzen Christoph und ich bei einem Kaffee in unserem Stammlokal, während die anderen ihre Koffer packen. Beide sind wir ermattet und wortkarg, aber unglaublich erleichtert und stolz darauf, so viel gesehen und gelernt zu haben. Wir befinden uns in der – wie ich es gerne nenne – Wing-Chun-Blase, in der es keine anderen Themen und Probleme gibt und in der man sich gut und gerne verlieren kann.

Ein jähes Ende findet dieser Zustand, kurz nachdem der Meister abgereist ist. Es gibt Probleme in unserer Schule, dem Großen Drachen. Die Baupolizei möchte uns einen Besuch abstatten. Nach einem Telefonat mit dem Vermieter sind wir allerdings so schlau wie vorher: Man wisse nicht genau, warum ein Besichtigungstermin angesetzt worden sei, aber es sei notwendig, dass wir anwesend seien. Zwischen den Zeilen gibt er noch zu verstehen, dass er Sorge habe, dass sich im Haus jemand über unsere Tätigkeit beschwert haben könnte und dass die Widmung des Lokals ein Problem darstellen könnte. Dies veranlasst Christoph dazu, den Mietvertrag genauer durchzulesen, und tatsächlich fällt auf, dass die Räumlichkeiten als „Magazin" bezeichnet werden, obwohl unsere Vorgänger:innen hier jahrelang eine Art Turnhalle betrieben haben.

Weitere Recherchen später sind wir völlig verunsichert und die Tatsache, dass die Baupolizei bei einer widerrechtlichen Nutzung die Räumlichkeiten sofort zusperren könnte, versetzt uns in Aufruhr. Wir haben also gerade mal ein paar Tage Zeit, uns auf diese mögliche neue Situation einzustellen. Was wäre, wenn unsere Schule von heute auf morgen geschlossen werden würde? Mit diesem Szenario müssen wir uns nun beschäftigen, um im Fall des Falles handlungsfähig zu bleiben. Ich lasse das Ganze auf mich wirken und seltsamerweise fühle ich mich erleichtert bei der Vorstellung, alles hinter mir zu lassen, und sehe die Chance eines Neubeginns. Die Realität hat uns eingeholt, was die große Schule betrifft: eine große, offene Heizungsrechnung, ein latent vorhandener, unausgefochtener Streit mit der Mieterin über uns, die sich permanent vom Schweißgeruch im Gang belästigt fühlt und zum wiederholten Mal unsere Schüler:innen einfach mutwillig im Innenhof einsperrt, Schimmel an den Wänden, abbröckelnde Farbe, keinen Sommer, den wir uns einfach frei nehmen können aufgrund der hohen Fixkosten, eine veraltete, mickrige Lüftung und ein paar Fenster zu wenig, um den großen Raum anständig lüften zu können. Es ist wie in einer Beziehung, in der die Verliebtheit nachlässt. Plötzlich stören die kleinen Mängel und man ist genervt und möchte gehen.

Auf der anderen Seite stehen schöne Erinnerungen: rauschende Feste, die wir mit unseren Schüler:innen gefeiert haben, ein riesiger, sehr ruhiger Raum, direkt auf Wiener Erde gebaut im Herzen des 7. Bezirks, der Charme eines großen, hohen Lofts im asiatisch-puristischen Stil, viel Platz und viele Schüler:innen, die seit Jahren hier trainieren und enttäuscht darüber wären, diesen besonderen Ort verlassen zu müssen. Christoph beschwichtigt: „Es ist noch nicht gesagt, dass wir gehen müssen, warten wir erstmal den Termin ab." Wenn man über Dinge nachzudenken beginnt, ist man bereits in der Zukunft angekommen und wenn sich diese so unverschämt gut anfühlt, ist es nicht so leicht, die Gegenwart einfach so hinzunehmen.

Tatsächlich ist das Thema wenige Tage später eigentlich wieder vom Tisch. Es stellt sich heraus, dass die Baupolizei, was unsere Tätigkeit betrifft, nichts einzuwenden hat. Es geht bei ihrem Besuch gar nicht um die Nutzung der Räumlichkeiten, es geht darum, dass eine Lifttür, die sich hinter einer verschiebbaren Wand verbirgt, eine spezielle Abdeckung benötigt, was einzig und allein Sache unseres Vermieters ist. Es könnte also alles weitergehen wie bisher. Trotzdem fassen wir uns ein Herz und sprechen die offene Heizungsnachzahlung, die nicht ausreichende Lüftungsmöglichkeit und andere Probleme, die uns beschäftigen, an. Aber unser Vermieter weiß dies alles abzuschmettern und zu relativieren. Er ist ein Profi, hat mehrere Objekte und sieht nur den Profit dahinter.

Als wir die Schule verlassen, sind wir mehr verärgert als erleichtert. Wir wissen, dass wir die Räume brauchen und im Moment keine andere Möglichkeit haben, alle Schüler:innen unterzubringen. Es sei denn, wir würden den Wasserdrachen so umbauen, dass es nicht nur einen großen Raum gibt, sondern zwei Räume, in denen wir parallel unterrichten könnten.

Die nächsten Tage wird gerechnet, geplant, überlegt, und es scheint so, als könnten wir tatsächlich die Kapazität des Wasserdrachen durch einen kleinen Umbau vernünftig aufstocken, zumindest so weit, dass wir einen Großteil der Trainings dort abhalten könnten.

Nach und nach verlassen wir den Großen Drachen. Es dauert Wochen, bis wir unsere Garderobe mit all dem Trainingsequipment, mit Trainingskleidung, Flyern und Dingen, die wir seit Jahren hier horten, geräumt haben. Bei einem Schulflohmarkt verkaufen wir alles, was wir nicht umsiedeln wollen oder können und was nicht mehr in unser zukünftiges Unterrichtskonzept passt, vom großen Boxsack über Übungsschwerter bis zu leicht blutigen Wandsäcken, die vor allem Liebhaberwert bei einigen Schüler:innen besitzen. Ein letztes Mal gibt es ein großes Zusammenkommen in der Schule und jeder nimmt sich mit, was er oder sie als Erinnerung gerne bei sich zu Hause hätte. In der Luft liegt Melancholie. Es ist eine Abschiedsfeier, kein Zweifel, der Staub vom Abriss der Garderobenwände liegt wie ein Schleier auf dem Boden und den Wänden und ohne Kalligraphien und Bilder wirken die leeren Räume steril und unbelebt. Als letztes grabe ich die Pflanzen aus der Erde im Hauptraum. Es ist nicht verwunderlich, dass sie nicht überleben werden, sie waren hier zu Hause in der Dunkelheit der Halle, führten ein karges Leben und plötzlich, als sie das Sonnenlicht sehen, lassen sie den Kopf hängen. Zu schnell vollzieht sich für sie der Übergang von der Finsternis hin zum gleißenden Sonnenlicht.

Am Ende des Sommers starten wir in unserem renovierten Wasserdrachen neu durch, alle Schüler:innen, die den Standort wechseln wollen, finden schlussendlich Platz wobei wir parallel in zwei Räumen unterrichten.

Durch einen Wohnungsverkauf haben wir zusätzlich etwas Budget zur Verfügung und denken über einen Wohnungswechsel nach.

Schnell ist ein Objekt gefunden, das mein Herz höher schlagen lässt: ein Loft in einer ehemaligen Schilderfabrik, mit einem vier Meter hohen

Raum, der den Blick in einen begrünten Hinterhof freigibt. Schon immer hatte ich eine Schwäche für große luftige Räume, ein Faible für ungenutzten Platz, auf dem man sich nach Lust und Laune ausbreiten und den man multifunktional nutzen kann. Es ist die Sehnsucht nach Weite und Freiheit, die mich antreibt und die jetzt befriedigt werden möchte; eine Sehnsucht, die mich seit meiner Kindheit verfolgt und die darauf fußt, in einer winzigen Stadtwohnung ohne Rückzugsort aufgewachsen zu sein, bevor wir dann in ein Haus am Stadtrand gezogen sind und ich mir mein eigenes kleines Reich schaffen konnte.

Der Haken an dem Objekt ist, dass es noch unfertig ist, zumindest zu dem Zeitpunkt, als wir es zum ersten Mal besichtigen. Es ist mehr eine Ruine als die edle Stadtwohnung, als die sie von einer namhaften Wiener Immobilienfirma angepriesen wird. Man braucht jede Menge Fantasie, um sich das Endprodukt vorstellen zu können. Aber an Fantasie hat es mir noch nie gemangelt und schon sehe ich den großen, hohen Trainingsraum vor mir, in dem wir auch wohnen könnten, spüre die Zugluft, die durch die hohen Fenster eine angenehme Brise in die Räume trägt, höre das Klappern der Holzpuppe und sehe mich mit dem Langstock durch die edlen Hallen wirbeln.

Christoph hat ähnliche Vorstellungen und die Verlockung, endlich eine Wohnung zu haben, endlich zu wissen, wo man sein Geld investiert, lässt uns aus dem Bauch heraus entscheiden. Knapp vor unserer diesjährigen Reise nach Thailand unterschreiben wir einen Kaufvertrag, den wir vorsorglich mit einem Fertigstellungsdatum im Juni erweitern lassen, um ja auf Nummer sicher zu gehen und keine unnötige Verzögerungen in Kauf nehmen zu müssen. Der Makler beruhigt uns: „Nein, nein, die Wohnung wird im März fertig sein und Sie haben natürlich bei jeglicher Ausstattung Mitspracherecht." Ich lächle ihn süffisant an, da ich genau weiß, was von derartigen Versprechungen zu halten ist. Aber vielleicht täusche ich mich auch, das macht vielleicht den Unterschied aus zwischen einer großen, seriösen Firma und dem unseriösen Bautrupp mit wechselnden Arbeitern, die nicht greifbar sind, wenn man sie braucht.

Thailand

DIE THAILANDREISE REISST uns aus den Wohnungsüberlegungen. Ich schlendere durch die Hauptbibliothek auf der Suche nach Reiselektüre, um mich damit im Flugzeug abzulenken. Ich komme immer besser mit der Belastung des langen Fluges zurecht: keine aufsteigende Panik, die mich lähmt, keine Tränenausbrüche, um den Druck, der sich aufbaut, ablassen zu können. Stattdessen fühle ich nur eine leichte Anspannung, wenn ich mich auf meinen Platz setze, Christophs Hand drücke und auf das Abheben der Maschine warte. Die Bücher, die ich mitgenommen habe, bleiben unangetastet, ich entspanne mich ein wenig und döse vor mich hin.

Die ersten Tage im Umfeld des daoistischen Lehrers in einer großen Hotelanlage außerhalb Bangkoks verlaufen wie erwartet. Wir sind im Kreis der fortgeschrittenen Schüler:innen, die wir alle bereits kennen, und üben oder diskutieren. Nach ein paar Tagen stelle ich eine merkliche Veränderung in der Stimmungslage des Lehrers fest, er ist gereizt und verlässt immer wieder fluchtartig den Unterricht. Ich kenne dieses Verhalten bereits, aber dieses Mal irritiert mich die Vehemenz, mit der er vor etwas zu flüchten scheint, und sein starrer Blick, der uns fixiert. Ich mache mir Sorgen, versuche, das Geschehen einzuordnen, aber der Lehrer scheint sich von diesen Phasen immer wieder zu erholen und oft, wenn ich ihn in der Hotelanlage zufällig treffe, winkt oder lächelt er mir zu und ich bin wieder beruhigt. Trotzdem liegt eine Anspannung in der Luft. Es wird gemunkelt darüber, dass er seit einigen Jahren mit körperlichen Problemen zu kämpfen habe, und tatsächlich erzählt er mir bereitwillig bei einem der Abendessen von seinem angeschlagenen Gesundheitszustand. Manches Mal, wenn ich ihn dieser Tage sehe, ist er optisch ein gebrochener Mann, ein anderes Mal kennt seine Energie keine Grenzen, er wirkt frisch und spritzig und selbst mehrere Übersetzer gleichzeitig können die Inhalte, die er in stundenlangen Monologen von sich gibt, nicht zu ihrer und seiner Zufriedenheit übersetzen und staunen ob des Gehalts der Ausführungen.

Am Ende der Kursreihe kündigt er zu meiner Überraschung an, im nächsten Jahr nach Europa kommen zu wollen, er könnte in unserer Schule unterrichten, ist sein Vorschlag. Natürlich fühlen wir uns geehrt, sehen Chancen darin, ihn für eine Zeit lang so nahe bei uns zu haben, aber auf der anderen Seite habe ich Vorbehalte, irgendetwas mit ihm stimmt nicht und ich führe es zurück auf sein ungewöhnliches und hartes Leben, das er aufgrund seiner außergewöhnlichen Fähigkeiten zu führen hat.

Wien

DAS GEFÜHL, dass irgendetwas nicht stimmt, hält sich hartnäckig nach unserer Ankunft in Wien und färbt auch auf unser Leben ab. Nachdem wir unsere Dachterrassen-Wohnung voreilig gekündigt haben, ist die Nachricht, dass unser neues Refugium aus schleierhaften Gründen doch nicht im Frühling fertig sein werde, eine Hiobsbotschaft. Es zeichnet sich ab, dass wir ab März ohne Wohnung dastehen werden. Wie immer versuchen wir, die Situation positiv zu sehen, und die Nachricht, dass der Meister aus Hongkong plant, vor Ostern zu kommen, reißt uns gedanklich aus den privaten Turbulenzen.

Das Training an der Holzpuppe verläuft nach Plan. Das Übungsgerät übt eine nicht enden wollende Anziehungskraft auf mich aus. Es ist mit dem Meister vereinbart, dass wir sowohl die Holzpuppen-Form als auch jene am Mu-Fa-Jong so vorbereiten, dass wir sie vorzeigen können. Beim Üben am Mu-Fa-Jong fällt mir auf, dass die Gewichtsverteilung des einbeinigen Standes im Vorwärtsschritt noch nicht ideal ausfällt und mir der Abstand der Baumstämme dadurch sehr groß vorkommt. Es gilt also daran zu feilen, mein Gewicht besser und effizienter zu verlagern, damit ich leichtfüßiger den Abstand zwischen den Baumstämmen überwinden kann.

Zwischen den Übungseinheiten schleppen wir Kartons und Möbel aus der Wohnung, das Umsiedeln scheint endlos zu dauern, zumal uns der Auszug aus dem Großen Drachen vor ein paar Monaten noch in den Knochen steckt. Ich schwöre mir, in Zukunft weniger unnötige Dinge aufzubewahren und verkaufe oder verschenke alles, was wir nicht unbedingt brauchen.

Im ganzen Tumult fällt mir eines der Bücher, die ich für die Thailandreise ausgeborgt hatte und die ich noch immer nicht zur Bibliothek zurückgebracht habe, in die Hände. Ich blättere es gedankenverloren noch einmal durch und erinnere mich daran, wie Christoph es während des Rückfluges gelesen und sich über einige Passagen amüsiert hat. Ursprünglich wollte ich das Buch gar nicht aus der Bibliothek mitnehmen, ich habe es verschämt in der Hand gehalten, mehrmals zurückgelegt und wieder an mich genommen. Ist es das Cover mit der nackten Frau im Wald, die in einer Yoga-Pose abgelichtet ist, das mich abstößt? Oder kommt mir das Thema – eine krebskranke Protagonistin wird wie durch ein Wunder von einer alten Frau, die im Wald lebt, geheilt – einfach zu esoterisch und rührselig daher? Die Figur der alten Frau, die es tatsächlich gab, ist es dann schlussendlich, die mich dazu bewegt, das Buch doch an mich zu nehmen.

Jetzt liegt der Roman auf dem großen Holztisch im Wohnzimmer, der in den nächsten Tagen den Besitzer wechseln wird. Im Nachwort des Buches taucht ein Name auf, der mich interessiert, ein Name von jemandem, der sich mit Kräutern auskennt. Könnte mir diese Person helfen, meinen Garten auf Vordermann zu bringen? Ich muss an mein mehr als dürftiges Kräuterbeet denken, das einfach nicht gedeihen möchte, und schon sitze ich am Computer, um herauszufinden, wer diese Person meines Interesses eigentlich ist. Ich bin erleichtert, als ich die Website eines Gärtners finde, die kurz und bündig die nötigsten Informationen beinhaltet. Keine Spur von einem Waldviertler Schamanen, der sich unnötig in Szene setzt, so wie ich es in meiner Vorstellung befürchtet habe. Kurzerhand kontaktiere ich den Gärtner per E-Mail und schildere mein Anliegen. Ich habe keine Ahnung, wo er genau wohnt, ich hatte noch nie ein Gefühl für Distanzen und hoffe einfach, dass es nicht zu weit weg von unserem Haus im Mühlviertel ist. Ein, zwei Tage später erhalte ich eine Antwort und die Aufforderung, telefonisch mit dem Gärtner in Kontakt zu treten. Ich telefoniere kaum und ungern, aber mit diesem Unbekannten scheint mir der Gesprächsstoff nicht auszugehen. Wir reden über meinen Garten, er sehr fachmännisch und ich mit der Feststellung, dass ich eigentlich keine Ahnung von Gartenarbeit habe, mit dem Ergebnis, dass er anbietet, mir zu helfen, und vorschlägt, zu einem Besichtigungstermin vorbeizukommen.

Wochenlang höre ich nichts von ihm, vermute, dass es ihm doch zu weit ist, bis zu mir zu fahren. Eine in diesem Zusammenhang von Christoph gefällte Feststellung überrascht mich: Wenn der Gärtner komme, werde er mein Freund, ist seine orakelhafte Aussage. An einem verschneiten Tag kurz nach Neujahr steht der Gärtner plötzlich vor meiner Tür, ein breites Lächeln auf den Lippen. Als ich in seine strahlenden Augen blicke, ist mir, als würde ich ihn schon mein ganzes Leben lang kennen. Ich lächle zurück und falle dem wildfremden Menschen beinahe um den Hals. Dann wirble ich durch mein Reich und erkläre ihm, dass ich jemanden brauche, der den Garten auf Vordermann bringt. Lange schweigt er und blickt über das Areal, raucht ein paar Zigaretten und nickt dabei.

Dann vereinbaren wir, im Frühling die zerfressenen Buchshecken auszugraben und neue Kräuter anzupflanzen. Dann verschwindet er wieder im Schneetreiben.

Einen Tag vor der Anreise des Meisters aus Hongkong steht der Gärtner wieder in meinem Garten. Schweigend arbeiten wir nebeneinander. Ich mag es, wenn Leute nicht aus Unsicherheit heraus Smalltalk führen müssen. Er hat eine angenehme, ruhige Präsenz. Manchmal zeigt er mir etwas und ich mache es nach, so gut ich eben kann, so lerne ich am besten. Zu meiner Überraschung beginnt er irgendwann dann doch zu reden und wir lernen uns kennen. Ich ahne nicht, dass er mich die nächsten Jahre begleiten wird und ich von ihm auf eine spezielle Art und Weise lernen werde.

Dieses Mal holt Christoph Sifu Kong alleine vom Flughafen ab, ich sitze noch im Zug zurück nach Wien, meine Fingernägel voller Erde. Als Erstes stehen Seminare in unserem Zentrum an, danach werden wir eine Woche lang am Langstock feilen. Schon einen geeigneten Stock zu bekommen, hat Wochen in Anspruch genommen. Die meisten Stöcke sind zu kurz, viele zu hart, aus dem falschen Holz gefertigt und manche verrückt teuer. Von einem der wenigen Anbieter, die in Frage kommen, lassen wir uns zwei Stöcke liefern. Obwohl der Meister vorgeschlagen hat, dass ich mir einen kürzeren Stock besorgen könne, bleibe ich dickköpfig und bestelle den Standardstock in der Länge von 2,70 Meter. Was er nett gemeint hat, ärgert mich. Ich werde sicher nicht mit einem Kinderstock trainieren, nur weil ich eine Frau bin! Verdrängt habe ich die Tatsache, dass der fortgeschrittene Schüler, den ich im Vorjahr in unserem Haus bei einer Privatstunde beobachtet habe, mit einem kurzen Stock angereist war, um vom Meister zu lernen. Es ist besiegelt, ich will den langen Stock, das sind meine letzten Worte zu diesem Thema. Christoph bestellt sich aufgrund seiner Größe einen überlangen Stock. Zum Glück haben wir einen Kleinbus und so bringen wir alle Stöcke, sowohl kurze als auch lange, darin unter und chauffieren diese und

Sifu Kong am ersten gemeinsamen Trainingstag nach Niederösterreich, um im großzügigen Garten des Wochenendhauses von Christophs Vater zu trainieren.

Nach zwei Tagen Seminar mit Sifu Kong bin ich bereits körperlich etwas müde, dennoch kann ich mich heute am ersten Tag der Privatstunden für den Langstock motivieren. Der Meister ist angeschlagen, hat Hals- und Kopfweh. Er wirft sich allerdings sofort im Garten in der Frühlingssonne in Pose und zeigt uns die ersten Vorübungen. Der Stock liegt schwer und steif in meiner Hand, die tiefen Stände sind extrem anstrengend und ich komme mir etwas ungeschickt vor. Nach ein paar Übungen, die ich halbwegs durchführen kann, kommt eine Bewegung, bei der ich resignieren muss, da mein Unterarm-Muskel zu schwach ist. Es ist mir unmöglich, den langen Stock mit verdrehtem Handgelenk waagerecht auf einer Linie nach vorne zu schieben, ohne dass die Stockspitze nach unten absinkt. Murrend greife ich zu einem der kurzen Stöcke, die wir vorsorglich mitgenommen haben. Das erste Stück der Langstock-Form kann ich zu meiner

Überraschung ganz gut mit Sifu Kong mitmachen, selbst das eigenständige Wiederholen geht besser als erwartet. Dann müssen wir in einer tiefen Standposition verweilen, während der Stock auf den Beinen ruht, wobei die Spitze nach oben gerichtet wird. Ich kann nicht verbergen, dass nach einiger Zeit meine Oberschenkelmuskeln zu zittern beginnen. Doch mein Kampfgeist regt sich und ich beiße mich durch.

Es ist schwierig, sich mit dem Stock anzufreunden. Er ist mir fremd und ich weiß ihn noch nicht zu führen. Es fehlt mir das Vorstellungsvermögen, wie ich damit überhaupt kämpfen könnte. Christoph wiederum scheint eine klare Vorstellung davon zu haben, was man mit so einem Stock anfangen kann. Er kann alles sehr schnell umsetzen und ich spüre den mir bekannten Druck in meinem Inneren aufsteigen.

Eine einfache Übung lässt mich verzweifeln, ich kann sie koordinativ einfach nicht erfassen, was den Meister dazu veranlasst, mich zum Üben wegzuschicken, während er Christoph eine weitere Vorübung zeigt. Diese Situation kenne ich nur zu gut, und mit knirschenden Zähnen stelle ich mich ein paar Meter entfernt in die Wiese, wo ich mit der Enttäuschung und dem Stock kämpfe. Da ich keine weiteren Erklärungen erhalte, weiß ich auch nicht, wie und was ich verbessern könnte, und falle in ein altes Muster, in dem ich mich durch den Ärger selbst blockiere. Es ist ein permanentes, ungelöstes Problem: Ich brauche Zeit, um etwas zu erfassen, die komprimierte Unterrichtsweise erlaubt es aber nicht, sich Zeit zu lassen. Christoph lernt anders, er sieht etwas und macht es einfach nach, erfasst das Gesehene logisch. Ich erfasse es gefühlsmäßig, muss es erproben und verfeinern.

Immer wieder ist es so gelaufen in den letzten Jahren. Es wurde uns von unseren Lehrern Bewegung um Bewegung hingeknallt und ich kann in diesen Momenten nur einen Bruchteil davon erfassen. Erst zu Hause, beim Rekonstruieren, wenn ich mich in aller Ruhe darin vertiefe, folgt die

Erkenntnis, ganz im Stillen. Christoph, der sich dankenswerterweise alles merken konnte, spielt gemeinsam mit meinen Aufzeichnungen eine zentrale Rolle, um das oberflächlich Gelernte überhaupt abrufen zu können.

Im Verlauf des eigenen Übens wendet sich dann das Blatt und ich bin es, die das Gelernte noch einmal in all seine Bestandteile zerlegt und es sich somit einverleibt. Plötzlich bin ich die Bewegung und es ist nun völlig klar, wie ich meinen Körper einsetzen muss, so klar, dass ich es an Christoph weitergebe, der sich nun Ratschläge bei mir einholt. Plötzlich finde ich mich in der Lehrerrolle wieder. Oft müssen wir dann lachen, und ich stelle halb im Spaß fest, dass schlussendlich er es sein wird, der vor den Augen der Lehrer punkten wird, wenn wir unseren Übungsfortschritt unter Beweis stellen sollen.

Schnell, unter Druck etwas Vorgefertigtes abzuliefern, ist nicht meine Sache. Erst wenn ich frei agieren kann, den Kopf dabei ausschalte, bin ich in meinem Element, aber das ist in der Lernsituation selten gefragt. In all den Jahren habe ich festgestellt, dass die Lehrer besser mit Christophs Lernweise umgehen können, sie ist ihrer eigenen ähnlicher, und das liegt nicht zuletzt daran, dass es im Wing-Chun immer Männer waren, die uns unterrichtet haben. Das hat mich prinzipiell nie gestört, aber ich habe sowohl beim Lernen als auch beim Lehren festgestellt, dass Männer und Frauen unterschiedliche Herangehensweisen haben. Möglicherweise sind wir von Kindheit an unterschiedlich konditioniert worden. Ausnahmen bestätigen natürlich die Regel, aber viele Ausnahmefälle sind mir in all den Jahren nicht begegnet.

Irgendwann kommt der Meister zu mir und fragt mich in seiner nüchternen Art, was eigentlich das Problem sei. Ich erkläre ihm etwas schnippisch, dass ich anders lernen würde, einen anderen Zugang als Christoph zu den Dingen hätte. „Ich bin eine Frau, ich lerne anders", fasse ich in schlechtem Englisch völlig verkürzt zusammen. Sein kurzes und abweisendes „Ja, ist durchaus möglich", bei dem für mich ein „Da kann man halt nix machen" mitschwingt, ärgert mich ein wenig. Aber ich weiß, dass er es nicht böse meint, und ich weiß, dass ich ihn in diesem Moment genauso reize, wie er mich.

Das Training endet wenig zufriedenstellend für mich. Ich komme aus der Negativspirale einfach nicht so leicht hinaus und hinke in meinem Fortschritt immer etwas hinterher. Zusätzlich zur Psyche macht mir das Gewicht des Stockes zu schaffen, und ich bin körperlich völlig zermürbt.

Am Abend in der halbgeräumten Wohnung bin ich verzweifelt und der Tag und der Stress der letzten Monate brechen über mich herein. Wie soll ich morgen die Defizite aufholen? Jetzt mache ich diese Kampfkunst schon so lange und kann überhaupt nicht mit dem Stock umgehen! Frust und Verzweiflung breiten sich in mir aus, entladen sich in einer negativen Sichtweise meines gesamten Daseins und das alles nur, weil ich etwas nicht sofort umsetzen kann. Was ist mit mir los? Wo ist meine innere Balance geblieben, mein Vertrauen in mich selbst? Es ist völlig lächerlich, das ist mir klar, und so breche ich zum wiederholten Mal in meiner Kampfkunst-Karriere in Tränen aus, die reinigender nicht sein könnten. Es ist alles völlig übertrieben, hat nichts mehr mit den Tatsachen zu tun und es scheint mir, als würde ich den Druck und den Frust, die sich in mir aufgestaut haben, in diesem Moment von mir weichen lassen.

Am nächsten Tag bin ich völlig erledigt. Ich erscheine mit verschwollenen Augen bei der Vormittagseinheit. Sifu Kong verliert kein Wort darüber und ich bin plötzlich wieder voll da. Wir lernen die Form und ich mache einfach mit, bereite in der Pause für den Meister einen Erkältungstee zu, da sein Gesundheitszustand sich noch immer nicht verbessert hat, und beiße mich durch den Nachmittag. Auch er hat zu kämpfen, schläft in den Pausen und versucht die Krankheit zu ignorieren.

Den Ablauf der Form kann ich mir ziemlich gut merken, die körperlichen Ermüdungserscheinungen sind kaum auszublenden. Es sind die tiefen

Stände, die mir zu schaffen machen und die bisher im Wing-Chun kein zentrales Thema waren, und der schwere Stock, den ich kaum mehr so halten kann, dass die Spitze nicht aufgrund der mangelnden Kraft im Unterarm absinkt und zu wippen beginnt.

Am Abend bin ich zufrieden, aber körperlich am Ende. Der nächste Vormittag wird der erste sein, an dem ich aus mangelnder Kraft schweren Herzens beschließe, das Training abzusagen. Ich komme kaum mehr aus dem Bett, weil meine Muskeln so müde sind. Christoph lässt dankenswerterweise mir zuliebe ebenfalls das Vormittagstraining ausfallen und so versäume ich nichts. Der Meister ist verständnisvoll und vermittelt uns glaubhaft, dass ein halber Tag Pause kein Problem sei.

Nachmittags stehen wir dann wieder in der prallen Sonne auf der Wiese und wiederholen das bereits Gesehene unter seinen gestrengen Augen. Das Unterrichten am Abend in unserem Zentrum ist eine willkommene Abwechslung und ich bin froh, dadurch den Kopf frei zu bekommen, bevor ich im Anschluss daran in der leeren Halle die Form noch einmal für mich durchgehe.

Die Tage vergehen und nach einiger Zeit haben wir alle drei Richtungen, die die Form in ihrem Ablauf vorgibt, durchgenommen und können sie selbstständig ausführen. Ein paar Partnerübungen, die wir jeweils einzeln mit Sifu Kong ausführen dürfen und die zum Verständnis beitragen, runden das Programm ab. Am Ende der Woche, nachdem wir den Meister wieder zum Flughafen gebracht haben, bin ich einfach nur glücklich darüber, dass ich nach Hause gehen kann, um mich auszuruhen. Ich bin völlig erschöpft und greife den Stock daher für Tage nicht an. Auf meinen Händen erinnert mich ein Abrieb zwischen Daumen und Zeigefinger und eine Hornhaut, die sich auf der oberen Kante der Handfläche gebildet hat, an die intensive Zeit.

Irgendwann kehrt das Interesse am ungeliebten Stock wie von selbst zurück und ich beginne von vorne bei den Basisübungen. Als ich meinen

Stock abmesse muss ich feststellen, dass er eigentlich um einige Zentimeter zu lang ausgefallen ist. Es ist ein überlanger Stock, selbst nach den regulären Maßen, und ich beschließe, dass es nicht sinnvoll ist damit zu üben, worüber sich Christoph freut, da er nun vorerst meinen Stock verwenden kann. Ich versuche mich mit den kürzeren Wu-Shu-Stöcken, erkenne aber schnell, dass sie zwar kurz, aber steif und starr sind und ich damit kein Gefühl für die Kraftübertragung, die sich normalerweise an der vibrierenden Stockspitze zeigt, aufbauen kann. Es bleibt mir also nichts anderes übrig, als einen neuen Stock anfertigen zu lassen, einen, der nicht zu kurz und nicht zu lang ist, meinen persönlichen Stock, 30 Zentimeter unter dem regulären Maß. Dieser Stock liegt phantastisch in meiner Hand und ich übe täglich die Basisübungen und die tiefen Stände verbunden mit der Schrittarbeit.

Nach ein paar Wochen habe ich große Fortschritte gemacht, und als ich die ersten Nüsse im Garten mit der Stockspitze knacken kann, verspüre ich ein Gefühl der Euphorie. Ich muss zurückdenken an die Verzweiflung während des Lernprozesses, daran, wie sehr es ein Kampf war gegen mich selbst, durchzuhalten und mich zu motivieren. Beinahe hätte ich alles aus Frust hingeworfen, um mich dann doch wieder von neuem der Herausforderung zu stellen. Was hat mich dazu bewogen durchzuhalten? Es war der Tiefpunkt an dem einen Abend, an dem etwas passiert ist mit mir, die Erkenntnis darüber, dass es bei all meinem Ärger gar nicht um den Stock geht, sondern um mich und meine Unzulänglichkeiten und um die Fähigkeit, darüber traurig sein zu dürfen, um mich dann so anzunehmen, wie ich bin. Vielleicht ist es die Kampfkunst, in der ich nicht gegen mich selbst oder gegen andere kämpfen sollte, sondern in der ich mich so annehmen kann, wie ich bin, mit allen Stärken und Schwächen?

Gedankenverloren halte ich den Stock in meiner Hand, den ich zu einem Teil von mir werden lassen konnte, und wenn ich ihn führe, spüre ich nun endlich die Übertragung meiner Kraft in das flexible Holz, so wie ich es von der Holzpuppe gewohnt bin. Es gibt nun keine Übung mehr, die ich aus Kraft- oder Koordinationsgründen nicht durchführen könnte. Deshalb stürze ich mich wieder auf die Form und erarbeite sie mir aufs Neue.

So gut es mit dem Stock läuft, so schlecht läuft es mit der neuen Wohnung, die einfach nicht fertig werden will. Ende März übersiedeln wir mit all unserem Hab und Gut in unser Haus an der Donau. In Wien haben wir keine Wohnung mehr und leben aus der Reisetasche, die in der Wohnung von Christophs Vater zumeist unausgepackt stehenbleibt.

Etwas Gutes hat diese Situation: Wir können mehr Zeit in unserem Haus an der Donau verbringen und genießen die Vorzüge des Landlebens. Ohne es auszusprechen, wissen wir beide, dass der jeweils andere erste Zweifel am Wohnungskauf in Wien hegt. Wehmütig denken wir an die Idee eines geplatzten Dachausbaues vor ein paar Jahren zurück, als wir das Haus gekauft haben, aber aus Budgetgründen Abstriche machen mussten. Wäre es nicht besser gewesen, unser Geld in dieses Haus zu stecken?

Die Termine in dem renommierten Architekturbüro, das unsere Wohnung plant und umsetzt, lassen uns dann doch wieder hoffen. Wir erstellen einen Lichtplan, sprechen über die Badezimmerausstattung, planen Steckdosen und bestellen uns eine Küche. Christoph kann soweit den Druck erhöhen, dass das Architekturbüro uns zusichert, die Wohnung spätestens Ende Juni fertigzustellen. Die Einhaltung dieses Termins ist uns wichtig, da sich der daoistische Meister ab Ende Juli für drei Monate angekündigt hat und wir eine Unterkunft für ihn brauchen.

Nicht einmal einen Monat vor seiner Ankunft dann die Hiobsbotschaft: Per E-Mail teilt uns das Architekturbüro mit dass das Wohnungsprojekt eingestellt worden sei, in dieser Form auch nicht mehr fertiggestellt werde und sich das Objekt in Stadium eines Rohbaus befinde. Das alles einen Tag, bevor unsere Küche geliefert wird, die wir extra auf Maß anfertigen lassen mussten. Wir sind völlig perplex, hatten wir doch eine fixe Fertigstellungszusage! Es ist nicht weiter verwunderlich, dass bei der tollen renommierte Immobilienfirma bei zig Anrufversuchen immer die gleiche bemühte Sekretärin abhebt, die uns allerdings zu keinem ihrer Vorgesetzten verbinden kann.

Dubai – Strudengau – Wien

UNSERE PECHSTRÄHNE reißt nicht ab: Der daoistische Lehrer strandet bei seiner Anreise nach Wien in Dubai und versichert uns glaubhaft, dass er aufgrund seines Gesundheitszustandes nicht alleine weiterreisen könne. Also setzen wir uns ins nächste Flugzeug, um ihn abzuholen, und finden ihn in schlechter körperlicher und geistiger Verfassung am Flughafen vor. Ich bin am Ende meiner Kräfte und knapp davor, ihn nach Hause zu schicken und dafür seine chinesischen Schüler:innen um Hilfe zu bitten, aber wie durch ein Wunder erholt er sich über Nacht. Wir beschließen, das Risiko einzugehen und ihn mit nach Wien zu nehmen, damit er sich bei uns zu Hause ausreichend erholen kann, um einen Monat später Kurse abzuhalten.

Es wird ein Monat, der unsere Belastbarkeitsgrenze mehr als sprengt. Wir leben mit einem daoistischen Meister zusammen, der ausschließlich Chinesisch spricht und in seinen Kreisen höchstes Ansehen genießt, aber gleichzeitig durch eine schwere Krankheit dermaßen gezeichnet ist, dass sich niemand seiner chinesischen Schüler:innen mehr zutraut, länger Zeit mit ihm zu verbringen. Es gibt schöne Momente, in denen wir gemeinsam kochen, diskutieren, spazieren gehen und lachen, aber auch sehr harte, in denen er auf der Flucht ist vor Bedrohungsszenarien, die wir nicht wahrnehmen können, und in denen er schimpft, uns unter Druck setzt, seinen schlechten Gesundheitszustand selbst nicht erkennen kann und vor unseren Augen verzweifelt.

Einer der schlimmsten Momente für mich ist jener, als er nach mehreren durchwachten Nächten in der Früh im Esszimmer auftaucht und mir zu verstehen gibt, dass er einfach nicht mehr weiter wisse und dass es keinen Ausweg für ihn gebe. Es ist schwer zu verstehen, weil gerade er es war, der mir durch die Übungen, die er mir beigebracht hat, aufgezeigt hat, dass es immer eine Lösung und einen Weg gibt und dass sich alles auch ohne unser ständiges Zutun immer im Wandel befindet. Oft hat er in seiner strengen und bestimmten Art genau das von mir gefordert: kreativ und flexibel zu sein und nicht in gewohnten Mustern hängen zu bleiben.

Eine daoistische Anekdote besagt, dass ein Hund, der in die Enge getrieben wird und keinen Ausweg weiß, einfach von selbst über die Mauer springt. Einfach loslassen und springen könnte so leicht sein, aber für ihn scheint es nun unmöglich. Was ihn zurückhält, weiß ich nicht. Bei mir hat dies Alpträume zur Folge und die ausweglose Situation treibt unverarbeitete und belastende Situationen meiner Vergangenheit unkontrolliert an die Oberfläche.

Ein anderes Mal fragt der Lehrer mich beim gemeinsamen Kochen völlig aus dem Zusammenhang gerissen, ob ich Kinder bekommen möchte. Zuerst bin ich ein bisschen perplex wegen der persönlichen Frage, dann überlege ich kurz und antworte: „Ich weiß nicht, aber ja, warum nicht." Woraufhin er nickt, über seine Tochter spricht und mich in meiner Überlegung bestärkt. Warum habe ich in all den vergangenen Jahren nie ernsthaft über dieses Thema nachgedacht, es vor mir hergeschoben und in der Kampfkunst und der Befriedigung meines Egos untergehen lassen? Jedes Jahr eine Reise, jedes Jahr Training, das kaum eine Unterbrechung zulassen würde, sind damit verbundene Themen, die mir durch den Kopf gehen. Ich muss an eine Operation in meiner Jugend denken, bei der ein Teil meiner Gebärmutter entfernt wurde. „Ich bin mir nicht ganz sicher, ob ich überhaupt Kinder bekommen kann", sage ich hastig. „Du kannst", meint er und fügt hinzu:

„In spätestens ein, zwei Jahren." Diese Aussage trägt so eine Endgültigkeit in sich, dass ich nicht weiter nachfrage, wie er das gemeint hat.

Nach einem Monat überwiegen die ausweglosen Momente. Der Lehrer ist in einer so schlechten Verfassung, dass er keine Kurse abhalten kann und seine Reise abbrechen muss. Völlig überstürzt müssen wir ihn und zwei chinesische Begleiter zu einem Hotel in Bahnhofsnähe bringen. Ich bin am Ende, weil alles so surreal und wegen seines verwirrten geistigen Zustandes wie aus den Fugen geraten wirkt. Als der Lehrer mit seinem Koffer davoneilt, gehe ich ein paar Schritte hinter ihm her, bis er sich hastig umdreht, um sich dann doch zu verabschieden. Was ich sehe, erschüttert mich zutiefst: Es sind Augen voller Traurigkeit, Verzweiflung und Resignation, seine gesamte Würde ist in diesem Moment von ihm gewichen. Ich drücke ihm die Hand, schaue ihm tief in die Augen und hauche ein tränenunterdrücktes „Bye-bye". Ich bin knapp davor, ihm um den Hals zu fallen aus Trost, Verbundenheit und Dankbarkeit für das, was er mir noch geben konnte, aber er scheint zu bewegt zu sein und deutet mir, mich zu entfernen, was ich aus Respekt auch tue.

Seltsamerweise habe ich das Gefühl, dass ich den Lehrer länger nicht sehen werde. Mir scheint es so, als hätte er einen Teil von sich bei uns zurückgelassen, einen kleinen Schatz, den wir nun ohne seine Hilfe heben müssen.

ANKOMMEN

Waldviertel

Es ist schwierig, die Gedanken nicht um das Geschehene kreisen zu lassen, sondern in den Alltag zurückzufinden. Dabei hilft mir ein Ausflug ins Waldviertel. Ich habe eine Einladung von meinem Freund, dem Gärtner, bekommen. Wir wollen gemeinsam im Wald Kräuter sammeln. Es ist das zweite Mal in diesem Jahr, dass ich dorthin fahre, um mich hineinzubegeben in ein Umfeld, das mir gänzlich unbekannt ist. Der Wissensschatz meines Freundes ist nahezu unbegrenzt und zu jeder Pflanze kann er etwas erzählen, kann sie unter verschiedenen Gesichtspunkten vermitteln. Wir verbringen in kleiner Gruppe Stunden im Wald und ich genieße die lebendige Ruhe der Bäume, die den Blick nach oben weiten, und das Moor, das alles um sich herum zu verschlucken scheint. Abseits der Pfade stapfen wir durch seine Kühle und bewundern die wie zufällig in die Gegend geworfenen Restlinge, die geduldig darauf warten, dass das Moos an ihnen emporklettert. Immer mehr werde ich zum Teil dieser Umgebung und kann darin aufgehen, indem ich mich und alles andere vergesse.

Dann bin ich wieder mit der Aufmerksamkeit beim Geschehen um mich herum und versuche Farben, Formen, Texturen, Geschmäcker und Gerüche zu unterscheiden, um die wild wachsenden Kräuter in meinem Kopf einordnen zu können. Obwohl so viel Information über mich hereinbricht, habe ich nicht wie so oft in der Kampfkunst den Druck, mir alles merken zu müssen, sondern nehme nur das an, was gerade in mir Resonanz findet. Die Information scheint ohnehin einfach da zu sein, sie wartet auf mich, um bei einem nächsten Besuch mit Hilfe meines Freundes von neuem aktiviert zu werden, wenn ich dazu bereit bin. Es sind Momente, in denen ich meinen Zugang zum Lernen überdenken kann und erkenne, wie getrieben man von den eigenen Erwartungen an sich selbst ist. Hier kann und will ich nichts erzwingen, es besteht keine Notwendigkeit dazu, sich irgendetwas merken zu müssen, was zur Folge hat, dass sich mein Horizont weitet und etwas zu erkennen gibt, was hinter allen Dingen steht. Es ist eine unbegrenzte Vielfalt an Pflanzen, die untereinander und mit mir in Kontakt treten, einfach nur dadurch, dass ich mich über die Person meines Freundes, der als Vermittler meine Sinne dafür schärfen kann, auf die Natur einlasse. Es erinnert mich an die Momente in der Kampfkunst, in denen ich durch direkten Körperkontakt spüre, wie sich etwas anfühlen soll, es nicht verstehe, es viel später erst zuordnen kann und einfach nur durch das Aufgehen im Hier und Jetzt wissend bin. Obwohl mein Freund in einem völlig anderen Umfeld aufgewachsen ist, haben wir gleiche Zugänge zu den Dingen, und was er mir mitgeben kann, ist etwas, das ich als Verbundenheit mit allen Dingen beschreiben würde, mit einer gleichzeitigen Akzeptanz der Tatsache, dass man Dinge annehmen kann, so wie sie sind. Noch lange hallt sein nüchternes „Des is amoi a so", das seine Lebensphilosophie zu sein scheint, in meinem Herzen nach.

Wien

KAUM BIN ICH VON MEINEM AUSFLUG ZURÜCK, bricht eine neue Unglücksbotschaft über mich herein: Die Immobilienfirma, die für uns nun seit Wochen nicht mehr erreichbar ist, steht, wie Medien berichten, vor der Insolvenz. Das bedeutet für uns, dass es unklar ist, ob wir überhaupt je unser Geld zurückbekommen werden, egal ob wir den Gerichtsprozess, der erst in ein paar Monaten angesetzt ist, gewinnen oder nicht. Das „Des is amoi a so" wird also gleich auf den Prüfstand gestellt. Wie kann man akzeptieren oder gar hinnehmen, dass sich alles Geld, das man zur Verfügung hatte einfach in Luft aufgelöst haben soll? Endlich hatten wir uns mit dem Auszug aus den großen, teuren Räumlichkeiten des Großen Drachen die Freiheit erkämpft, nicht ständig arbeiten zu müssen, und nun dieser Rückschlag.

Das Jahr endet damit, dass ich den Langstock wieder aufnehme, mich in die Form vertiefe und daraus positive Energie schöpfe. Auch hier hat sich schließlich das Blatt gewendet und der einstmals ungeliebte Stock hilft mir nun in vielerlei Hinsicht, meinen Körper vernünftig auf die nächste Herausforderung im Wing-Chun vorzubereiten.

Einen zusätzlichen Energieschub liefert die Ankündigung von Sifu Kong, uns bei seinem nächsten Besuch in der höchsten und letzten Form, Bart-Cham-Do, den Schmetterlingsmessern, zu unterrichten. Es heißt, dass es die Waffe von Widerstandskämpfern gewesen sei, da man sie in den Stiefeln verstecken konnte. Das Tragen von Waffen war in der Zeit der Qing-Dynastie verboten, und so ist es wahrscheinlich, dass dies der Ausgangspunkt für die Popularität dieser Messer im Wing-Chun gewesen ist.

Interessant bei den Schmetterlingsmessern ist allerdings nicht so sehr die Herkunft, sondern deren Handhabung und die damit verbundene neue Distanz zum Gegner, die durch den Einsatz der überdimensionalen Messer zum Tragen kommt. Beinahe in jeder westlichen Wing-Chun-Schule hängen diese beiden Messer, die jeweils circa der Länge eines Unterarmes entsprechen, als Dekoration an der Wand. Meistens sind es zu leichte Aluminiummesser, deren Handgriffe noch dazu so geformt sind, dass sie für das Training nicht geeignet sind. Selten findet man Messer, die das richtige Gewicht und die richtige Form haben und nicht zu völlig überzogenen Preisen feilgeboten werden. Es ist wie so oft die Symbolik, die sich die Erzeuger teuer bezahlen lassen und von der die Kampfkunst-Industrie generell lebt.

Dieses Mal werden wir in England fündig und halten einige Wochen später zwei Paar unterschiedlich gestaltete Messer in der Hand. Wie immer greife ich intuitiv und nichtsahnend zum schwereren Messer. Warum ich mir das Leben immer selbst schwer mache, wäre da die passende Frage. Parallel zum Stock beginne ich mich nun mit den Messern anzufreunden und versuche mich in deren Handhabung. Es fühlt sich sehr gut an, den Griff durch die Hand gleiten zu lassen, auch wenn ich mich am Anfang alles andere als geschickt darin anstelle, die beiden Messer zeitgleich in meinen Händen rotieren zu lassen. Es ist ein Glück, dass die Klingen stumpf sind, so kann ich ohne Sorge und ohne Gefahr, mich selbst dabei zu verletzen, herumexperimentieren.

Die Wohnungsmisere findet im Frühling ein vorübergehendes Ende. Der Gerichtstermin verläuft wie erwartet ohne Zwischenfälle, allerdings stellt sich dabei heraus, dass die Firma nun vor dem Konkurs steht. Obwohl wir in allen Punkten recht bekommen, wird unsere Geduld erneut auf den Prüfstand gestellt, da die Rechtsanwaltskanzlei der gegnerischen Partei kurz nach dem Urteil für unseren Fall nicht mehr zuständig ist und keine Befugnis hat, uns das eingezahlte Geld zurückzuerstatten. Stattdessen wird alles einem Masseverwalter übergeben. Aus den Medien erfahren wir, dass bereits zig Leute ihr Geld verloren haben. Unseres liegt zum Glück noch auf dem Konto des Notars, und so besteht die realistische Hoffnung, dass es zurückgezahlt wird.

Es sind gute Nachrichten für uns, aber die Unsicherheit, ob alles klappt, bleibt. Sollten wir das Geld zurückbekommen, wollen wir es in unser Haus an der Donau stecken und damit den Dachboden als Trainingsraum ausbauen. Es wäre die Erfüllung eines lang gehegten Wunsches.

Ich versuche mich mit dem Gedanken des Wartens anzufreunden und denke wehmütig an die Freiheit, die mit der möglichen Rückerstattung der hohen Geldsumme verbunden wäre. Jetzt erst kann ich erkennen, in welch glücklicher Situation wir uns befinden und im gleichen Moment wird mir klar, dass unser privates Glück definitiv nicht von finanziellen Faktoren abhängig ist. Selbst wenn alles schief läuft, könnten wir, zwar mit weniger Freiheit, aber doch gut, weiterleben.

In der Zwischenzeit sind die letzten Wochen angebrochen, in denen wir den Stock verfeinern können, bevor der Meister aus Hongkong kommt. Eigentlich hatte ich vor, zeitgerecht wieder auf den Stock in Originallänge umzusteigen, aber es scheitert daran, dass ich keinen Anbieter finde, der mir einen Stock aus dem Holz und in der Machart, wie ich es mir vorstelle, liefern kann. Ein Versuch über einen bekannten Tischler in Deutschland scheitert, weil er mir einen viel zu dicken, steifen Stock liefert. Christoph ist mit meinem ehemaligen Stock glücklich und ich beschließe deshalb, mein Können mit dem etwas zu kurzen Stock zu präsentieren.

Die Stimmung ist leicht angespannt, als Sifu Kong im April anreist. Er ist wie immer guter Dinge, und nachdem wir ihn vom Flughafen abgeholt haben, schlagen wir gemeinsam ein paar Stunden in unserem Stammcafé in Wien tot, um auf sein Hotelzimmer zu warten. Er möchte mit uns neue Erkenntnisse bezüglich der Schrittarbeit diskutieren und hat dafür sein Tablet dabei, auf dem sich alte Aufnahmen aus einem Kung-Fu-Buch befinden, die mögliche, in Linien dargestellte Bewegungsmuster zeigen. Wie immer ist die Kommunikation zuerst ein bisschen verwirrend, weil ich aus seinem „Sig säg", das er zum wiederholten Mal als eine Erkenntnis, die auch mit dem Mu-Fa-Jong in Verbindung steht, ins Gespräch einbaut, nicht schlau werde. Die Kombination aus den Abbildungen und daraus, dass er immer wieder aufsteht und mit diversen Schritttechniken vor den Augen der anderen Besucher:innen im Gastgarten durch die Gegend wetzt, lässt mich dann verstehen, dass es um Zickzack-Linien geht, mit denen man den Gegner verfolgen soll. Es amüsiert mich, dass er von sich aus nicht auf die Idee kommt, dass es bei uns in einem Lokal ungewöhnlich ist, so etwas zu demonstrieren, aber genau das ist es, was mir an China so gefällt: Man kann überall Kampfkunst ausüben und wird nicht komisch beäugt. In diesem Fall gibt es auch hier keine blöden Kommentare, weil der Besitzer des Kaffeehauses seit längerem über unsere Tätigkeit Bescheid weiß.

Am Nachmittag folgen die ersten Privatstunden und ich bin darauf eingestellt, nun den Stock vorzeigen zu müssen. Unerwarteterweise lässt uns Sifu Kong aber sofort die Messer holen, die er zuerst skeptisch beäugt, um uns dann zu verstehen zu geben, dass sie in Ordnung seien. Er erklärt uns, dass wir insgesamt acht Sektionen plus Anwendungen lernen würden, dieses Mal wahrscheinlich bis zur Sektion fünf kommen würden und beim nächsten Wiedersehen die Form abschließen könnten. Es komme darauf an, wie man sich mit den Messern bewege, erklärt er uns. Die Schrittarbeit sei neben der Messerführung das ausschlaggebende Element.

Nach diesen einführenden Worten geht es los, und wir lernen die ersten Grundbewegungen. Mit dem Messer in der Hand fühle ich mich sofort wohl, es liegt mir von Anfang an mehr als der Stock. Trotzdem werde ich sofort korrigiert. Ein großer Kritikpunkt ist, dass ich das Messer nicht optimal unter Kontrolle hätte, was wahrscheinlich an der mangelnden Kraft im Unterarm liegt. Ich bin doppelt froh darüber, bereits den Stock geübt zu haben, weil ich dadurch bereits Kraft in den Unterarmmuskeln aufbauen konnte, aber es dürfte trotzdem für das richtige Führen des Messers noch nicht reichen, das muss ich zur Kenntnis nehmen.

Trotzdem lasse ich mich nicht beirren und versuche, mir die vielen Abläufe so gut wie möglich zu merken. Die Partneranwendungen, bei denen man hauptsächlich mit dem Messer gegen den Stock arbeitet, fallen mir nicht gerade leicht, aber sie wecken mein Interesse und faszinieren mich nachhaltig. Das Trainingsgerät hat trotz seiner Größe und Starrheit etwas sehr Bewegliches an sich, das sich auf mich überträgt. Die Schrittarbeit, mit der man sich mit dem Messer in der Hand bewegt, ist flink und lebendig. Es geht darum, schnell Distanz zu überwinden und dabei gleichzeitig die Messer eng am Körper zu führen, was mehr Nähe zum Gegner zulässt. Es kommt nun eine spezielle Schritttechnik zum Tragen, die als „spinning" bezeichnet wird und die die Grundlage für alle Würfe bildet. Das wird mir an dem Tag klar, an dem der Meister ein Seminar gerade zu diesem Thema in unserer Schule abhält.

Von Tag zu Tag wird mein Körper müder. Das merke ich daran, dass mir nun spätestens bei den Privatstunden am Nachmittag die Arme zittern. Meine Muskeln sind überstrapaziert, und es gestaltet sich als noch schwieriger, die Messer sicher zu halten und im passenden Moment im richtigen Winkel präzise und abrupt abzustoppen. Ich versuche meine Schwäche zwar zu kaschieren, aber dass ich die Messer nicht immer optimal unter Kontrolle habe, bleibt Sifu Kong nicht verborgen. Er kritisiert zum wiederholten

Mal meine Messerführung und redet auf mich ein, dass ich das extra üben müsse.

Im ersten Moment fühle ich mich angegriffen. Er muss doch mittlerweile genau wissen, dass ich die erste bin, die sich dann in weiterer Folge alleine hinstellt und so lange übt, bis es funktioniert! Ich bin entrüstet, beinahe beleidigt darüber, dass er nicht zumindest mein ehrliches Bemühen honoriert. Doch dann, plötzlich, ohne Grund, muss ich lächeln. Christoph fällt es sofort auf, er sieht mich verdutzt an. Aber es ist plötzlich so, als wäre aller Ärger von mir abgefallen. Eine tiefe Erkenntnis erfüllt mich, erst im Nachhinein kann ich zuordnen, welche Last von mir gefallen ist. Seine Kritik hat nichts mit mir zu tun, nichts mit mir persönlich. Es ist einfach eine Feststellung, ein Ratschlag, etwas, das er mir mit auf dem Weg geben möchte, um diese neue Herausforderung optimal zu meistern. Ich habe alles gegeben, so gut es mir möglich war, und in vielerlei Hinsicht konnte ich punkten: Ich habe mir Abläufe gemerkt, habe körperliche Grenzen überschritten und nun gibt es etwas, das ausbaufähig ist, das mich davon trennt, dass meine Performance sehr gut ist. Aber warum will man immer perfekt sein? Warum lechzt man immer nach Anerkennung und Lob? Es geht um Eigenliebe, darum, die Realität, die einzig von mir selbst durch meine Interpretation und Empfindung geschaffen ist, nicht in eine dunkle Wolke zu hüllen, die dann über meinem Gegenüber schwebt und diese Person durch meine ich-bezogene Wahrnehmung zu Unrecht zum Richter über Gut und Böse werden lässt. Verletzungen der Vergangenheit verlieren an Gewicht: Momente, in denen ich Versagensängste hatte, Angst vor dem vernichtenden Urteil meines Gegenübers, Angst vor der eigenen Unzulänglichkeit, davor, nicht perfekt sein zu können, ungerecht beurteilt zu werden. All das habe ich mir eingeredet, selbst heraufbeschworen, habe mich klein machen lassen von mir selbst und nicht verstanden, dass es eigentlich nicht darum geht, zu gefallen, gelobt und damit geliebt zu werden.

Plötzlich bin ich trotz der Kritik zufrieden, fühle mich geliebt von mir selbst, ausgeglichen, strahle den Meister an und nicke zu seinen kritischen Worten, weil ich sie einfach wertneutral annehmen kann in diesem Moment, ohne zu wissen, warum. Er verzieht keine Miene, aber dieses Abfallen meiner Versagensängste bringt so einiges in Bewegung. Ich bemerke, dass ich mich einfach ohne größere Aufregung hinstelle und alles so gut wie möglich vor den Augen des Meisters ablaufe, wenn wir die neu gelernten Bewegungsabläufe vorzeigen müssen; eine Situation, die normalerweise großen Druck auf mich ausübt. Dabei bin ich konzentriert und fokussiert, gebe wie gewohnt alles, es ist mir nicht egal geworden, wie das Urteil von Sifu Kong ausfällt, im Gegenteil: Wie immer treibt mich mein Wille dazu an, in das, was ich vorzeige, meine ganze Persönlichkeit hineinzulegen. Aber ich habe keine Angst davor zu versagen. Wenn ich nicht weiter weiß, weiß ich nicht weiter, wenn ich im Fluss bin, lasse ich es fließen, wenn ich das Tempo zurückschrauben muss, schraube ich es zurück, und wenn ich nicht weiß, wie eine Bewegung genau auszuführen ist, führe ich sie so aus, wie ich sie verstanden habe, auch wenn ich spüre, dass sie nicht ganz richtig ist. Aber für den Moment kann ich sie durchführen, und das reicht und fühlt sich authentisch an.

Die Folge davon ist, dass wir in den nächsten Privatstunden überraschend schnell vorankommen. Christoph merkt sich wie immer die Bewegungsabläufe sehr leicht, aber auch ich kann am Abend, wenn ich die Form wiederhole, alles selbstständig durchgehen und es ist mir möglich, am nächsten Tag alles vorzuzeigen.

Zwei Tage vor der Abfahrt des Meisters sitzen wir wie gewöhnlich zu dritt beim Mittagessen in einem der vielen asiatischen Lokale im 7. Bezirk. Der Vormittag ist schleppend vorangegangen. Es scheint so, als würde Sifu Kong auf einmal unseren Fortschritt aus uns unbekannten Gründen bewusst zu drosseln versuchen. Immer wieder müssen wir Partneranwendungen mit Messer und Stock durchgehen, immer wieder gibt es Kritikpunkte, die nicht sofort auszumerzen sind, sondern Folgefehler beinhalten, die einer längeren eigenständigen Übungsphase bedürfen.

Christoph fasst sich beim Mittagessen ein Herz und spricht einfach das an, was in der Luft zu liegen scheint: „Ist es möglich, in den letzten drei Einheiten die gesamten fehlenden Sequenzen der Form und deren Anwendungen zu lernen?" Ich finde es ziemlich mutig von ihm, so fordernd zu sein, und bin gespannt auf die Antwort des Meisters. Dieser überlegt kurz und sagt dann, dass man es versuchen könne, er aber nichts versprechen könne. Das hat zur Folge, dass der Nachmittag sehr intensiv ausfällt und Sifu Kong das Tempo erhöht, wobei er uns zu verstehen gibt, dass er noch nie in so kurzer Zeit diese Summe von Abläufen unterrichtet habe. Ich bin hochkonzentriert und versuche, alle meine Kräfte zu mobilisieren, um ja nicht den Fortschritt aufzuhalten, da das Ziel zum Greifen nah liegt. Und tatsächlich lernen wir in der letzten Einheit am Tag der Abreise des Meisters den Abschluss der gesamten Form.

Dann geht alles sehr schnell: Wir treffen den Lehrer im Hotel, begleiten ihn zum Taxi, das bereits vor der Tür wartet, und kurze Zeit später winkt er uns zum Abschied zu, nachdem er wie immer mahnende Worte an uns gerichtet und uns zusätzlich das Versprechen abgerungen hat, in drei Monaten die gesamte Form als Video an ihn zu senden, damit er unseren Übungsfortschritt überprüfen könne. Wir können noch gar nicht realisieren, dass wir tatsächlich die Schmetterlingsmesser, die höchste Form in unserem Stil, zur Gänze gelernt haben.

In den nächsten Tagen bin ich körperlich total erschöpft, trotzdem versuche ich, die Abläufe zu wiederholen, um nichts zu vergessen. Je tiefer ich in den Ablauf der Form eindringe, umso bewusster wird mir die komplexe Schrittarbeit, die ein Schlüssel zum Verständnis der Bewegung mit den Messern zu sein scheint. Es ist schwierig, die Körperdynamik auf die schweren Messer zu übertragen. Wie eine Welle nimmt das Messer die Kraft, die aus der Tiefe meines Körpers kommt, auf, und nach und nach erscheinen mir die Stahlklingen nicht mehr starr, sondern sie ergänzen mich und meinen Bewegungsfluss auf unergründliche Art und Weise. Jetzt ist es mir möglich, die Messer schnell in die gewünschte Position zu werfen und sie in allen möglichen Winkeln zu einem imaginären Gegner hin auszurichten.

Mein Enthusiasmus wird durch Sifu Kongs Kritik auf das erste von ihm geforderte Video gedämpft. Das Problem sei, dass ich die Messer nach wie vor nicht unter Kontrolle hätte. Nach dem ersten Frust studiere ich mein Video in aller Ruhe noch einmal, um herauszufinden, was er genau mit seiner Aussage meinen könnte. Tatsächlich fällt mir auf, dass die Messerspitze nach wie vor leicht abfällt und zu stark nachvibriert, wenn ich die Messer voller Schwung nach vorne werfe. Eigentlich dachte ich, dass ich dieses Problem bereits behoben hätte, aber wenn ich ehrlich zu mir selbst bin, kann nun auch ich diesen Mangel in der Ausführung erkennen.

Es ist also wieder notwendig, die einzelnen Bewegungen zu üben und das Messer noch präziser abzustoppen.

Die nächsten Monate sind davon geprägt, dass ich durch die permanente Wiederholung einzelner Übungen mein Handgelenk und die Muskulatur meines Unterarm weiter stärke und trotz der Bewegungsdynamik, die die Form verlangt, versuche, die Messer im richtigen Moment völlig und abrupt zum Stillstand zu bringen. Das erfordert Konzentration und Präzision, aber es gelingt mir zunehmend besser, und als ich ein neues Video anfertige, bin ich mir im Klaren darüber, wie unsauber die Bewegungen im ersten Film eigentlich gewesen sind.

Es dauert nicht lange, bis per E-Mail ein Urteil über den Fortschritt kommt: Die Messerführung sei besser geworden, aber es gebe noch ein paar Stellen, bei denen die Ausrichtung zum Gegner nicht präzise genug sei und die letzten Bewegungen seien noch immer nicht zufriedenstellend. Um herauszufinden, was damit gemeint sei, würden wir ein paar Fotos erhalten, so die trockene Antwort auf Monate eigenständigen Übens. Wieder bekommen wir einige Monate Zeit, um uns zu verbessern, und dabei ist alles noch einmal neu aufzurollen, das ist mir klar.

In der Zwischenzeit erreicht uns eine beunruhigende Nachricht aus dem Umfeld des daoistischen Lehrers in Thailand: Eine für den Herbst geplante Kursreise müsse abgesagt werden, da der Lehrer nach wie vor in schlechter gesundheitlicher Verfassung sei. Von einem chinesischen Schüler erreichen uns Details über die Hintergründe. Es ist erschreckend zu hören, dass der Lehrer nicht mehr spricht. Ich mache mir ernsthafte Sorgen und spüre, dass es zunehmend unwahrscheinlicher wird, in wiederzusehen.

Auf der anderen Seite gibt es die Freude darüber, dass nun endlich das bereits verloren geglaubte Geld des geplatzten Wohnungskaufes wieder auf unserem Konto liegt. Das bedeutet, dass es möglich sein wird, Anfang nächsten Jahres mit dem Ausbau des Dachbodens in unserem Haus an der Donau zu beginnen. Wir organisieren ein Treffen mit einer lokalen Firma, die uns bei diesem Projekt behilflich sein wird, und plötzlich beginnt alles eine konkrete Form anzunehmen. Erste Pläne vom neuen Trainingsraum werden gezeichnet, langjährige Schüler:innen von unserem Vorhaben informiert und unter ihnen mögliche Helfer:innen akquiriert. Plötzlich herrscht Aufbruchstimmung.

Strudengau – Wien

NICHT NUR DAS HAUS wird neu strukturiert, auch die Trainings in unserem Zentrum bedürfen einer Veränderung, das spüre ich.

Als die neuen Kurse im Herbst starten, entdecken wir ebenfalls einen neuen Zugang zu unserem eigenen körperlichen Training: Eines Nachts klagt Christoph über Rückenschmerzen, die ihn nicht schlafen lassen.

Er nimmt daher Kontakt zu einer Trainerin auf, die mit Übungen arbeitet, die auf myofaszialen Leitbahnen ähnlich den chinesischen Meridianen basieren.

Obwohl Christophs Rückenschmerzen nach ein paar Tagen, noch bevor er die erste Privateinheit in ihrem Studio in Wien absolviert, von selbst wieder völlig verschwinden, steht sein Beschluss fest, diese Methode kennenzulernen. Sie fußt auf der Idee, dass es Verbindungen gibt zwischen Muskeln und sogenannten Faszien, also dem Gewebe, das die Muskulatur umgibt und dessen Verläufe man durch gezielte Bewegungen aktivieren kann.

Bereits nach den ersten Stunden ist klar, dass es genau das ist, was uns in unserer chinesischen Zugangsweise fehlt. Die Trainerin, die mit Sportler:innen aus unterschiedlichen Bereichen arbeitet, erklärt Christoph, ohne unsere Kampfkunst im Detail zu kennen, nach und nach völlig schlüssig durch Fallbeispiele und gezielte Übungen, auf welchen körperlichen Grundprinzipien die Methode aufgebaut ist. Es gibt Verbindungslinien, die als Kraftübertragungslinien bezeichnet werden und die richtig eingesetzt, die Bewegungen effizienter, schonender und ganzheitlich werden lassen. Genau das ist es, was wir auch in der Kampfkunst umzusetzen versuchen: Es gibt keine isolierten Bewegungen, sondern nur solche, die aus dem ganzen Körper kommen. Endlich bekommen Leitsätze, die wir von unseren chinesischen Lehrern zig Mal gehört haben, zum Beispiel „Lass den Ellbogen und die Schulter sinken", oder „Vergiss die Einheit von Schulter, Hüfte und Knie, Ellbogen nicht" einen tieferen Sinn in einem Gesamtgefüge, das sich nun klarer erschließt.

Meine Tage sind gefüllt mit dem Ablaufen und Verfeinern der Messer-Form. Zu Beginn des neuen Jahres steht wieder das Feedback des Meisters aus Hongkong an, doch über die Weihnachtsfeiertage schraube ich das Training bewusst zurück. Es ist eine besonders erholsame Zeit, wir verbringen Tage eingeschneit in unserem Haus, abgeschnitten von der Umwelt, und lassen die Dunkelheit auf uns wirken. Immer wieder gibt es Stromausfälle, die die Machtlosigkeit und Abhängigkeit des Menschen in solchen Situationen eindrucksvoll unter Beweis stellen. Nur der Kerzenschein erhellt uns die unglaublich ruhigen Abende.

Nach diesen Tagen fühle ich mich gestärkt und es gilt, noch einmal gezielt am Fluss der Bewegungen zu arbeiten, bevor ich Christoph bitte, ein weiteres Video von der Messer-Form anzufertigen. Anfang Jänner ist es an der Zeit, den Meister zu kontaktieren. Der Arbeitsalltag holt mich allerdings ein, denn die Trainings gehen wieder los. In unserem Zentrum versuche ich zwischen all meinen Terminen ein Video anzufertigen, aber ich bin unkonzentriert und baue zu viele kleine Fehler ein, so dass die Aufnahme dem Urteil des Meisters nicht standhalten würde, das weiß ich. Somit vertage ich das Projekt und beschließe, mir die nötige Zeit und Ruhe dafür in unserem Haus an der Donau zu nehmen und nichts zu überstürzen. Doch seltsamerweise spüre ich, sobald ich die Messer in den folgenden Tagen in die Hand nehme, eine mir unbekannte Müdigkeit, und ich beobachte, dass meine Atmung nicht so tief ist wie gewöhnlich. Das führt dazu, dass ich im Laufe der Form kurzatmig werde, was sich negativ auf meinen Bewegungsfluss auswirkt. Immer wieder muss ich mich hinsetzen und komme ins Grübeln. Was ist los mit mir? Sind es die Feiertage, die mir in den Knochen liegen, bin ich außer Form oder stimmt etwas anderes nicht? Ich sehe mich außerstande, ein brauchbares Video anzufertigen, ich würde mich völlig unter meinem Wert verkaufen und beschließe daher, noch ein paar Tage verstreichen zu lassen.

Aber auch in Wien verbessert sich die Situation nicht, meine Atmung bleibt flach und meine Konzentrationsfähigkeit geschwächt. Da beschleicht mich eine Ahnung: In all dem Trubel bin ich die Tatsache übergangen, dass meine Menstruation seit ein paar Tagen fällig ist. Ich schiebe den Gedanken sofort weg, aber an einem freien Nachmittag vor einem meiner

Kurse schiebe ich mich verstohlen durch die Gänge eines Drogeriemarktes und beäuge etwas unsicher diverse Schwangerschaftstests. Hastig greife ich nach einem, der mir vertrauenserweckend und einfach erscheint, und lasse ihn nach dem Bezahlen in meiner Tasche verschwinden. Es bleibt keine Zeit, sich weiter damit zu beschäftigen, da ich den ganzen Abend in unserem Zentrum im Einsatz bin.

Am nächsten Tag in der Früh druckse ich kurz herum und teile Christoph dann recht nüchtern mit, dass es an der Zeit sei, einen Schwangerschaftstest zu machen. Ein paar Minuten später haben wir Gewissheit: Wir bekommen ein Baby! Wir sind beide völlig überrumpelt von dieser Neuigkeit, erfreut und irritiert gleichzeitig. Völlig unerwartet trifft uns die Tatsache, Eltern zu werden. Unsere Nachbarin, die Ärztin ist und die wir aus Unsicherheit heraus sofort kontaktieren, um abzuklären, was denn nun zu tun sei, fasst die Situation in die passenden Worte: „Nichts ist zu tun, genießt es einfach!"

Wenn das mit dem Genießen so einfach wäre! Die nächsten Wochen sind geprägt von einem Wechselbad der Gefühle und von unterschwelliger Übelkeit. Es ist kaum möglich für mich zu trainieren, weil mein Körper sich schwer und müde anfühlt und meine Atmung nach wie vor oberflächlich ist, was mich ständig kurzatmig werden lässt. Es ist klar, dass ich das Training zurückschrauben muss. Prinzipiell ist das kein Problem für mich, unterschiedliche Lebenssituationen erfordern unterschiedliche Herangehensweisen und irgendwie finde ich es auch spannend, das Wing-Chun für einige Zeit einfach links liegen zu lassen, um mich auf anderes zu konzentrieren. Einzig der Gedanke an das ausstehende Video und das somit fehlende Feedback des Meisters nagt an mir und ich überlege, ob ich das Projekt einfach abbrechen oder doch noch mit Maß und Ziel in Angriff nehmen soll. Nach Rücksprache mit Christoph beschließe ich, einen Tag abzuwarten, an dem ich mich gut fühle, und ein letztes Mal mein Glück zu versuchen. Tatsächlich bekomme ich eine brauchbare Aufnahme hin, auch wenn ich darüber schmunzeln muss, dass gegen Ende der Form mein Atem deutlich hörbar ist. Aber unter diesen Umständen finde ich das in Ordnung.

Unsere Videos werden also abgeschickt und ich bin auch dazu bereit, dem Meister gleich offen und ehrlich mitzuteilen, dass ich schwanger bin. Generell habe ich keine Lust, irgendjemandem etwas vorzumachen, auch wenn ich mitbekomme, dass die ersten drei Monate einer Schwangerschaft eine durchaus unsichere Periode darstellen, in der noch viel passieren kann, und auch wenn es üblich ist, in dieser Zeit nicht jedem gleich die freudige Nachricht offenherzig mitzuteilen, wie es eher meine Art wäre. Es gilt also noch ein bisschen zu warten, bevor wir die Trainingsteilnehmer:innen über unsere neuen Lebensumstände informieren.

Die Schwangerschaft fordert mich zusätzlich heraus, lässt mich vorsichtiger mit meinem Körper umgehen und ich beginne mit der Zeit, Bewegungsformen, bei denen ich zu viel Kraft aus der Körpermitte nach außen schleudere, wegzulassen und stattdessen solche zu kultivieren, bei denen die Energie mehr im Inneren zirkulieren kann. Hin- und hergerissen zwischen der einen Tatsache, dass die Veränderung eine große Chance darstellt, und der anderen Tatsache, dass ich Gewohntes und lieb Gewonnenes nicht mehr machen kann, beginnt sich mein Leben neu zu ordnen.

Christoph ordnet die Dinge auf einer anderen Ebene neu und organisiert für uns als ersten Schritt eine etwas größere Wohnung in Wien, damit wir ein Zimmer mehr für das Baby haben. Alles geht sehr schnell und wieder finden wir uns mitten unter Umzugskartons wieder.

Eines Nachmittags liege ich auf der Couch in der alten Wohnung und beobachte das emsige Treiben von Christoph. Er zerlegt die letzten Möbelstücke, schlichtet die wenigen Dinge, die wir in der kleinen Wohnung hatten, in Boxen und ermahnt mich, dass ich mich ausruhen solle, da wir ja am selben Tag auch noch Trainings geben müssten. Wie immer ist die Zeit knapp, es gibt viel zu tun und ich möchte zumindest einen kleinen Beitrag leisten und Dokumente in eine Schachtel schlichten. Als ich aufstehe, folgt ein Schockmoment: Ich verliere Blut, und zwar so viel, dass ich mich sofort wieder hinlegen muss, um den Schwall, der unkontrolliert über meine Beine nach unten rinnt, unter Kontrolle zu bringen. Wir sind völlig überfordert mit der Situation und beschließen, einen Frauenarzt in der Nähe anzurufen. Die Anweisungen der Ordinationshilfe sind ganz klar: Ich müsse in die Notaufnahme des nächsten Krankenhauses fahren, um abzuklären, warum es diese Blutung gibt. Zum ersten Mal läuft etwas schief in der Schwangerschaft, und ich muss daran denken, dass die Blutung bedeuten könnte, das Kind frühzeitig zu verlieren. Plötzlich wird mir bewusst, dass ich es unbedingt möchte, dass ich nicht damit umzugehen wüsste, wenn das Abenteuer frühzeitig enden würde. Ich versuche, gefasst zu bleiben, und tatsächlich wird die Blutung von Moment zu Moment schwächer.

Als wir das Krankenhaus erreichen, kann ich ohne Beeinträchtigung vom Parkplatz zu Fuß zur Notaufnahme gehen.

Dann das ewig lange Warten vor der Tür eines nicht näher definierten Zimmers, zwischen anderen Patient:innen, die im Gegensatz zu mir unter starken Schmerzen leiden. Mittendrin Christoph und ich, er besorgt, ich plötzlich völlig ruhig und im tiefsten Innersten wissend, dass alles so ist, wie es sein soll. Somit versuche ich ein schwaches, aufmunterndes Lächeln in seine Richtung zu schicken. Endlich werden wir aufgerufen. Einen Ultraschall später steht fest, dass mit dem Baby alles soweit in Ordnung ist. Bluttests müssten folgen und körperliche Schonung, so die Anweisung für die nächsten Tage.

Aufgrund des Vorfalls bleibt uns nichts anderes übrig, als die Trainingsteilnehmer:innen in unserem Zentrum über die Tatsachen zu informieren. Früher als von uns geplant rücken wir also mit der Wahrheit heraus. Dafür fährt Christoph direkt vom Krankenhaus in unser Zentrum, wo er verspätet im Training auftaucht und etwas traumatisiert verkündet, dass wir Nachwuchs bekommen würden. Ich selbst bin an diesem Tag nicht anwesend, aber ich denke, in diesem Moment ist von uns beiden eine große Last abgefallen, ich mag es nicht, wenn es unnötige Geheimnisse gibt.

Der nächste Tag beginnt mit einem weiteren Schock. Nach einer unruhigen Nacht offenbart mir Christoph eine neue schlechte und durchaus unerwartete Neuigkeit. Unser daoistischer Lehrer sei gestern verstorben, entnimmt er einer Nachricht eines chinesischen Schülers, die bereits gestern via Handy an uns versandt wurde. Ich bin zuerst sprachlos, dann muss ich weinen, muss einfach den Druck ablassen, der sich in mir aufgebaut hat. Gestern noch hatte ich Angst davor, das Baby zu verlieren, und nahezu zur selben Zeit verstirbt ein mir im Herzen sehr nahestehender Mensch.

In den nächsten Tagen sind wir damit beschäftigt Abschied zu nehmen vom Lehrer, der in seinem Wirken für mich unersetzbar war und gleichzeitig, wie alles im Leben, in mir weiterwirkt ohne mein Zutun.

Ein paar Wochen später fühle ich mich befreit und ich bin offen für neue Zugänge, auch in der Meditation, was mich mit anderen Traditionen in Kontakt bringt. Es ist bereichernd herauszufinden, dass man auf verschiedenen Wege das gleiche Ziel ansteuern kann, und ich sehe Dinge plötzlich aus anderen Blickwinkeln.

In diese Zeit fällt der Beginn der Umbauarbeiten an unserem Haus an der Donau. Es ist geplant, eine volle Woche „ein wengerl mitzuhelfen", wie es uns die Baufirma im Herbst abgerungen hat. Es ist eine intensive, zermürbende, aber auch schöne Zeit, die, wie es bei Baustellen üblich ist, länger dauert als ursprünglich angenommen. Die von uns gestellten Helfer:innen werden zunächst einmal ins kalte Wasser gestoßen. Die durchaus freundlichen und arbeitsamen Facharbeiter gehen wie selbstverständlich davon aus, dass unsere Truppe Vorkenntnisse hat. In der Realität treffen aber motivierte junge Städter auf junge, aber bereits langjährige Profihandwerker, die mit Motorsägen so umzugehen wissen wie ich mit einem Brotmesser und sich gar nicht vorstellen können, was man alles nicht wissen oder können kann. Allein sprachlich gibt es viele Herausforderungen, und der Beginn ist mehr als holprig. Natürlich werden wir belächelt, andererseits beeindruckt es die Facharbeiter auch, dass Frauen wie selbstverständlich in luftiger Höhe herumklettern können und mit anpacken.

Nach gut zwei Monaten ist das Projekt tatsächlich abgeschlossen, und wir stehen in einem hellen, charmanten, 100 Quadratmeter großen, hohen Raum, der den Blick nach oben zu den alten gesäuberten Dachbalken öffnet und über die Nachbarhäuser und die Donau in die Ferne führt. Jede meiner Erwartungen wurde übertroffen, und ich steige zum wiederholten Mal zufrieden die gewundene Eichentreppe hinauf und hinunter und bin voller Freude ob des neu gewonnen Rückzugsortes. Als Christoph die Hängematte an den Dachbalken fixiert und wir im großen, luftigen Raum baumeln, spüre ich eine tiefe Zufriedenheit und weiß, dass dieser Raum in den nächsten Jahren das Herzstück unseres Hauses sein wird, in dem trainiert, gelacht und sich entspannt wird.

Durch die andauernden Arbeiten ist allerdings alles andere auf der Strecke geblieben, und es dauert ein paar Tage, wieder ins normale Leben zurückzufinden. Es wird Wochen dauern, das völlig verschmutze Haus und den Garten wieder auf Vordermann zu bringen, das ist mir klar, aber das Wichtigste ist nun, der Schwangerschaft mehr Aufmerksamkeit zu schenken. Ich befinde mich im zweiten Schwangerschaftsdrittel und es ist eine Zeit, die geprägt ist von unzähligen schönen Momenten, das Baby bewegt sich spürbar im Bauch, ich bin aktiv und genieße den Frühsommer.

Dazu kommt, dass sich der Meister aus Hongkong nun endlich zu unserem Formen-Video zu Wort gemeldet hat und die Sache für mich in den groben Zügen als abgeschlossen gilt. Sein Kommentar ist aufbauend: Das Gesehene sei nun überdurchschnittlich gut, nur mehr kleine Details seien zu verbessern, an der Explosivität sei weiterzuarbeiten und die Techniken seien in den waffenlosen Kampf zu übertragen. Darüber hinaus sei ich seines Wissens nach die erste schwangere Frau in der Wing-Chun-Geschichte, die diese körperlich herausfordernde Form demonstriere.

Nie hätte ich gedacht, dass der Tag kommen würde, an dem die Pflicht in der Kampfkunst erfüllt sein würde und das eigenständige Interpretieren der Materie und das Weitergeben des Gelernten voll zur Entfaltung kommen könnte.

Die größte Herausforderung stellt sich nun für mich in der Unterrichtstätigkeit, in der Arbeit mit den vielen unterschiedlichen Menschen, die mir täglich begegnen. Es fällt mir auf, dass sich schnell eine Ungeduld in mir breit macht, gerade wenn ich mit jenen arbeite, die sich besonders intensiv mit der Materie beschäftigen wollen. Es ist das Feuer der Leidenschaft, das in mir brennt und mich vorantreibt und das ich in jedem Moment gerne auch in meinem Gegenüber erleben würde.

Ich muss erkennen, dass es nicht meine Aufgabe sein kann, die Leute voranzutreiben, sie müssen sich selbst in ihrem Tempo und mit ihren Mitteln frei entfalten und entwickeln können. Ich kann Hilfestellung leisten, aber ich kann ihnen die mühevolle Arbeit mit dem eigenen Körper und dem eigenen Geist nicht abnehmen. Immer wieder erkenne ich mich wieder in ihrem Zweifel und in ihren Unsicherheiten, aber ich habe über die Jahre des eigenen Lernens Werkzeuge gefunden, um diese zu überwinden, kann diese Werkzeuge, auch wenn ich gerne wollen würde, aber nur begrenzt übertragen. So ist es notwendig, auf der einen Seite das Vertrauen in die Schüler:innen zu haben und sie von Zeit zu Zeit einen Umweg gehen zu lassen und auf der anderen Seite doch auch die Entwicklung so gut wie möglich in die richtige Richtung zu lenken und regulierend einzugreifen, wenn es wirklich notwendig erscheint. Es ist eine Gratwanderung und ich merke, dass es dabei sehr viel Geschick und Geduld braucht. Jeder und jede ist anders und nur die Wenigsten schaffen es, sich in der Kampfkunst in ihrem Wesen völlig zu entfalten, sich und dem eigenen Tun zu vertrauen, um dann zu erkennen, dass man in Momenten der Selbstvergessenheit in dieser Form gar nicht existiert, sondern völlig aufgehen kann in dem, was man tut, und in einem Urgrund, der alles enthält.

Der erste Schritt in der Kampfkunst in diese Richtung gehend ist es, sich die Grundlagen und Techniken anzueignen, der zweite Schritt, diese mit Hilfe von vorgegebenen Übungen am Partner frei anzuwenden und der dritte Schritt, die Technik einfach fließen zu lassen, sie zu vergessen und mit ihr und dem Gegenüber zu verschmelzen, eine neue Form der Freiheit zu erleben, bei der man die Kontrolle über das, was man tut und glaubt zu sein, gleich mit aufgibt.

Nicht das Festhalten an Techniken und Lehrsätzen ist es, was die Kampfkunst ausmacht, sondern der ständige Wandel, die vielen Rückschläge, aber auch der Fortschritt, das Erkennen des eigenen Egos, das Akzeptieren von sich selbst mit allen Schwächen und Stärken und damit gleichzeitig das Loslassen von all dem, was man meint zu sein. Wie sehr man loslassen muss, erlebe ich bei der Geburt meiner Tochter im September. Ein Gewaltakt, ein Erlebnis, so natürlich und elementar, das ganz tief ansetzt, dort, wo man normalerweise im Alltag nicht hinzusehen wagt. Völlig nackt lässt man sich gehen, stößt an eigene Grenzen, ist verzweifelt, weiß nicht mehr weiter, und dann plötzlich ist ein neuer Mensch da, jemand, der es weiß, von einer anderen Welt zu erzählen, und von dem man lernen kann. Dann gibt man diesem Jemand einen Namen: Luna, wie der Mond, der sich in mir und ihr spiegelt und uns den Weg weist. Nun gilt es beobachtend einzugreifen, Verantwortung zu übernehmen und diesen Menschen auf seinem Weg in unsere Welt zu begleiten.

So weise ist meine Tochter, sieht mich an mit großen, fragenden Augen und legt ihr Schicksal bedingungslos in meine Hände. Plötzlich fehlt es mir an Urvertrauen, ich weiß nicht, wie ich die neue Situation meistern soll, nicht alles klappt von Anfang an, vieles muss ich erst im Umgang mit ihr lernen. Wie anders ist der Alltag geworden, eigene Bedürfnisse werden zurückgeschraubt, erneut stößt man völlig erschöpft an Grenzen und sieht sich in neuem Licht wieder. Und daneben existiert ein kleines Wesen, völlig unbeeindruckt von allen Schwierigkeiten, lacht mich aus vollem Herzen an und wächst und gedeiht wie von selbst. Die Kampfkunst bleibt die ersten Wochen auf der Strecke, habe ich während der Schwangerschaft noch alles gedanklich auf danach verschoben, wird mir jetzt klar, dass dieses Danach mit dem Davor nichts mehr zu tun hat. Es bleibt keine Zeit und Energie, sich auf Techniken und Formen zu konzentrieren, es ist nicht so, dass Luna so nebenbei mit mir mit lebt, wie ich es mir romantisch ausgemalt habe, sondern ich lebe neben ihr und in ihrem Rhythmus und bin dafür zuständig, sie zu nähren und ihre Bedürfnisse zu befriedigen, und das rund um die Uhr.

Das ist neu für mich, war ich es doch gewohnt, kompromisslos meinen eigenen Weg zu gehen, ohne Rücksicht auf andere nehmen zu müssen. Es fällt mir schwer zu akzeptieren, dass ich nicht zu jeder Zeit das machen kann, was ich möchte, dass ich mir und meinem Körper nicht so viel Aufmerksamkeit schenken kann, wie ich es gewohnt bin. So lerne ich in einer neuen Rolle, die Dinge wieder aus einem völlig neuen Blickwinkel zu sehen und dabei geduldig mit ihr und mir zu sein.

Nach einigen Wochen stellt sich Gelassenheit ein, und ich kann mich wegstehlen, genieße das bisschen Zeit, das mir für das körperliche Training bleibt, mehr als je zuvor, um dann gestärkt wieder für meine Tochter da sein zu können. Die Schmetterlingsmesser ziehen mich magisch an. Kann ich sie noch unter Kontrolle halten? Ich nehme sie in die Hände, drehe sie hin und her und werfe sie mit einem Ruck nach vorne, um dann meine Handgelenke im richtigen Moment einrasten zu lassen. Ungewohnt ist das Gefühl, bin ich doch die Leichtigkeit der Kunststoffmesser gewohnt, die ich mir als Übergangslösung gekauft habe. Die Schwere der Stahlmesser kommt beim abrupten Abbruch der Bewegungen in meinem Körper an und mein Stand fängt die Wucht auf. Ja, das Gefühl von Stabilität ist zurückgekehrt, und ich muss lächeln. Ich bin so motiviert, dass ich die ganze Form durchlaufe, gefolgt von den interessierten Blicken meiner Tochter. Am Ende bin ich außer Atem, aber glücklich. Freudig möchte ich noch einmal die Messer nach vorne schnellen lassen, aber da, ein empörter Schrei, Luna hat genug von ihrer passiven Beobachterrolle, und ich werde wieder zurückkatapultiert in die Mutterrolle. „Warte noch ein paar Minuten, Luna", ist meine Bitte, und tatsächlich, sie quengelt etwas unwillig, aber kooperativ vor sich hin.

Ein paar Mal lasse ich die Messer noch in einer schneidenden Bewegung nach vorne unten fallen und stoppe die Messerspitze gezielt ab, dann löse ich mein Versprechen ein, hebe meine Tochter von ihrer Spieldecke auf und wirble sie in die Höhe. Angelangt an meinem Hals beginnt sie fordernd zu nuckeln. Ich weiß, was das bedeutet, und es gilt nun ihre Grundbedürfnisse zu befriedigen. Seitdem wir beide jeder für sich die richtige Technik beim Stillen herausgefunden haben, gehört dies zu den schönsten Momenten unserer innigen Beziehung. Wie ein Tiger fällt das kleine Wesen über mich her, packt bestimmt meine nackte Haut und krallt sich an mir fest, so dass ich an die schmerzhaften Grifftechniken im Wing-Chun denken muss, um dann ruhiger und beinahe zärtlich an mich geschmiegt vor sich hin zu nuckeln.

Ich betrachte ihre hübschen, ebenmäßigen Gesichtszüge, die langen Wimpern, das flaumige Haar und bin wie immer berührt, könnte weinen vor Glück. Sie hat nun die Augen geschlossen und schenkt somit meinem emotionalen Ausbruch null Aufmerksamkeit. „Wo ist sie?", frage ich mich. „Im Leo", würde Christoph sagen, ein Wort, das ich bis vor kurzem nicht kannte. Kann man gleichzeitig am Busen und im Leo sein?

„Klar", würde Luna mit einem schelmischen Grinsen antworten, „ist ja ein und dasselbe", und in diesem Moment stoppt sie ihre kaum noch vorhandenen Nuckelbewegungen und wirft sich mit geschlossenen Augen theatralisch nach hinten. Da liegt sie auf meinem Schoß, mit zufriedenem Gesichtsausdruck, sie dürfte gedanklich noch immer im Leo sein, nuckelt genüsslich vor sich hin, dann stoppt auch diese Bewegung.

Minutenlang bleibt sie regungslos liegen, auch ich sinke etwas tiefer in meinen Stuhl und schließe die Augen. Nach einer gefühlten Ewigkeit fällt mein Blick erneut auf das kleine Wesen in meinem Arm. „Atmest du überhaupt noch?", frage ich mich besorgt und neige mich so weit nach vorne, wie es in dieser Haltung möglich ist, um die sanfte Atmung wahrnehmen zu können, aber gleichzeitig Luna nicht zu wecken. Ich höre nichts und überlege, ob ich sie kitzeln oder piksen soll, aber ich lasse es bleiben. „Warum die Sorge, die Unsicherheit? Lass dich einfach fallen, geh doch selbst ins Leo, zu deinem Zufluchtsort."

Mir fällt eine fantastische Erzählung meines verstorbenen daoistischen Lehrers ein, in der unterschiedliche Drachen die Seelen der Sterbenden zu einen fernen Ort begleiten. Meine Atmung wird sanfter, meine Aufmerksamkeit folgt solange jedem Atemzug, bis ich sie schließlich ziehen lasse und gleich einem Drachen in die Lüfte steige, dorthin, wo Luna zu sein scheint.

Die Zeit bleibt stehen, nichts. Dann eine Bewegung außerhalb meiner selbst, Luna windet sich unter mir und ich spüre ihren Kopf ungeduldig an meinem Arm reiben. „Komm wieder zurück", scheint sie zu fordern. Ich öffne die Augen und sie lacht mich mit ihren stahlblauen Augen an. Auch ich muss lachen. Verbündete sind wir, neu angekommen in dieser Welt, und es ist so schön, dass das gesamte Universum in unser Gelächter einstimmt.

Nachwort

Wenige Wochen später lese ich in der Zeitung, dass es in China eine neue hochansteckende Krankheit gibt. Die Einwohner:innen der betroffenen Provinz dürfen ihre Häuser und Wohnungen nicht mehr verlassen. Ein Foto zeigt wie jemand einen Hund an der Leine aus dem Fenster hält, damit dieser seine Notdurft verrichten kann. Ich muss den Kopf schütteln. So etwas kann man nur in China mit den Leuten machen, denke ich. Alles ist ganz weit weg von mir. Zwei, drei Monate später hat uns die Krankheit erreicht. Das Land wird lahmgelegt, Supermärkte werden gestürmt und Gesichtsmasken verteilt.

Es ist für uns nun seit zwei Jahren nicht mehr möglich, normal zu arbeiten. Die Trainings finden online oder im kleinen Rahmen gemäß behördlicher Auflagen, vorwiegend ohne Körperkontakt, statt. Unser Zentrum steht die meiste Zeit leer. Mein Blick schweift durch den Hauptraum und ich vermisse das Lachen und die Lebendigkeit von uns allen. Ein „Klack Klack" reißt mich aus den trüben Gedanken. Im Nebenraum steht die Holzpuppe, seit Wochen unberührt. Ich nähere mich ihr an und im nächsten Moment wirble ich mit ungeahnter Leichtigkeit um die mir vertrauten Holzarme, „Klack Klack", dann ist mein Tun beendet. Ich öffne die Fenster und der Frühling kehrt ein.

Glossar

12 Bewegungen   Bewegungsfolge aus dem Guolo Wing Chun. Anders als die meisten Wing Chun Stile kennt das Guolo Wing Chun die 3 Hauptformen (Sil-Lim-Tao, Chiam-Kiu, Bil-Chee) nicht, sondern stattdessen ein Bewegungsset, das aus 12 Bewegungen besteht.

Bart Cham Dao   Schmetterlingsmesserform. Traditionell letzte Form des Wing Chun.

Bil-Chee   dritte und somit fortgeschrittenste der drei Hauptformen des Wing Chun. Name bedeutet: die durchstoßenden Finger

Chisao   die klebenden Hände, wichtige Partnerübung im Wing Chun.

Chiam-Kiu   zweite Form des Wing Chun. Name bedeutet: Die Brücke suchen.

Daodejing   (auch Taoteking) Hauptwerk des Daoismus (6. Jh.v.Chr.), von Laotse verfasst.

Form   im Kung Fu, Tai Chi Chuan und Qi Gong werden Übungsabläufe in festgelegte Bewegungsabfolgen, sogenannten Formen trainiert.

Fung Chun   Wing Chun Meister aus der Guolo Linie. Er war der letzte Schüler von Wong Wah Saam (siehe Wong Wah Saam) und bis 2012 letzter lebender Meister der 5. Wing Chun Generation.

Guolo	Dorf in Südchina. Heimat von Leung Jan (siehe Leung Jan). Eine von Leung Jan begründete, sehr weiche Ausprägung des Wing Chun. Diese wird als Guolo Wing Chun bezeichnet.
Holzpuppe	Trainingsgerät im Wing Chun. Die Form an der Holzpuppe wird nur sehr fortgeschrittenen Schüler:innen unterrichtet und wurde früher geheim gehalten.
Innere Kampfkünste	Kampfkünste bei denen vor allem die innere Kraft (Qi) anstelle von äußerer Muskelkraft eingesetzt werden soll.
Kung Fu	(auch Gong fu) Überbegriff für chinesische Kampfkünste. Bedeutet eigentlich: Mit Mühe erlangte Fähigkeit.
Kung Fu Bruder	die Lehrer Schülerbeziehung (Lehrer wird als Vaterfigur gesehen) und die Beziehung der Schüler untereinander wird in China hierarchisch wie die Familienstruktur gesehen. Schüler die bei demselben Lehrer lernen gelten als Kung Fu Brüder. Der ältere (entscheidend ist der Eintritt in die Schule nicht das Lebensalter) steht hierarchisch über dem Jüngeren.
Langstock	der traditionelle Wing Chun Langstock ist fast 3 Meter lang. Die Langstockform wird als vorletzte Form (nach der Holzpuppe, vor den Schmetterlingsmessern) unterrichtet.
Leung Jan	bedeutender Wing Chun Meister, lebte im 19.Jhd. und war zeitlebens unbesiegt. Er war u.a. der Lehrer von Yip Man`s Lehrer. Viele verschiedene Wing Chun Stile gehen auf ihn zurück

Mu Fa Jong	Trainingsgerät aus Holz zur Verbesserung der Schritt-technik – wird nur in wenigen Wing Chun Schulen unterrichtet.
Nim Tao	Basisform im Guolo Wing Chun. Name bedeutet: Idee.
Pin San	bedeutet „seitlicher Körper"; das Guolo Wing Chun wird aufgrund seiner seitlichen Ausrichtung zum Gegner/zur Gegnerin auch als Pin San Wing Chun bezeichnet
Qi	chinesischer Begriff für die universelle Lebensenergie
Qi Gong	Übungen bei denen mit Hilfe sanfter Bewegungen, spezieller Atmung und Konzentration die Lebensener-gie Qi gepflegt und kultiviert wird.
Sidai	jüngerer Kung Fu Bruder
Sifu	chinesischer Begriff für Meister.
Sigong	(auch Sikung)Großmeister – der Meister des Meisters.
Sihing	älterer Kung Fu Bruder
Sisam	Frau des älteren Kung Fu Bruders des Meisters
Sisuk	jüngerer Kung Fu Bruder des Meisters
Sil-Lim-Tao	(auch Siu Nim Tao) erste Form des Wing Chun. Name bedeutet: Kleine Idee.
Tai Chi Chuan	traditionelle Kampfkunst, die heutzutage durch ihre fließenden, schonenden Bewegungen meist zur Gesun-derhaltung trainiert wird.
Wing Chun	(auch Ving Chun, Wing Tsun, Ving Tsun geschrie-ben) südchinesische Kampfkunst. Der Name bedeutet „ewiger Frühling" und leitet sich von der legendären Begründerin ab.

Wong Wah Saam gilt in der Guolo Wing Chun Tradition als bedeutendster Schüler Leung Jan's (siehe Leung Jan).

Yip Chun ältester Sohn Yip Man's (siehe Yip Man). 2020 verstorben.

Yip Man berühmtester Wing Chun Meister. Es existieren zahlreiche Filme über sein Leben. Lehrer von Bruce Lee. Fast alle im Westen bekannten Wing Chun Stile gehen auf ihn zurück.

Biographie:

Dr. Angelika Weingessel-Linner ist studierte Kunsthistorikerin und Germanistin. Seit 2008 unterrichtet sie gemeinsam mit ihrem Mann in einem eigenen Zentrum in Wien Qi-Gong und Wing-Chun-Kung-Fu. Sie ist eine der wenigen Frauen, die von zwei authentischen, chinesischen Wing-Chun-Kung-Fu-Meistern als Privatschülerin akzeptiert wurde und der es gelang, diese Kampfkunst vollständig zu erlernen. Seit einigen Jahren konzentriert sie sich ausschließlich auf ihre Unterrichtstätigkeit und gibt ihr Wissen in zahlreichen Kursen und Seminaren weiter.